HR自己的法律顾问

企业人力资源管理法律风险及防范

Legal Risk and Prevention of Human Resource Management

周晓明 | 著

中国法制出版社
CHINA LEGAL PUBLISHING HOUSE

前言

PREFACE

自2008年进入律所工作时算起，我从事律师工作已经超过十年时间。这十余年来，我的主要业务基本上只有两大块：第一块业务是法律顾问，为企业提供常年法律顾问服务；第二块业务是争议解决，主要是民刑事诉讼，但这一块的案源其实较大部分也是来自常年法律顾问单位，特别是涉及劳动争议的案子，基本上全是帮顾问单位代理的。在为企业提供常年法律顾问和争议解决服务的过程中，有较大比例的业务是劳动法相关问题的咨询和处理。近年来，我们服务的企业有不少都是劳动密集型企业，所有客户员工总数至少在2万人以上，这使得我们处理的劳动法问题咨询和案件的数量尤为可观。这本书其实就是这十多年以来，我们团队在处理这一块事务的经验总结，也是不少企业花费较大代价获得的教训的汇总。

劳动法立法的初衷在于保护劳动者权益，采取的是倾斜性的权利配置方式，在这一理念下，用人单位有时候会显得比较“弱势”，似乎处处是禁区，动辄得咎。在企业用工的整个流程中，如果不熟悉相关的法律规定，很有可能会给自身带来一定的法律风险。如果企业员工较多，有些时候这种风险可能会给一个企业或它的经营者带来巨大的经济损失，严重的情形下，还有可能会涉及刑事责任。我写此书的目的正是在于提醒企业的人事管理人员，在用工的过程中，可能会存在哪些风险点，对于这些风险应该如何防范。书中不少的防范方法和风险排查表单，都是我们在实际工作中一直使用的，也是行之有效的。就我们平时工作中接触到的企业来看，劳动人事管理做得非常规范的企业是极少的，大部分企业的管理都不合格，正是因为这样的现状，也让我觉得本书的写作也许会有一些现实意义。

早在12年前，我和导师及两位师姐合著了一本关于劳动合同争议处理流程的书，出版之时，正是《劳动合同法》颁布的前夕。我们当时都是没有任何实务经验的人，对于劳动争议处理的写作确实有些勉为其难，多年以来，对于这本书的质量，我的内心一直都是颇为忐忑的。好在十二年过去，《劳动合同法》已经日渐成熟，我也随着这部法律的成长而成长，从业多年，在这方面有了一些自己的心得。我花了不少的时间，把这些体会写作成这本书，算是对当年粗糙写作的一个回应，在某种程度上说也是一种弥补。

周晓明

2020年3月于广州

目录
CONTENTS

第二章　在职管理的法律风险控制

案例索引

第一章

员工入职法律风险控制

【概述】

企业人事管理人员往往容易忽视招录员工环节的法律风险，以为用工法律风险一般发生于用工期间或者劳动合同关系解除之时，殊不知，企业招工之时即用工法律风险可能发生之时，招工时的法律风险并不比其他时候少。

在企业招聘之初，招聘信息的发布、招工启事的张贴，就已经蕴含了法律风险在内。比如，招聘广告包含歧视性内容，就很可能被工商行政部门给予行政处罚。如果招聘了未与别的用人单位解除劳动合同关系的劳动者，招聘了童工，招聘了冒用他人身份入职的劳动者等，就意味着更大的法律风险。因此，企业在招聘新员工时应防微杜渐，通过规范招聘流程和制度，优化入职申请表、录用通知书、劳动合同等招聘文书，即可消除大部分用工法律风险。

本章内容分为两个部分：

第一节重点叙述企业招聘时的法律风险控制，比如招聘广告的内容设计、入职担保金的问题、入职体检的问题、孕检的法律风险、录用条件的设置以及用人单位的告知义务等，此外，还提示企业留意法律风险较大的应聘者人群，比如冒用他人身份入职者、在读大学生、实习生、退休人员和童工等。

第二节则阐述了对招工法律风险的防范措施，比如建立规范的招聘制度，设计好入职申请表和录用通知书等。

撰写本章的目的，是让公司劳动人事管理人员掌握招聘、录用的相关法律规定，了解用工之初可能出现的法律问题，及时总结问题，吸取经验教训，更新招聘制度规则，修改招聘、入职所使用的文书和表格，完善入职考核流程，从而减少员工入职所带来的法律纠纷，从源头上把控用工法律风险。

第一节 企业招聘时的法律风险控制

一、招聘时就业歧视的法律风险

有的用人单位在招聘公告中写明“只招男性”，也有的用人单位对应聘者的身高作出明确要求，有些则拒绝“乙肝”患者的求职，或者对求职者的年龄进行限制，这些做法都出于经济上的考量，但都不符合法律的规定。劳动者的平等就业权依法受到国家法律保护，任何公民都平等地享有就业的权利和资格，不因民族、种族、性别、年龄、身高、宗教信仰、经济能力等因素受到限制。若用人单位在招聘员工时，因求职者的民族、性别、年龄、身高等因素而对他们差别对待，将涉嫌就业歧视，并面临相应的法律风险。

以案说法

1. 用人单位以年龄不符为由拒绝录用，被判支付精神损害抚慰金

基本案情

原告陈某某时年57岁，2015年11月18日，陈某某前往广州市人力资源市场增城区分市场求职。当日，广州市某运输公司以陈某某超出招聘年龄为由不予录用，该公司给人力资源市场的《反馈信息》载明：“陈某某（先生/小姐）于2015年11月30日前来我单位面试，我单位决定不录用。不录用原因：陈某某已经超出我司招聘年龄。”

法院判决

法院认为，劳动者的平等就业权依法受到国家法律保护，任何公民都平

等地享有就业的权利和资格，不因民族、种族、性别、年龄、身高、宗教信仰、经济能力等受到限制。关于原告陈某某应聘的大客车司机岗位，公安部于 2012 年 9 月 12 日颁布的《机动车驾驶证申领和使用规定》已对驾驶各车型的年龄作出了强制性规定。而原告陈某某持有准驾车型为 A1 的驾驶证，依法可驾驶大型客车至 60 周岁。现被告运输公司在其招聘信息中要求大客车司机年龄为 18 周岁至 45 周岁，明显剥夺并损害了包括原告在内的年龄在 45 周岁至 60 周岁并持有 A1 驾驶证这一类群体的平等就业机会。

关于被告运输公司提出其招聘 18 周岁至 45 周岁的大客车司机不仅是基于公司制度规定，也是基于该工作岗位的高危性、高劳动强度等因素以及用人单位的用人自主权，因此并未构成就业歧视的抗辩。法院认为，用人单位的用人自主权应当依法行使，不得侵犯劳动者的平等就业权。公安部已从驾驶人的年龄条件、身体条件、驾驶技能等各方面对各类准驾车型驾驶证的申领以及各类车型驾驶证的审验管理，进行了综合考量并作出了规定，而被告运输公司自行设定的高于部门规章规定的且与个人能力无关的年龄标准显然超出了依法行使用人自主权的界限，侵犯了原告的平等就业权。遂判决：一、被告广州市某运输公司应于本判决发生法律效力之日起五日内向原告陈某某口头赔礼道歉；二、被告广州市某运输公司应于本判决发生法律效力之日起五日内向原告陈某某支付精神损害抚慰金 3000 元。[①]

【法律风险防范】

招聘就业歧视存在一定的法律风险，虽然经济赔偿也许不会太多，但是对于用人单位的声誉损害却是巨大的。因此，用人单位要重视招聘中就业歧视法律风险防范，可以从以下几个方面防止就业歧视法律风险：

第一，注意招聘启事的措辞。用人单位在招聘用词中，应该尽量避免使用带有歧视性的字词，比如“年龄 ×× 以下”“男性优先”“不招 ×× 人”等，特别是要求应聘者不得患有“病毒性肝炎”“乙肝”之类的语句要尽量避免。

① 广州市增城区人民法院（2016）粤 0183 民初 901 号民事判决。

第二，招聘的考评环节要尽量避免歧视性言行。在招聘考评环节，要特别注意两个方面的事情：一方面，参与招聘考评的人员需尽可能避免出现带有歧视性的言行举止，这是最易引发就业歧视争议的环节之一。另一方面，在招聘考评资料中同样要尽可能避免使用带有歧视性的字词。

第三，拒绝录用或面谈通知、原由答复也要慎重。需要特别注意的是，在拒绝录用或面谈通知、原由答复中，不管是书面形式还是口头形式，一定要避免使用具有歧视性的原由。这是引发就业歧视争议的“重灾区”，用人单位应该特别慎重。

【法条链接】

《就业促进法》第三条

劳动者依法享有平等就业和自主择业的权利。

劳动者就业，不因民族、种族、性别、宗教信仰等不同而受歧视。

《就业促进法》第二十六条

用人单位招用人员、职业中介机构从事职业中介活动，应当向劳动者提供平等的就业机会和公平的就业条件，不得实施就业歧视。

《就业促进法》第六十二条

违反本法规定，实施就业歧视的，劳动者可以向人民法院提起诉讼。

二、要求劳动者提供担保或向其收取费用的法律风险

一些用人单位借招录员工牟利，在招聘时会要求求职者缴纳一些费用，如报名费、培训费、招聘费等；一些用人单位担心员工在了解工作情况后自离，要求员工缴纳抵押金、保证金，或者扣押员工的身份证、户口本等证件；一些用人单位担心员工因工作失误给公司造成经济损失，以各种名义向员工收取法律风险抵押金或者要求员工以其他类型的财物作为担保。凡此种种，都是不合法的招工行为，根据《劳动合同法》第八十四条的规定，用人单位的此类行为会受到行政机关的罚款，如果扣押了员工的身份证等证件，会被责令退还员工；如果给员工造成了损害，用人单位还应该承担赔偿责任。

以案说法

2. 用人单位向劳动者收取前期费用，被判带息退还

基本案情

2010 年 7 月 30 日，原告梁某某与被告四川某股份有限公司下属的第五分公司签订了《劳动合同书》，合同约定：原告外派工作地点为塔吉克斯坦，合同期限一年，具体起止时间以出国日期和实际到期日计算；原告向第五分公司交纳人民币 3 万元，用于被告履约前期费用开支，合同期满后被告一次性给原告报销前期费用 3 万元。2010 年 7 月 22 日，第五分公司给原告出具了“用于出境前期费用支出”24000 元的《收据》。合同签订后，第五分公司在塔吉克斯坦建设项目因故停止，未将原告等人外派至塔吉克斯坦工作，被告向原告退还了前期费用 11000 元。原告要求被告退还另外的前期费用 13000 元未果，引发群体上访事件。

法院判决

法院认为，第五分公司是被告设立的分支机构，根据公司法规定，被告的第五分公司虽是责任人，但不是本案必须共同进行诉讼的当事人，第五分公司的民事责任应由四川某股份有限公司承担。原告举出了第五分公司出具的《收据》，证明第五分公司向原告收取了前期费用，被告未提供反驳证据证明，本院认可原告所提交《收据》的证明力，故本院认定第五分公司收取原告前期费用的事实成立。**另根据劳动合同法规定，用人单位招用劳动者，不得扣押劳动者的居民身份证和其他证件，不得要求劳动者提供担保或者以其他名义向劳动者收取财物，第五分公司向原告收取前期费用的行为违法，故被告应当退还其向原告收取的前期费用。《劳动合同书》约定的履行期限虽为一年，但被告收取的前期费用有违法律规定，其应从收取之日承担利息损失。**遂判决：被告四川某股份有限公司退还给原告前期费用 13000 元及利息（利息的计算方式为：以 13000 元为基数，从 2010 年 7 月 30 日起按中国人民银行公

布的金融机构同期贷款基准利率计算至付清之日止）。[①]

【法律风险防范】

根据《劳动合同法》第九条的规定，用人单位在招录劳动者的时候，不得要求劳动者提供担保或者以其他名义向劳动者收取财物，但是在建立劳动关系之后，并不是绝对禁止的。如果劳动者在职期间，向用人单位缴纳“风险保证金”之类的款项，则不在此限。

可见，用人单位如果真的要收取“风险抵押金”之类的款项，要注意收取抵押金的时间不能在签订劳动合同时，应该是在签订了劳动合同，并建立劳动关系后再收取。收取的时候应该遵循自愿原则，与员工签订书面协议书，表明这是员工的真实意愿下签订的。

当然，为了更好地管理员工，避免劳动者的离职而给公司造成损害，公司应该加强内部的管理，收取“风险抵押金”之类的费用并非上策。

【法条链接】

《劳动合同法》第九条

用人单位招用劳动者，不得扣押劳动者的居民身份证和其他证件，不得要求劳动者提供担保或者以其他名义向劳动者收取财物。

《劳动合同法》第八十四条

用人单位违反本法规定，扣押劳动者居民身份证等证件的，由劳动行政部门责令限期退还劳动者本人，并依照有关法律规定给予处罚。

用人单位违反本法规定，以担保或者其他名义向劳动者收取财物的，由劳动行政部门责令限期退还劳动者本人，并以每人五百元以上二千元以下的标准处以罚款；给劳动者造成损害的，应当承担赔偿责任。

……

三、入职体检的法律风险

用人单位为了避免招录身体条件不符合岗位要求的员工，在入职申请表中

---

① 南充市顺庆区人民法院（2014）顺庆民初字第3419号民事判决。

一般都设计有健康状况的调查项目。为了进一步了解员工身体状况，部分用人单位还会要求求职者携带医院体检报告前来应聘。用人单位都希望招聘健康的员工，这不仅是出于降低用工成本、提高生产效率的考虑，有时候也可以规避职业病等用工法律风险。因此，要求应聘人员进行入职体检是很有必要的。

《企业职工患病或非因工负伤医疗期规定》第三条规定，企业职工因患病或非因工负伤，需要停止工作进行医疗时，根据本人实际参加工作年限和在本单位工作年限，给予三个月到二十四个月的医疗期。《关于贯彻执行〈中华人民共和国劳动法〉若干问题的意见》第五十九条规定，职工患病或非因工负伤治疗期间，在规定的医疗期内由企业按有关规定支付其病假工资或疾病救济费，病假工资或疾病救济费可以低于当地最低工资标准支付，但不能低于最低工资标准的80%。招录到身体健康的员工至关重要，因为医疗期的存在，对于用人单位来说本身就是一种经济负担。

《关于贯彻执行〈中华人民共和国劳动法〉若干问题的意见》第八条规定，请长病假的职工，在病假期间与原单位保持着劳动关系，用人单位应与其签订劳动合同。第七十四条规定，企业富余职工、请长假人员、请长病假人员、外借人员和带薪上学人员，其社会保险费仍按规定由原单位和个人继续缴纳，缴纳保险费期间计算为缴费年限。可见，如果用人单位聘用了一个经常患病并需要请长病假的员工，用人单位不仅需负担该员工医疗期内的工资、社保等各方面的开支，还需调度其他员工来完成工作，加大了企业用工成本和管理难度。

更为重要的是，如果劳动者通过欺骗的手段，隐瞒自身健康状况入职，还有可能使用人单位无法通过体检筛查出存在职业病风险，甚至已经患有职业病的求职者。

以案说法

3. 职业病患者以替身通过入职体检，用人单位承担工伤赔偿责任

基本案情

2010年7月，汤某某到某特种合金有限公司（以下简称合金公司）工作，

入职体检时找他人以其名义参加了体检，于次月10日与合金公司签订了为期4年的劳动合同，主要从事冶炼、剥皮、炉前、原料等工作。2013年2月26日，雅安市疾病预防控制中心出具《职业病诊断证明书》，证明汤某某患一期尘肺。2013年5月13日，汤某某向雅安市人社局申请工伤认定。工伤认定期间，合金公司与汤某某就劳动关系及劳动合同事宜启动仲裁程序。荥经县仲裁委员会裁决认定，合金公司与汤某某之间存在事实劳动关系，双方签订的劳动合同无效。雅安市人社局依照工伤认定程序于2014年1月17日对汤某某作出工伤认定，认定汤某某为工伤。合金公司不服该工伤认定，向雅安市人民政府申请行政复议。2014年7月2日，雅安市人民政府作出《行政复议决定书》，维持了雅安市人社局作出的工伤认定。合金公司不服该《行政复议决定书》，向四川省雅安市雨城区人民法院提起行政诉讼。

法院判决

法院认为，本案当事人争议的焦点是：汤某某在入职体检时找人替代，掩盖了其“无尘肺（0+）”的身体状况，进入合金公司工作后被诊断为“矽肺一期”是否符合工伤认定的法定条件。本案中，汤某某在进入合金公司工作前已检出“无尘肺（0+），脱离粉尘作业”的情况下仍找人冒名参加入职体检的行为，其目的虽是获得工作，但该方式或手段并不可取。合金公司在组织入职体检时放松了管理，导致汤某某找人冒名体检进入合金公司，存在管理上的疏忽。汤某某与合金公司构成事实劳动关系，并在工作期间被诊断为“矽肺一期”，属于职业病，符合工伤认定的法定条件，且不具备工伤认定的排除条件。汤某某找人替代其接受入职体检的行为并不是法律、法规规定的不予认定工伤的情形。从保障劳动者的合法权益出发，雅安市人社局认定汤某某为工伤符合规定。遂判决：维持被告雅安市人社局作出的《认定工伤决定书》。[1]

【法律风险防范】

第一，用人单位应规范入职体检的流程和制度，对于本行业易发职业病、

---

① 四川省雅安市雨城区（2014）雨城行初字第36号行政判决书；四川省雅安市中级人民法院（2014）雅行终字第27号行政判决书。

工伤，应作为重点体检项目。

实践中，大部分企业让应聘者自行到有资质的医院做入职体检，并且由应聘者自费，医院对入职体检工作马虎应付，对应聘者身份未作详细辨别，患病的应聘者找人代替体检也极有可能不被发现。由于未规范流程，体检过程无法实施监控，很容易让患病或工伤未愈的应聘者钻了空子，取得不真实的体检报告骗取用人单位的信任。因此，用人单位应认真选择体检的合作医院，强调合作医院的审慎注意义务，避免因医院的疏忽而造成患病应聘者取得不真实的体检报告，从而获得录用机会。同时，应针对本企业员工过往易发职业病或工伤，确定重点体检项目，以防职业病患者、工伤患者入职后便以在本企业工作引发病情、加重伤势为由要求赔偿或给予其他工伤待遇。

第二，注意入职体检的时间安排。

入职体检的时间也需要特别注意，一般应安排在面试环节，可以要求应聘者自行到指定医院进行体检，然后自带体检报告参加面试；也可以由用人单位统一安排应聘者到医院进行体验。不管采取哪种方式，体检工作一定要在发送录用通知之前完成，因为在这个阶段，用人单位还掌握主动权，可以根据体检结果来考虑是否录用应聘者。如果在发出录用通知书后，或者在劳动者入职报到时，甚至在已经签订劳动合同以后，用人单位再安排劳动者进行体检，这个时候用人单位就非常被动了，即便体检结果显示劳动者健康状况较为糟糕，用人单位如果以此为由不予办理入职手续，或者单方解除劳动合同，都将面临较大的法律风险，劳动者可以此为由要求用人单位进行赔偿。

第三，注意体检项目。

需要注意的是，如果用人单位违反《就业促进法》等法律中有关就业歧视的相关规定，设定带有歧视性的检测项目，也可能带来法律风险。比如，用人单位要求劳动者进行乙肝项目测试，然后以应聘者携带乙肝病源为由不予录取，这是法律禁止的。法律明确规定了用人单位在就业体检中，不得要求进行乙肝项目检测，不得因劳动者是乙肝病原携带者而拒绝予以招用或辞退。

第四，正确回复未录用的应聘者。

如果用人单位确实因健康状况不考虑录用应聘者，切记不可明确表示该原因，建议用人单位回应：综合考虑应聘者的条件，认为其他应聘者更符合招聘要求。这样做可以避免一些不必要的法律纠纷。

【法条链接】

《职业病防治法》第二条

本法适用于中华人民共和国领域内的职业病防治活动。

本法所称职业病，是指企业、事业单位和个体经济组织等用人单位的劳动者在职业活动中，因接触粉尘、放射性物质和其他有毒、有害因素而引起的疾病。

职业病的分类和目录由国务院卫生行政部门会同国务院劳动保障行政部门制定、调整并公布。

《工伤保险条例》第十四条

职工有下列情形之一的，应当认定为工伤：

（一）在工作时间和工作场所内，因工作原因受到事故伤害的；

（二）工作时间前后在工作场所内，从事与工作有关的预备性或者收尾性工作受到事故伤害的；

（三）在工作时间和工作场所内，因履行工作职责受到暴力等意外伤害的；

（四）患职业病的；

（五）因工外出期间，由于工作原因受到伤害或者发生事故下落不明的；

（六）在上下班途中，受到非本人主要责任的交通事故或者城市轨道交通、客运轮渡、火车事故伤害的；

（七）法律、行政法规规定应当认定为工伤的其他情形。

《工伤保险条例》第十六条

职工符合本条例第十四条、第十五条的规定，但是有下列情形之一的，不得认定为工伤或者视同工伤：

（一）故意犯罪的；

（二）醉酒或者吸毒的；

（三）自残或者自杀的。

四、招聘时要求应聘者孕检的法律风险

对于怀孕女工，用人单位无疑要承担更多的劳动保护义务，这意味着增加经营成本，用人单位自然不希望出现这样的情况。为了免除自身对于怀孕女工的法定义务，用人单位往往采取让女性应聘者在入职前进行孕检的方式来达到不招录怀孕女员工的目的。然而，此举虽可从源头上降低招录怀孕女

工的概率，降低用工成本，但却因侵犯人权，构成就业歧视，违反相关法规而遭受诟病，不仅让企业名誉受损，还可能使企业受到行政处罚。

我国有相关法律法规保护孕妇的就业权利。例如，《就业促进法》第三条规定，劳动者依法享有平等就业和自主择业的权利。劳动者就业，不因民族、种族、性别、宗教信仰等不同而受歧视。《就业促进法》第二十七条规定，国家保障妇女享有与男子平等的劳动权利。用人单位招用人员，除国家规定的不适合妇女的工种或者岗位外，不得以性别为由拒绝录用妇女或者提高对妇女的录用标准。用人单位录用女职工，不得在劳动合同中规定限制女职工结婚、生育的内容。用人单位招用人员，要求女性应聘者进行入职前孕检，其实质目的是“不准备录用已怀孕人员”，这属于提高对妇女的录用标准，违反法律的规定，构成就业歧视。另外，《就业促进法》第六十二条规定，违反该法规定实施就业歧视的，劳动者可以向人民法院提起诉讼。《就业促进法》第六十八条规定，违反该法规定，侵害劳动者合法权益，造成财产损失或者其他损害的，依法承担民事责任；构成犯罪的，依法追究刑事责任。因此，用人单位在招录员工时，要求女性应聘者进行入职前孕检，已经构成就业歧视或侵权，可能招致应聘者的起诉或者投诉，也可能因为媒体报道，给用人单位的声誉带来负面影响。

以案说法

4. 用人单位强令应聘女生孕检，律师认为公司做法不妥

庆小姐为沈阳工业大学市场营销专业的应届毕业生，参加了鞍山某科技有限公司的招聘考试。笔试和面试通过后，她以为自己可以顺利到用人单位工作，感到非常高兴。不料，庆小姐在等待用人单位通知上班的具体时间时，收到了用人单位要求她进行孕检的通知。用人单位表示，她和其他两名面试通过的女大学生要进行孕检，没有怀孕的应聘者才可以正式到单位工作。用人单位在电话中通知庆小姐到千山区一家医院进行孕检，庆小姐听后十分愤怒，拒绝了孕检要求，放弃了这个工作机会。

该公司人力资源部王女士称公司也有苦衷，孕检已经成为很多单位的用

人标准，因为公司业务多，应聘者需长时间在岗位上工作，若员工因怀孕耽误工作，公司会浪费许多人力、物力。鞍山市某律师则表示用人单位的做法不妥。①

【法律风险防范】

用人单位在招录员工时要求孕检的行为不值得提倡，要特别注意这方面的法律风险防范，具体需要注意的几个地方如下：

第一，招聘启事的撰写。要杜绝在招聘启事中出现歧视性内容，不应在招聘启事中明示或暗示拒绝招录孕妇。《就业促进法》第三条规定，劳动者依法享有平等就业和自主择业的权利。劳动者就业，不因民族、种族、性别、宗教信仰等不同而受歧视。

第二，不能在应聘者不知情的情况下对其进行孕检。用人单位要求入职前做体检，体检内容应根据工作要求而定，一般仅对耳、鼻、喉等五官，身高、体重等基本身体功能做体检，若在应聘者不知情的情况下对其做孕检，属侵犯应聘者隐私，用人单位应在征得应聘者同意的情况下进行孕检。

第三，通过孕检报告确认应聘者未怀孕后再发出《录用函》的做法也存在法律风险。一般用人单位会在给应聘者发出《录用函》的同时要求应聘者携带孕检报告及其他相关材料来办理入职，此时用人单位已对应聘者承诺将与其缔结劳动合同，虽然尚未正式签订劳动合同，但用人单位若在此时拒绝签订劳动合同，属缔约过失，需承担相关民事责任，如赔偿应聘者体检费、车船费等为准备相关入职材料所需的合理支出。

第四，依法为女职工购买生育保险，可减少企业的损失。女职工休产假期间企业需正常发放工资，工资数额应与其生育前平均工资一样，不得减少。购买了生育保险的女职工可享受生育津贴、生育医疗费报销等生育保险待遇，生育津贴按照职工所在用人单位上年度职工月平均工资计发，生育津贴不足部分由用人单位补充。当用人单位招用了已婚已孕妇女，应及时为女职工购买生育保险，可减少企业用工成本。

---

① 北方晨报2006年12月13日报道，《公司强令应聘女生孕检 怀孕者不予录取》。

此外，我们也不建议要求已经入职的员工进行孕检。因为，一旦签订了劳动合同或者已经开始用工，女职工即可获得劳动法等法律的保护，如《劳动法》第二十九条规定，女职工在孕期、产期、哺乳期内，用人单位不得解除劳动合同。根据《妇女权益保障法》第二十七条、第五十七条的规定，以结婚、怀孕、产期、哺乳等为由辞退女职工的，由其所在单位或者上级机关责令改正，并根据实际情况，对直接责任人员给予行政处分。《女职工劳动保护特别规定》第五条规定，用人单位不得因女职工怀孕、生育、哺乳而降低其工资、予以辞退、与其解除劳动合同或者聘用合同。可见，一旦建立劳动关系，用人单位在孕检的问题上即失去了主动权，不管女职工是同意还是被迫接受孕检，用人单位均不得以孕检结果为由解除劳动合同，不得因女职工怀孕生子降低薪资待遇标准，相反应按照相关法律规定给予怀孕、哺乳女职工更多照顾和关怀。

【法条链接】

《宪法》第四十八条

中华人民共和国妇女在政治的、经济的、文化的、社会的和家庭的生活等各方面享有同男子平等的权利。

……

《劳动法》第十二条

劳动者就业，不因民族、种族、性别、宗教信仰不同而受歧视。

《劳动法》第十三条

妇女享有与男子平等的就业权利。在录用职工时，除国家规定的不适合妇女的工种或者岗位外，不得以性别为由拒绝录用妇女或者提高对妇女的录用标准。

《就业促进法》第三条

劳动者依法享有平等就业和自主择业的权利。

……

《就业促进法》第二十七条

国家保障妇女享有与男子平等的劳动权利。

用人单位招用人员，除国家规定的不适合妇女的工种或者岗位外，不得以性别为由拒绝录用妇女或者提高对妇女的录用标准。

……

《侵权责任法》第十五条

承担侵权责任的方式主要有：

（一）停止侵害；
（二）排除妨害；
（三）消除危险；
（四）返还财产；
（五）恢复原状；
（六）赔偿损失；
（七）赔礼道歉；
（八）消除影响、恢复名誉。

以上承担侵权责任的方式，可以单独适用，也可以合并适用。

《最高人民法院关于确定民事侵权精神损害赔偿责任若干问题的解释》第八条

因侵权致人精神损害，但未造成严重后果，受害人请求赔偿精神损害的，一般不予支持，人民法院可以根据情形判令侵权人停止侵害、恢复名誉、消除影响、赔礼道歉。

因侵权致人精神损害，造成严重后果的，人民法院除判令侵权人承担停止侵害、恢复名誉、消除影响、赔礼道歉等民事责任外，可以根据受害人一方的请求判令其赔偿相应的精神损害抚慰金。

五、招聘时未设定录用条件的法律风险

用人单位在招聘时都会设定招聘条件，符合条件的人方可应聘，但用人单位往往会忽略对录用条件的设定，这将导致用人单位在试用期内用工极为被动。

招聘条件与录用条件是两个不同的概念。招聘条件针对的是不特定多数的潜在应聘者，一般是对应聘者的初步资格、基本条件作一些要求，比如应聘者的学历、职称、工作经历、技术资格等条件。而录用条件指的是用人单位根据本单位生产、工作、经营的特别需求，要求录用的劳动者符合某一职位的具体要求所包含的条件，它是用人单位招收、录用劳动者的最终标准，适用对象是符合招聘条件已被录用并在试用期内的具体劳动者，也是用人单位在试用期间用以考察劳动者的依据。

用人单位在试用期内解除与劳动者的劳动关系必须满足一个条件，即证明劳动者不符合录用条件。如果用人单位无法证明劳动者不符合录用条件，在试用期内随意解除劳动合同将面临败诉的法律风险。因为招聘条件比录用条件更为宽泛，缺乏对劳动者的具体要求，若将招聘条件当作录用条件，必

将导致用人单位在试用期内用工极为被动，即使劳动者不符合要求，也难以依法将其解雇。

以案说法

5. 试用期解除劳动合同被诉，用人单位因《员工手册》中明确录用条件而获胜

基本案情

2015年9月28日，曹某某与某公司签订劳动合同，约定曹某某到某公司从事职员工作，月工资1920元。合同期限为2015年9月28日至2018年9月28日，合同生效之日起3个月为试用期。后曹某某实际从事数控设备的维修工作，月工资7500元。2015年12月26日，某公司以“试用期不符合录用条件”为由解除了与曹某某的劳动关系并向其寄送了通知书，曹某某于2015年12月29日收到上述通知。

法院判决

二审中，某公司提交《员工手册》，该手册对于试用期考核有规定。该手册的第三章第二节第七条规定，“试用期间内，除应符合本手册规定的录用条件外，还应通过用人部门的工作能力评定”，“试用期考核由用人部门进行考核，考评时由人力部发放评估表，签署意见及建议呈交总经理审批”，“工作能力不符合要求者，视为不符合录用条件”，并证实曹某某入职时收到了《员工手册》。因此，某公司可以按照《员工手册》的规定，对曹某某的工作能力进行考核。某公司在考核过程中形成的《试用期员工评估表》《曹某某试用期内工作不足表现表》可以证明公司作出曹某某不合格的评估结论是有理由的，也可以证明该公司对曹某某的考察遵循了规章制度的规定，并非恣意而为，还可以证明该公司在解雇前即已经向曹某某说明了作出此评估意见的理由。虽然曹某某对公司的评估意见不予认同，认为职业表现不佳另有原因，但是，法律并未规定该种评估必须获得被评估者的同意方为有效，因此，曹某某不

认同评估意见并不影响某公司依照其从业经验独立评判曹某某职业能力的权利。遂判决：驳回曹某某的诉讼请求。[①]

【法律风险防范】

试用期内，用人单位不能随意解除劳动合同。根据《劳动合同法》第三十九条的规定，用人单位须证明劳动者在试用期内不符合录用条件，方可解除劳动合同。因此，用人单位必须在录用条件的设计上加入一些法律风险防范措施，才不至于在试用期内处于被动地位，要是贸然与劳动者解除劳动合同，还会被认定为违法解除劳动合同，从而需支付赔偿金。下面是关于录用条件的一些建议：

首先，录用劳动者时，需要将录用条件告知劳动者，并注意留存告知证据。告知的方式很多，如将录用条件写在劳动合同中，或者将录用条件写在员工手册中，由劳动者签字领取员工手册等。

其次，录用条件应当符合劳动合同目的。通俗来说，就是录用条件要和工作岗位、工作能力相联系，不得设定歧视性条件，更不得与法律法规相悖。而且，录用条件应当合理、科学，不能设定明显不能完成的、超过大多数劳动者平均水平的条件。此外，录用条件应当较为客观，描述语言应当明确，不宜使用概括性、原则性语言，不宜完全以主观性条件进行评价。

再次，具有系统的、可留证据的考核过程，考核手段应当符合合同约定或者合同目的，或者符合社会一般水平的认识。切忌对不符合录用条件的情形泛泛而谈，考核制度应量化各项考核标准，如限定迟到、旷工的次数，或者限定因犯错受到处罚、警告的次数，劳动者试用期满累计超过限定次数即证明不符合录用条件；也可以设定评分制度，对劳动者各项录用考核项目进行评分，综合评分，分数不达标者不予录用。另外，需为每位劳动者建立考核档案，随时将员工的考核情况记录在册，处罚、警告决定应公示或者让劳动者确认签名，以固定考核证据。

最后，当劳动者出现不符合录用条件的情形时，用人单位应当在试用期

---

① 江苏省无锡高新技术产业开发区人民法院（2016）苏0291民初1086号民事判决；江苏省无锡市中级人民法院（2016）苏02民终2925号民事判决。

满之前明确告知劳动者，不宜拖延。如果在试用期满之前没有提出，劳动者又继续在该单位工作的，即使没有办理转正手续，用人单位再以试用期不符合录用条件为由辞退该劳动者的，实践中一般不予支持。原因在于，用人单位的默示行为会被认定为其认可劳动者符合录用条件。所以，告知的时间是非常关键的。

【法条链接】

《劳动合同法》第三十九条

劳动者有下列情形之一的，用人单位可以解除劳动合同：

（一）在试用期间被证明不符合录用条件的；

（二）严重违反用人单位的规章制度的；

（三）严重失职，营私舞弊，给用人单位造成重大损害的；

（四）劳动者同时与其他用人单位建立劳动关系，对完成本单位的工作任务造成严重影响，或者经用人单位提出，拒不改正的；

（五）因本法第二十六条第一款第一项规定的情形致使劳动合同无效的；

（六）被依法追究刑事责任的。

【相关资料】录用条件的设计

根据实践中常见的用工法律风险，建议用人单位在劳动合同或员工手册中注明：员工在试用期内不符合录用条件的，公司可以与员工解除劳动合同。不符合录用条件的情形包括但不限于以下方面：

1. 在应聘时提供的资料和信息与实际情况不符的；

2. 个人简历、入职登记表所载内容与真实情况不符的；

3. 有吸毒、嫖娼、参加邪教组织等违法行为，或因违法乱纪行为被公安机关等行政执法部门处罚的；

4. 经企业指定医院体检不合格或不符合企业所在行业健康要求者；

5. 隐瞒病史或以欺骗方法取得体检合格报告的；

6. 患有精神病、传染病或任何其他不适合从事企业所在行业的疾病；

7. 亏空、拖欠原单位公款尚未清偿者；

8. 不能提供离职证明者；

9. 与原服务单位签有竞业限制协议，不能在本企业服务者；

10. 不具备政府规定的就业手续者；

11. 曾被本单位开除或未经批准擅自离职者；

12. 被判处有期徒刑，尚在服刑者；

13. 通缉在案者；

14. 未满 16 周岁者；

15. 在试用期内有欺骗、隐瞒或任何不诚实行为者；

16. 在试用期内有较重违纪行为者；

17. 岗前培训考核不合格者；

18. 工作能力、工作态度不符合岗位要求；

19. 累计缺勤达到 15 个工作日的；

20. 试用期工作目标无法完成者；

21. 试用期评估考核未能通过者；

22. 未能通过业务准则或行为准则考核的；

23. 入职后 1 个月内仍未提供公司要求的入职文件或无法办理规定的入职手续的；

24. 不符合双方约定的其他录用条件的。

六、用人单位在招聘时未履行告知义务的法律风险

《劳动合同法》第八条规定，用人单位招用劳动者时，应当如实告知劳动者工作内容、工作条件、工作地点、职业危害、安全生产状况、劳动报酬，以及劳动者要求了解的其他情况。《职业病防治法》第三十三条规定，用人单位与劳动者订立劳动合同时，应当将工作过程中可能产生的职业病危害及其后果、职业病防护措施和待遇等如实告知劳动者，并在劳动合同中写明，不得隐瞒或者欺骗。可见，告知义务是用人单位应主动承担的义务，有些情况即使劳动者未要求了解，用人单位仍须尽自己的义务告知劳动者，告知的时间在签订合同之前，而非在合同签订之后，告知的内容至少应包括工作内容、工作条件、工作地点、职业危害、安全生产状况、劳动报酬，不能选择性地告知其中的部分内容。

用人单位不履行如实告知义务的后果有以下几个：第一，导致劳动合同无

效或部分无效。《劳动合同法》第二十六条规定，以欺诈的手段，使对方在违背真实意思的情况下订立的劳动合同属无效劳动合同。用人单位若不诚实履行告知义务，可能构成欺诈，从而导致劳动合同无效或部分无效。即使劳动合同无效，用人单位仍须向劳动者支付劳动报酬。第二，用人单位还面临向劳动者支付经济补偿金的法律风险。根据《劳动合同法》第三十八条的规定，如果因用人单位的原因造成劳动合同无效，劳动者可以离职，用人单位还需向其支付经济补偿金。第三，用人单位还面临向劳动者赔偿损失的法律风险。根据《劳动合同法》第八十六条的规定，如果由于劳动合同无效给劳动者造成损失的，用人单位作为有过错的一方，应赔偿劳动者因劳动合同无效而造成的损失。

以案说法

6. 未如实告知职业病危害，用人单位被判支付经济补偿金

基本案情

葛某甲与 ××× 公司签订劳务派遣劳动合同，并被派遣至 ×× 电机公司从事焊接工作。后葛某甲等员工在工作中出现不适症状，×× 电机公司安排葛某甲到医院就诊。葛某甲在2012年7月23日之后未再到 ×× 电机公司上班。××× 公司于7月26日、7月31日、8月6日通知葛某甲上班，后于8月17日通知与葛某甲解除劳动关系。2012年10月30日，南京市人力资源和社会保障局认定葛某甲为工伤。××× 公司后于2012年12月17日向葛某甲发出要求其上班的通知，葛某甲收到通知后未提交病假证明也未上班。2012年12月25日，××× 公司与 ×× 电机公司以葛某甲连续旷工7日以上，严重违反用工单位规章制度为由与葛某甲解除劳动合同。

法院判决

法院认为，《职业病防治法》第三十四条（现为第三十三条）规定，用人单位与劳动者订立劳动合同时，应当将工作过程中可能产生的职业病危害及其后果、职业病防护措施和待遇等如实告知劳动者，并在劳动合同中写明，

不得隐瞒或者欺骗。劳动者在已订立劳动合同期间因工作岗位或者工作内容变更，从事与所订立劳动合同中未告知的存在职业病危害的作业时，用人单位应当依照前款规定，向劳动者履行如实告知的义务，并协商变更原劳动合同相关条款。用人单位违反前两款规定的，劳动者有权拒绝从事存在职业病危害的作业，用人单位不得因此解除与劳动者所订立的劳动合同。×××公司与葛某甲签订劳动合同时，未在劳动合同中写明工作过程中可能产生的职业病危害及其后果、职业病防护措施和待遇，违反了上述规定。葛某甲在工作过程中遭受职业病伤害，出院后，×××公司、××电机公司要求葛某甲回岗工作，葛某甲未回岗工作，×××公司不得据此解除与葛某甲的劳动合同。因此，×××公司单方解除与葛某甲的劳动合同的行为不符合法律规定，应当支付葛某甲主张的解除劳动合同经济赔偿金。遂判决：被上诉人 ×××公司于本判决生效后十日内一次性支付上诉人葛某解除劳动合同经济赔偿金 6000 元，被上诉人 ××电机公司承担连带责任。[①]

【法律风险防范】

用人单位在招录新的劳动者时，最好在签订劳动合同之前履行如实告知义务，在向劳动者介绍劳动合同的内容时，应做好书面记录，尽量将工作内容介绍得全面、详细一些，以免在履行劳动合同过程中，劳动者以单位在签订劳动合同时有欺诈行为为由，要求确认劳动合同无效或部分条款无效。告知必须是真实告知，不能提供虚假信息。告知的内容应是与劳动合同的履行相关的事项，包括工作内容、工作地点、工作条件、劳动报酬、职业危害、安全生产状况，以及劳动者要求了解的其他情况。告知应以通俗易懂的方式进行，能够让劳动者及时知道和理解。用人单位可以考虑预先制作告知说明书，将工作内容详细记录在告知书中，经劳动者签字确认后，再与劳动者签订劳动合同，用人单位应妥善保存该告知说明书。

---

① 南京市中级人民法院（2014）宁民终字第 1333 号民事判决；南京市栖霞区人民法院（2013）栖民初字第 1343 号民事判决。

【法条链接】

《劳动合同法》第八条

用人单位招用劳动者时，应当如实告知劳动者工作内容、工作条件、工作地点、职业危害、安全生产状况、劳动报酬，以及劳动者要求了解的其他情况……

《劳动合同法》第二十六条

下列劳动合同无效或者部分无效：

（一）以欺诈、胁迫的手段或者乘人之危，使对方在违背真实意思的情况下订立或者变更劳动合同的；

……

《劳动合同法》第八十六条

劳动合同依照本法第二十六条规定被确认无效，给对方造成损害的，有过错的一方应当承担赔偿责任。

《职业病防治法》第三十三条

用人单位与劳动者订立劳动合同（含聘用合同，下同）时，应当将工作过程中可能产生的职业病危害及其后果、职业病防护措施和待遇等如实告知劳动者，并在劳动合同中写明，不得隐瞒或者欺骗。

劳动者在已订立劳动合同期间因工作岗位或者工作内容变更，从事与所订立劳动合同中未告知的存在职业病危害的作业时，用人单位应当依照前款规定，向劳动者履行如实告知的义务，并协商变更原劳动合同相关条款。

用人单位违反前两款规定的，劳动者有权拒绝从事存在职业病危害的作业，用人单位不得因此解除与劳动者所订立的劳动合同。

【相关文书】入职通知书

员工入职通知书范本

尊敬的____________（先生 / 女士）：

您好！我们真诚地邀请您于____________年__________月________日到我公司报到，并按以下内容到人力资源部办理入职手续。有任何工作上的问题请向您的直接上级或者人力资源部寻求支持。

电话：____。

电子邮箱：______________________________。

聘用条件：

1. 职位名称：您的直接上级是：＿＿＿＿＿＿。

2. 合同期限：＿＿＿＿＿年，其中试用期＿＿＿＿＿＿个月，节假日顺延期限。

3. 薪酬构成：工资 + 奖金

（1）工资：您的工资为税前人民币＿＿＿＿＿＿元 / 月，其中试用期工资＿＿＿＿＿元 / 月，工资每年支付＿＿＿＿＿＿个月。

（2）奖金：按公司年度经营情况和公司相关规定和文件执行。

支付工资时，以下款项预先扣除：a）社会保险等社会统筹个人缴纳部分；b）个人所得税；c）其他应扣款。

4. 福利待遇：社会保险、员工宿舍、工作餐、法定节假日等，其他福利待遇参照公司相关文件执行。

入职须知：

1.《入职通知书》的回复：请您收到《入职通知书》后必须于＿＿年＿＿月＿＿日前通过指定电子邮箱或书面形式回复是否接受入职邀请并同意接受以上聘用条件，并能按照入职须知的要求按时到公司人力资源部＿＿＿＿＿＿报到。逾期未收到您的答复，《入职通知书》失效。

2. 报到递交的材料：请提供与原单位解除劳动合同证明（应届毕业生提供学校派遣证明）、身份证、学历证书、学位证书以及其他资历资格证书原件及复印件、户口本首页及本人页复印件、照片（要求：一寸、白底、彩色、冲印、二代身份证件照）三张及照片电子版，交人力资源部存档。

3. 劳动合同的签订：自报到之日起一个月内必须到人力资源部签订劳动合同或聘用协议，逾期不签或不能提供与原单位解除劳动合同的证明文件或学校派遣证明的，我公司将视为您不愿意签订或不具备签订劳动合同的资格，我公司将与您变更劳动关系或不予录用。

4. 社会保险办理：在您入职转正定级后为您办理＿＿＿＿＿市社会保险等社会统筹缴纳手续，特殊要求提交说明材料。

5. 工作地点：＿＿＿＿＿＿＿＿＿＿＿＿＿＿＿＿＿＿＿＿＿。工作环境：＿＿＿＿＿＿＿＿＿＿＿＿＿＿＿＿＿＿。

6. 作息时间的安排：公司上班时间为每周＿＿＿＿＿天，每周工作平均不超过＿＿＿＿＿个小时，周＿＿＿＿＿至周＿＿＿＿＿上班。冬季工作时间为________—________，________—________；夏季工作时间：________—________，________—________，周________休息。（注：执行不定时工作制的员工需公司确认后执行）。

7. 工资发放：公司采取______________银行代发制，每月________日前发放上月工资（工资结算周期为每月________日至次月________日），节假日顺延。工作时间不足一个月按日工资发放。请入职后尽快自行办理________市________银行卡，并将卡号报人力资源部办理登记备案手续；由于我公司工薪实行保密制度，关于您应聘待遇的信息请勿向他人透露。

8. 入职后请认真学习公司各项规章制度，并请严格遵照执行。

9. 请保证所提供的文件信息完全合法、真实、有效。否则，公司将有权与您解除或终止一切劳动关系。

欢迎您成为我们的新同事！祝愿您与公司的事业共辉煌！

____________有限责任公司（盖章）

________年______月______日

请认真阅读此通知书，并亲笔签名，以便 HR 进行下一步工作。

本人已知悉公司《入职通知书》的内容，并同意上述聘用条件。本人愿意按照公司要求执行，因本人隐瞒或提供虚假信息引起的纠纷及损失由本人承担全部责任。

本人签字：

身份证号码：

________年____月____日

七、招聘冒用身份劳动者的法律风险

在实践当中，劳动者冒用他人身份证或者持假身份证入职的现象不在少数，在劳动密集型企业尤为多见。用人单位在招录员工时，对员工身份资料进行审查时稍有不慎，就有可能将此类员工招录进公司。用人单位在为员工购买社会保险时使用的自然是他人的身份证或者假的身份证，一旦发生工伤等事故，劳动者去社保基金中心请求支付社会保险待遇时，社保基金中心往往会以身份资料不符而拒绝赔付。在工伤保险无法获得赔付的情况下，员工肯定会要求用人单位承担赔偿责任。如果员工因此申请仲裁，仲裁庭一般会以用人单位在招录员工时未尽到审查义务为由，要求用人单位承担一定的赔偿责任，实践中，在这种情况下，用人单位的赔偿责任不会低于30%。

以案说法

7. 工亡员工冒用他人身份入职，工伤保险拒绝赔付，企业核实不严承担30%的赔偿责任

基本案情

朱某于2007年9月14日使用周某某的身份证到××公司工作，担任保安队长。双方已签订了一份劳动合同，××公司按朱某提供的身份证以周某某的名义投保了工伤保险。2008年1月30日，朱某在厂区内保安室值班时被××公司一名离职员工用刀捅伤右大腿，经抢救无效死亡。2008年4月14日，经东莞市社保局认定，朱某所受伤害属于工伤。此后，朱某亲属胡某梨、朱某燕、李某英向东莞市社保基金管理中心申请支付有关朱某的工伤待遇，但东莞市社保基金管理中心以参保人员档案中没有朱某的参保资料为由，作出不予受理申领工伤待遇决定。此后，朱某亲属与××公司分别向东莞市劳动争议仲裁庭高埗分庭申诉，该庭均作出不予受理通知书。

法院判决

法院认为，××公司已以周某某的名义投保工伤保险，而朱某借用周某某的身份证入职导致不能享受东莞市社保基金管理中心支付的工伤待遇。因此，对于胡某梨、朱某燕、李某英不能享受的工伤待遇主要是由朱某的过错造成的，而××公司没有对朱某的身份和提供的身份证尽到合理的审查义务亦存在一定程度的过错。因此，法院认定××公司对于胡某梨、朱某燕、李某英不能享受的工伤待遇应承担30%的赔偿责任。遂判决：一、××公司应在判决生效后十日内支付丧葬补助金824元、一次性工亡补助金18540元给

胡某梨、朱某燕、李某英。二、××公司应在判决生效后十日内一次支付供养抚恤金6404元给李某英。三、××公司应在判决生效后十日内一次支付供养抚恤金9607元给朱某燕。[①]

【法律风险防范】

用人单位应在入职审查时多下功夫，尤其要注意审查排除未满16周岁的童工或已达退休年龄的人员，大部分使用假身份入职的，都是未达法定劳动年龄或超过法定劳动年龄的人员。用人单位已经为被冒用身份证的人员购买保险，但如果真实入职者发生工伤，社保基金会以员工假冒身份为由拒绝赔付，用人单位会因为过错而承担一定的赔偿责任。所以，用人单位在招聘时应认真核查应聘者的身份信息，防止应聘者以假冒身份入职。

第一，用人单位应在入职前严格核实劳动者提供的相关证件原件。入职审查并非简单地复印劳动者的入职资料或者随便看看，行政人员或人力资源部门的工作人员应持审慎的态度，认真仔细地核对入职劳动者的身份证、户口本、结婚证、学历证书、资格认定书等材料的原件和复印件，并从各证件的发证日期、关联信息等判断是否存在相互矛盾的地方，如根据身份证上的出生时间和学历证书的发证时间推断出劳动者在19岁时即获得了本科毕业证书，这明显不符合常理，由此可以断定劳动者提供的证件不真实。用人单位还应核对证件上的相片与劳动者本人是否相像，如果时间越久远，人的相貌变化越大，与证件上的相片的相貌差别越大，时间越近，人的相貌变化不大，与证件上的相片的相貌越像；核对印章有无作假的痕迹，多数假证的纸表面油性大，吸水性和黏附力差，书写的字及公章都容易模糊，采用激光打印机打印的文字则有脱落的现象；检查身份证的有效期，证件如果即将无效，用人单位也应备案留底，要求劳动者及时更新并提供新的证件原件予以核对和复印留底，如果劳动者冒用他人身份证入职，也容易在此时露出马脚，因此用人单位应做好劳动者身份证有效期的登记，及时更新，尽早排除员工假冒他人身份入职的用工法律风险。

① 东莞市第一人民法院（2009）东一法民一初字第9392号民事判决；广东省东莞市中级人民法院（2010）东中法民一终字第2753号民事判决。

第二，用人单位在招聘时应要求劳动者提供简历，为劳动者建立资料库，并通过与劳动者进行面谈，了解劳动者的经历、家庭情况，不断完善劳动者的身份背景资料。对于企业高管等可能接触商业机密的人员，用人单位更应做好身份核查的工作，必要时，还可以通过向相关人员（如学历证书上注明的大学校长、班主任）核实情况、实地考查等方式了解劳动者的经历。因劳动者多会冒用兄弟姐妹的身份入职，因此了解劳动者家庭情况，根据劳动者自我陈述其家庭人员的情况，也比较容易找出端倪。如发现提供虚假资料者，及时处理，避免后续法律风险。

第三，用人单位可要求新员工签订未提供虚假资料及陈述承诺书或者在劳动合同上约定劳动者的忠实义务，提供真实身份证明、学历证明等材料的义务，如有欺骗、隐瞒等情况，属对公司不忠实的行为，用人单位可解除劳动合同。一旦发现冒用身份的劳动者，用人单位单方解除劳动合同也不属于违法解除劳动合同，这样可以避免因解除劳动合同而支付经济补偿金。

【法条链接】

《广东省高级人民法院关于审理劳动争议案件若干问题的指导意见》第三十条

劳动者冒用他人名义与用人单位订立劳动合同的，应按实际劳动关系确定主体。用人单位以劳动者假冒身份证明为其投保而遭受社会保险损失的，用人单位和劳动者应按各自的过错承担相应的民事责任。

不满16岁的未成年人冒用他人名义与用人单位订立劳动合同或形成事实劳动关系的，劳动合同无效，但用人单位仍应按合同的约定支付报酬。该未成年人因工作遭致伤害的，应由用人单位负人身损害赔偿责任。

【相关文书】

未提供虚假资料及陈述承诺书

本人_____（身份证号码：____________________），____年____月____日至____年____月____日在________公司工作。本人郑重承诺入职审查所提供的材料真实有效，本人未提供虚假资料及陈述。如有不实之处，本人愿负相关的法律责任，________公司可解除/终止劳动关系。

特此声明！

承诺人：________

____年____月____日

八、聘用未解除劳动合同的劳动者的法律风险

用人单位在招聘时若审查不慎，就有可能招录到尚未与其他单位解除劳动合同关系的员工，这种情况在招录高级管理人员或业务人员时尤其常见。

聘用尚未解除劳动合同的劳动者会给用人单位带来较大的用工法律风险，如果用工行为给其他单位造成了损失，用人单位将与劳动者一起承担连带赔偿责任。这些损失可能包括对其他单位生产、经营和工作造成的直接经济损失，以及因获取商业秘密给原用人单位造成的经济损失。

以案说法

8. 招录未解除劳动关系员工，用人单位被判承担连带责任

基本案情

×××置业有限公司经营范围为：房地产开发；商品房销售；自有房产租赁。×××房地产经纪有限公司经营范围为：房地产经纪与代理；商品房策划及销售代理；广告设计、代理、发布；礼仪庆典服务，会议服务，展览展示服务；企业营销策划；企业管理咨询。2012年7月6日，×××置业有限公司与何某签订劳动合同，2013年1月11日，×××置业有限公司与何某签订《保密协议》，2013年8月5日，劳动合同到期，何某从×××置业有限公司离职。2013年5月13日，何某与魏某、张某等设立×××房地产经纪有限公司，注册资本50万元，其中被告何某出资10%，魏某出资55%，张某出资5%，法定代表人为魏某。此前，魏某、张某分别与×××置业有限公司签订有劳动合同，在×××置业有限公司从事房产销售业务。

法院判决

法院认为，根据《劳动合同法》第九十一条：**"用人单位招用与其他用人单位尚未解除或者终止劳动合同的劳动者，给其他用人单位造成损失的，应当承担连带赔偿责任。"本案中，何某于在职期间与他人一同出资，注册成立 ××× 房地产经纪有限公司，其股份占注册资本的 10%，且与另外两名股东魏某、张某同为 ××× 置业有限公司的员工，三人的股份占 ××× 房地产经纪有限公司注册资本的 70%，应认定 ××× 房地产经纪有限公司对招用 ××× 置业有限公司尚未解除劳动合同员工为明知。根据上述法律规定，××× 房地产经纪有限公司应承担连带赔偿责任。**遂判决：一、被告何某于本判决生效之日起十日内赔偿原告 ××× 置业有限公司工资损失 17431.91 元。二、被告何某于本判决生效之日起十日内赔偿原告 ××× 置业有限公司律师费 8000 元。三、被告何某于本判决生效之日起十日内赔偿原告 ××× 置业有限公司交通费 88 元。四、被告 ××× 房地产经纪有限公司对本判决主文第一项、第二项、第三项承担连带赔偿责任。[①]

【法律风险防范】

原劳动部《关于实行劳动合同制度若干问题的通知》（劳部发〔1996〕354 号）第十七条规定："用人单位招用职工时应查验终止、解除劳动合同证明，以及其他能证明该职工与任何用人单位不存在劳动关系的凭证，方可与其签订劳动合同。"

用人单位应严格按照这一规定执行，以避免因此而带来的法律风险。用人单位在招聘过程中，应深入了解应聘者的工作背景，查明他是否与前一家用人单位存在诸如保密协议、竞业限制、服务期协议及经济上的纠纷，特别是在录用同一行业的技术人才和管理人才的时候更要慎重。因此，对于高级管理人员或者技术人员，应要求员工提供与原单位解除或终止劳动合同关系的证明，比如终止、解除劳动合同关系证明书，在必要时也可以通过电话或其他方式与原单位进行核实；如果该员工并未与其他用人单位建立过劳动关

① 沈阳市中级人民法院（2015）沈中民五终字第 00541 号民事判决。

系，也应提供其与任何用人单位不存在劳动关系的声明，待其提供这些证明或声明后，方可与之建立劳动关系。

此外，若用人单位在用工过程中发现劳动者仍与其他用人单位存在劳动关系，并对其完成本职工作带来严重影响，可以据此与其解除劳动关系。法律依据是《劳动合同法》第三十九条：劳动者同时与其他用人单位建立劳动关系，对完成本单位的工作任务造成严重影响，或者经用人单位提出，拒不改正的，用人单位有权单方解除劳动合同，并且无需向劳动者支付经济补偿金。

【法条链接】

《劳动法》第九十九条

用人单位招用尚未解除劳动合同的劳动者，对原用人单位造成经济损失的，该用人单位应当依法承担连带赔偿责任。

《劳动合同法》第九十一条

用人单位招用与其他用人单位尚未解除或者终止劳动合同的劳动者，给其他用人单位造成损失的，应当承担连带赔偿责任。

《违反〈劳动法〉有关劳动合同规定的赔偿办法》第六条

用人单位招用尚未解除劳动合同的劳动者，对原用人单位造成经济损失的，除该劳动者承担直接赔偿责任外，该用人单位应当承担连带赔偿责任。其连带赔偿的份额应不低于对原用人单位造成经济损失总额的百分之七十。向原用人单位赔偿下列损失：

（一）对生产、经营和工作造成的直接经济损失；

（二）因获取商业秘密给原用人单位造成的经济损失。

……

【相关文书】

解除或终止劳动合同（关系）证明书

你与我单位订立了________（固定期限、无固定期限、以完成一定工作任务为期限）的劳动合同，劳动合同期限从______年____月____日起至______年____月____日止，合同期内从事______________工作，在本单位工作年限____年。根据《劳动合同法》等有关法律法规的规定，现按下列第______条______款规定解除或终止你与单位的劳动合同（关系）：

一、符合《劳动合同法》第三十六条规定，经双方当事人协商一致，解除劳动合同（关系）；

二、符合《劳动合同法》第三十八条____项规定，解除劳动合同（关系）；

三、符合《劳动合同法》第三十九条____项规定，解除劳动合同（关系）；

四、符合《劳动合同法》第四十条______项规定，解除劳动合同（关系）；

五、符合《劳动合同法》第四十一条____项规定，解除劳动合同（关系）；

六、符合《劳动合同法》第四十四条____项规定，终止劳动合同（关系）；

七、因其他原因解除或终止劳动合同（关系）：

解除或（终止）劳动合同日期：______年____月____日

甲方单位（章）：　　　　　　　劳动者（签名）：

送达时间：______年____月____日　　签收时间：______年____月____日

与任何单位不存在劳动关系的声明

因无法提供与原单位解除劳动关系的证明，本人声明如下：

本人与任何单位不存在劳动关系。

如因本人与原单位未解除劳动关系使得公司承担相关责任的，公司对本人有追偿的权利。

特此声明！

声明人：

日期：______年____月____日

九、招聘在读大学生的法律风险

有些用人单位热衷于招聘在读大学生，一是因为大学生人数众多，招聘较为方便；二是因为在读大学生薪水相对较低，可以减少用工成本；三是有些用人单位错误地认为招聘大学生能够灵活地用工，可以“招之即来，挥之即去”，不用承担任何法律责任。殊不知，依据相关法律法规，即将毕业的大专以上院校在校学生以就业为目的与用人单位签订劳动合同，且接受用人单位管理，按合同约定付出劳动，用人单位在明知求职者系在校学生的情况下，仍与之订立劳动合同并向其发放劳动报酬的，该劳动合同合法有效，应当认定双方之间形成劳动合同关系。因此，一旦用人单位辞退大学生，会被法院认定为违法解除劳动合同，从而向该学生支付赔偿金；要是用人单位未与大学生签订劳动合同，大学生还可以要求用人单位支付未签订劳动合同的双倍工资。此外，还有一个法律风险，因为在校大学生的身份特殊，用人单位无法为其购买工伤保险，这意味着，如果大学生在职期间发生工伤，因为没有社保基金的赔付，所有工伤赔偿责任将由用人单位承担。

以案说法

9. 应届毕业生签订劳动合同有效，用人单位解除合同属违法

基本案情

原告郭某系某大学2008届毕业生。2007年10月26日，原告郭某在被告×××大药房连锁有限公司（以下简称×××公司）处进行求职登记，并在被告×××公司的求职人员登记表中登记其为南京市莫愁职业高级中学2008届毕业生，2007年是其实习年。2007年10月30日，原告与被告签订劳动合同书一份，期限三年。2008年7月21日，被告向南京市白下区劳动争议仲裁委员会提出仲裁申请，请求确认其与原告之间的劳动关系不成立。仲裁委以郭某系在校学生不具有建立劳动关系的主体资格，被告与原告之间的争议不属劳动争议处理范围为由，决定终结被告诉原告的仲裁活动。

法院判决

法院认为：**实习是以学习为目的，到相关单位参加社会实践，没有工资，不存在由实习生与单位签订劳动合同，明确岗位、报酬、福利待遇等情形。本案中，被上诉人郭某虽于2008年7月毕业，但其在2007年10月26日明确向上诉人×××公司表达了求职就业愿望，并进行了求职登记，求职人员登记表中登记其为2008届毕业生，2007年是其实习年。2007年10月30日郭某与×××公司自愿签订了劳动合同。×××公司对郭某的情况完全知情，**

双方在此基础上就应聘、录用达成一致意见，签订了劳动合同，而且明确了岗位、报酬。该情形不应视为实习。郭某与 ××× 公司签订劳动合同时已年满 18 周岁，符合《劳动法》规定的就业年龄，具备与用工单位建立劳动关系的行为能力和责任能力。遂判决：原告郭某与被告 ××× 公司于 2007 年 10 月 30 日签订的劳动合同有效。①

【法律风险防范】

用人单位招聘在校大学生存在多种情况，有些是实习生，这方面的问题我们将在下一部分讨论。有些是出于用工的需要，用人单位和劳动者均以建立劳动关系为目的，避免这方面的用工法律风险应注意两个问题：其一，用人单位若非必要，尽量不要招收在读大学生。在招聘中发现疑似大学生的求职者，应让其提供毕业证和学位证书供用人单位查验，这样才能避免招录到尚未毕业的大学生；其二，如果招录大学生是必要的，应与在读大学生及其学校签订三方协议，确保三方的权利义务按照三方协议进行，这才可以尽量避免用工过程中的法律风险。

【法条链接】

《关于贯彻执行〈中华人民共和国劳动法〉若干问题的意见》

4. 公务员和比照实行公务员制度的事业组织和社会团体的工作人员，以及农村劳动者（乡镇企业职工和进城务工、经商的农民除外）、现役军人和家庭保姆等不适用劳动法。

《关于贯彻执行〈中华人民共和国劳动法〉若干问题的意见》

12. 在校生利用业余时间勤工助学，不视为就业，未建立劳动关系，可以不签订劳动合同。

《劳动合同法》第十六条

劳动合同由用人单位与劳动者协商一致，并经用人单位与劳动者在劳动合同文本上签字或者盖章生效。

劳动合同文本由用人单位和劳动者各执一份。

---

① 《中华人民共和国最高人民法院公报》2010 年第 6 期（总第 163 期）。

十、招聘实习生的法律风险

实习生的情况与前一部分所讲在校大学生的情况有所不同，因为前一部分所讲的大学生是以工作为目的进入用人单位的，而实习生进入用人单位的目的在于实习，原劳动部《关于贯彻执行〈中华人民共和国劳动法〉若干问题的意见》中有明确的规定，在校生利用业余时间勤工助学，不视为就业，未建立劳动关系，可以不签订劳动合同。在校生并非基于建立劳动关系的目的而到用人单位处工作，因此，不受劳动法律法规的调整。但是，在校生从事用人单位授权事宜内活动，为用人单位提供劳动，应当属于雇佣关系。用人单位作为雇主，对实习生也应当承担相应的法律义务，故也存在相当的法律风险。

以案说法

10. 单位与实习生之间存在雇佣关系，实习生发生事故时，用人单位需负赔偿责任

基本案情

姚某系某学院2010级学生，其毕业时间为2013年7月1日。2013年3月4日，姚某（乙方）与 ××× 物业服务有限公司合肥分公司（甲方）签订应届毕业生实习协议书，约定甲方为乙方提供在安全部门实习的机会，实习期限为3个月，从2013年3月4日起至2013年6月30日止等事宜。2013年5月10日24时40分左右，姚某在 ××× 物业服务有限公司合肥分公司的售楼部巡逻时，听到位于该售楼部二楼的烟感消防报警器发出警报声，就上前查看是否有火灾发生，在确认没有燃烧迹象后就搬了木梯去检查报警器，因梯子支撑不稳致姚某摔下，姚某在身体下落过程中用手去抓旁边的镀锌板，致手被割伤。事故发生后，姚某被送往武警安徽省总队医院治疗，经鉴定属十级伤残。

法院判决

法院认为：姚某与 ××× 物业服务有限公司合肥分公司签订实习协议，约定姚某到该公司售楼部从事安全员的工作，负责所在区域的安保，由 ××× 物业服务有限公司合肥分公司按照每天 50 元的标准支付报酬并提供宿舍，应当认定双方之间存在雇佣关系。姚某在工作过程中受伤，××× 物业服务有限公司合肥分公司应当承担赔偿责任。综合考虑姚某自身对损害的发生存在一定过错，确定由 ××× 物业服务有限公司合肥分公司对姚某的损失承担 80% 的赔偿责任。遂判决：××× 物业服务有限公司合肥分公司于本判决生效之日起十日内赔偿姚某各项损失 46358.04 元。①

【法律风险防范】

从以上案例可以看出，用人单位招用实习生虽然不成立劳动关系，但会被认定为雇佣关系。用人单位作为雇主，仍应承担相应的赔偿责任。因为无法给实习生购买社会保险，此时用人单位的法律风险事实上较劳动关系中还要大。因此，用人单位在招用实习生时应特别小心。

第一，要对实习生主体进行确认。

法律并未对实习生的概念明确界定，但实习生一般包括两类人员：一是中等职业学校或普通高等教育学院组织到企业等用人单位实习的在校学生；二是利用业余时间勤工助学的在校生。若实习人员不属于在校学生而实习单位不能证明已尽审查义务的话，则自用工之日起视为双方已建立劳动关系。因此，用人单位在与实习生签约时应注意核实在校学生主体的证明文件，并留存复印件。

第二，要注意实习协议中的条款。

由于用人单位与实习生之间不属于劳动关系，因此双方关系不受劳动法或劳动合同法的调整，如无须遵守最低工资标准、缴纳社会保险、加班支付加班工资等规定。实习报酬和实习方式等均以双方协议约定为准。因此，首先应注意实习协议中的报酬金额、支付方式、实习时间等约定明确，实习截

① 安徽省合肥市中级人民法院（2014）合民一终字第 02304 号民事判决；安徽省合肥市蜀山区人民法院（2014）蜀民一初字第 01147 号民事判决。

止日期应在毕业日期之前；另外根据教育部规章的要求，每天实习时间不要超过 8 小时、不要安排实习生从事高危作业等。

第三，要注意保险缴纳问题。

虽然实习生在工作期间发生伤亡事故，实习单位无需进行工伤认定，但并不代表实习单位没有赔偿责任。实际上，实习单位与实习生为雇主与雇员的关系，若实习生发生事故，实习单位仍具有一定的赔偿义务。因此，为分散和转移该法律风险，若是学校安排的实习，实习单位应要求学校确认已为所有实习生购买人身意外险；若属勤工助学的，也可要求其出具学校已购买意外险凭证。另外，实习单位也可考虑为危险性较高的岗位实习人员购买人身意外险。

第四，要注意实习生毕业日期，对拟留用的及时签署书面劳动合同。

若实习生毕业后仍在实习单位工作的话，实习单位与其之间将自实习生毕业之日起视为建立劳动合同关系，实习单位应承担劳动法律法规的义务，如未签订书面劳动合同支付双倍工资的义务等。因此，实习单位可在实习协议中约定：实习生应于毕业前，提前一个月通知实习单位。同时实习单位应及时跟进实习生毕业情况并作出相应处理。

【法条链接】

《侵权责任法》第三十五条

个人之间形成劳务关系，提供劳务一方因劳务造成他人损害的，由接受劳务一方承担侵权责任。提供劳务一方因劳务自己受到损害的，根据双方各自的过错承担相应的责任。

【相关文书】实习协议

实习协议

甲方（实习基地）：

地址：

经济类型：　　　　　　　　　　法定代表人：

乙方（实习生）：　　　　　　　学历：

所属（毕业）院校：　　　　　　专业：

毕业时间：　　　　　　　　　　　　　　联系电话：

身份证号码：

现地址：

为明确甲乙双方实习期间的权利和义务，根据国家有关法律、法规，本着平等自愿的原则，经甲乙双方协商一致，签订本协议。

第一条 乙方自愿到甲方实习，并承诺实习期间自觉遵守国家的法律法规，遵守甲方的各项规章制度，服从甲方的日常管理。

第二条 甲方将根据相关的法律法规及本单位的规章制度和生产经营的实际需要，并结合乙方的实际情况为乙方合理安排实习岗位及实习工作时间。

第三条 乙方在甲方的实习时间为____个月，即自____年__月__日起至____年__月__日止。

第四条 甲方安排乙方到________部门，从事________工作。

第五条 实习期待遇：

1. 甲方依其规章制度对乙方的实习进行考核评价，乙方按照实习计划或甲方规定完成实习内容的，甲方给予乙方实习补贴，补贴标准为____________________，乙方因故缺勤，按所缺天数扣减相应的实习补助。

2. 在实习期间，乙方不享受甲方员工依据《劳动合同》和甲方规章制度所享受的福利待遇。

第六条 乙方在实习期间应遵守以下规定：

1. 遵守甲方各项工作纪律及管理制度，按照甲方的安排开展实习期的工作；

2. 服从甲方对其实习指导人员的安排，尊重并虚心接受实习指导人员的业务指导及日常管理，努力学习；

3. 与甲方员工融洽相处，爱护甲方财产，保守甲方的技术和商业机密；

4. 如因乙方个人的过错给甲方造成财产损失或是泄露技术秘密和商业机密而给甲方造成技术和商业利益损害，则乙方应承担相应的责任。

第七条 实习期间甲方应遵守以下规定：

1. 甲方应对乙方进行劳动安全培训，包括但不限于工作纪律、安全责任、工作注意事项等，并为乙方提供国家规定的安全卫生的工作环境，保证乙方的人身安全，因乙方的原因造成的安全事故责任由乙方承担。如乙方在实习期间发生意外，均由乙方自行承担。

2. 甲方可以根据需要，调配乙方从事不同的实习岗位；如乙方由于个人能力和身体原因，不能参加正常的实习活动，或拒不服从甲方工作安排、工作要求或各项规章制度，甲方有权提前终止乙方实习活动并解除本协议。

3. 甲方应安排专门的指导人员对乙方进行技术指导和日常管理，并结合实际情况，为乙方提供学习专业知识、从事专业实践活动的机会，并委派有关人员进行指导。

4. 实习期结束时，根据需要和现实表现，为乙方提供一份客观公正的实习鉴定。

第八条　协议解除：

1. 甲乙双方协商一致本协议可以解除。如乙方欲提前解除本协议，应提前 7 天以书面形式向甲方告知原因，经甲方同意并在完成工作交接后方可与甲方终止实习合同，否则，乙方应赔偿由此给甲方造成的损失。

2. 乙方如有违法行为、严重违反劳动纪律或甲方规章制度的，解除本协议。

3. 实习期间，甲方如发现乙方不符合实习要求，或者不能胜任实习工作，可向乙方提出解除实习协议，在支付给乙方生活补贴并履行相关手续后，解除本协议。

4. 如果乙方在实习或者工作中不能与同事和睦相处、作风散漫等，或者由于乙方自身的原因并影响到工作的开展等情况，甲方有权解除协议。给甲方造成损失的，乙方承担赔偿责任。

5. 实习期满，实习协议自动解除，如用人单位欲招收乙方为正式工作人员，则应按劳动法有关规定为其办理就业手续，签订新的劳动合同。

6. 其他根据法律规定和本协议约定可以解除的。

第九条　其他事项：

1. 甲乙双方充分理解本协议下所建立的实习关系，不构成劳动关系。

2. 实习期间，乙方在履行工作职责中，或利用甲方的资源所取得的知识产权成果，权益归甲方所有。

3. 根据本协议约定乙方承担的责任，并不免除乙方根据法律应向甲方承担的责任。

4. 本协议未尽事宜由甲乙双方另行协商。因本协议而引起的纠纷，双方友好协商解决，协商不能的，任何一方均可向甲方所在地人民法院提起诉讼。

双方自愿协商一致的其他事项：

甲方出现岗位空缺或新增岗位等情况，同等条件下，应给予优先录用实习生的条件。

第十条 法律效力：

本协议经甲乙双方签字盖章后生效，协议文本一式二份，甲乙双方各执一份。

甲方（盖章）：　　　　　　　　　　乙方（签字）：

代表人（委托授权人）：

年　月　日　　　　　　　　　　年　月　日

十一、招聘退休人员（或已到退休年龄的人员）的法律风险

一些用人单位喜欢招用退休人员或已经到退休年龄的人员，原因有两点：一是此类人员不受劳动法保护，用人单位不用再为他们购买社保，可以节省用工成本；二是此类人员工作经验非常丰富，对用人单位的发展能提供更大的帮助。虽然如此，聘用退休人员（或已到退休年龄的人员）仍然存在较大的法律风险，不得不慎重，目前来看，法律风险集中于这两个方面：一是工伤的法律风险，退休人员（或已达退休年龄的人员）因为年事已高，相较于年轻人来说，存在更高的工伤法律风险，如果用人单位未为他们购买工伤保险，一旦认定为工伤，将面临高额的赔偿；二是用人单位与此类员工的关系也有可能被认定为劳动关系，如果这种极个别的情形出现，用人单位将可能面临诸多用工法律风险，比如向其支付工伤保险待遇、经济补偿金或赔偿金、加班费等，甚至可能被要求补缴社会保险费用。

以案说法

11. 退休职工发生工伤不能享受工伤保险待遇时，用人单位负赔偿责任

基本案情

原告潘某于2004年7月进入被告某复合布业有限公司工作，2008年12

月6日起，原告已年满50周岁，达到法定退休年龄。2015年11月2日10时许，原告在工作过程中，因在未停止运转的机器上整理塑料纸，致右手被滚筒机卷入受伤。原告受伤后被送往医院治疗，经鉴定右手拇指功能部分丧失，构成人体损伤十级伤残。

法院判决

原告主张双方之间系劳务关系，被告则认为双方之间为劳动关系。**事实表明，原、被告之间在2004年7月至2008年12月5日存在劳动关系，2008年12月6日起，因原告已年满50周岁而达到法定退休年龄，双方劳动关系即为终止。《最高人民法院行政审判庭关于离退休人员与现工作单位之间是否构成劳动关系以及工作时间内受伤是否适用〈工伤保险条例〉问题的答复》(〔2007〕行他字第6号)规定："根据《工伤保险条例》第二条、第六十一条等有关规定，离退休人员受聘于现工作单位，现工作单位已经为其缴纳了工伤保险费，其在受聘期间因工作受到事故伤害的，应当适用《工伤保险条例》的有关规定处理。"同时，《浙江省高级人民法院民事审判第一庭、浙江省劳动人事争议仲裁院关于审理劳动争议案件若干问题的解答(二)》第十四条亦解答如下："劳动者超过法定退休年龄，仍接受单位聘用的，其与聘用单位之间构成劳务关系，劳动者因工伤亡或者患职业病而向聘用单位主张工伤保险待遇的，不予支持。但劳动者尚未享受基本养老保险待遇或者领取退休金，且聘用单位已为其缴纳工伤保险费的，其工伤保险待遇应予支持。"即超过法定退休年龄的劳动者因工伤亡，要求聘用单位赔偿工伤保险待遇的，须以该聘用单位已为其缴纳工伤保险费为前提条件。事实表明，原告受伤之时，被告没有给原告缴纳工伤保险，故原告以双方之间存在劳务关系作为请求权基础请求被告赔偿，符合法律规定。**遂判决：一、被告某复合布业有限公司应赔偿原告潘某因本起事故造成的物质损失139826元的70%计97878元，并赔偿精神损害抚慰金2000元，合计99878元；扣除已付36578元，尚应赔偿63300元；二、驳回原告潘某的其他诉讼请求。[①]

---

① 绍兴市中级人民法院（2016）浙06民终4043号民事判决；绍兴市柯桥区人民法院（2016）浙0603民初3287号民事判决。

【法律风险防范】

用人单位可以根据自身与退休人员之间的关系以及存在的现实问题，针对不同情况，采取相应的法律风险防范措施：

1. 在招聘退休人员时，应做好对退休人员的尽职调查，确认其已经解除或退出劳动关系，已经依法享受养老保险待遇，同时还要求其提供身份证、与原单位解除劳动关系证明或退工单、退休证、依法享受养老保险或领取养老保险金的相关证明。

2. 用人单位应为新招录的退休人员缴纳工伤保险费（在大部分地方，社保基金中心可以接受用人单位为退休人员缴纳的工伤保险费，一旦此类人员发生工伤，也可以享受工伤保险待遇），或投保商业的人身意外保险，减少或免除因工伤而带来的赔偿责任。

3. 根据不同的情况，对退休人员采取不同的法律措施：

（1）如果用人单位与退休人员之间的法律关系是劳动关系（比如退休人员为内退人员，尚未到法定的退休年龄），应与其签订劳动合同，明确双方的权利义务关系。

（2）如果用人单位与退休人员之间的人身依附性很弱，工作形式自由，退休人员也不用遵守用人单位的规章制度，用人单位最好采取与其合作或承揽之类的方式，因在合作或承揽关系中，合作方和承揽方应当自行承担由其自身原因所导致的法律责任。

（3）如果用人单位与退休人员之间属于劳务关系，应与其签订劳务合同，明确双方的权利义务。若用人单位无法为退休人员购买工伤保险，最好在劳务合同中明确说明不能办理的原因。

【法条链接】

《最高人民法院行政审判庭关于离退休人员与现工作单位之间是否构成劳动关系以及工作时间内受伤是否适用〈工伤保险条例〉问题的答复》（〔2007〕行他字第6号）

……根据《工伤保险条例》第二条、第六十一条等有关规定，离退休人员受聘于现工作单位，现工作单位已经为其缴纳了工伤保险费，其在受聘期间因工作受到事故伤害的，应当适用《工伤保险条例》的有关规定执行。

《最高人民法院行政审判庭关于超过法定退休年龄的进城务工农民因工伤亡的，应否

适用〈工伤保险条例〉请示的答复》（〔2010〕行他字第10号）

……用人单位聘用的超过法定退休年龄的务工农民，在工作时间内、因工作原因伤亡的，应当适用《工伤保险条例》的有关规定进行工伤认定。

《最高人民法院关于审理劳动争议案件适用法律若干问题的解释（三）》第七条

用人单位与其招用的已经依法享受养老保险待遇或领取退休金的人员发生用工争议，向人民法院提起诉讼的，人民法院应当按劳务关系处理。

【相关文书】

劳务雇佣协议书

甲方：________________有限公司；法定代表人：______________；住所地：__________________________________

乙方：____________；性别：_____；出生日期：________年____月____日；居民身份证号码：__________________________；家庭住址：________________

鉴于甲方业务发展的需要，雇佣乙方为______________________有限公司提供劳务服务，经双方协商订立正式《劳务雇佣协议书》如下：

一、合同期限

第一条　本合同于________年____月____日生效，期限________年，其中试用期至________年____月____日止。

如双方需要，可在合同期满前一个月协商续签劳务雇佣合同。如合同期已满，双方不再续签合同，但受雇方从事的有关工作和业务尚未结束，则合同应顺延至有关工作业务结束。

二、双方的义务和责任

第二条　乙方同意根据甲方工作需要，承担________________________岗位（工种）工作。

第三条　乙方工作应达到甲方规定该岗位职责的要求和甲方对该岗位之特别规定（详见《岗位责任书》）的标准。

第四条　乙方每周工作时间为________天，每天工作________小时；乙方应按照工作职责保证完成甲方规定的工作和任务。

第五条　乙方应接受甲方的绩效考核。

第六条 未经甲方许可，乙方不得承接与乙方职责相关的个人业务。

第七条 甲方应向乙方提供乙方所承担工作中必需的工作条件。

第八条 乙方应严格遵守本合同的附加条款。

三、劳务报酬

第九条 甲方每月 11 日前以货币形式支付乙方劳务报酬，标准为______元/月或按董事会拟定的标准额执行。

乙方在试用期间的劳务报酬为转正后的 80% 或双方约定。甲乙双方对劳务报酬的其他约定________________________________，甲方在以下情况有权扣除乙方相应额度的劳务报酬：

1. 因乙方的过失给甲方造成经济损失的；

2. 乙方违反公司管理制度的；

3. 双方约定的其他情况。

四、合同的终止与解除

第十条 合同期满如未续签，则视为《劳务雇佣协议书》自行终止，双方应及时办理相关手续。

第十一条 经甲乙双方协商一致，本合同可以解除。

第十二条 乙方有下列情形之一，甲方可以解除本合同：

（一）在试用期间被证明不符合录用条件的；

（二）严重违反甲方有关规定及按照本合同约定可以解除劳务合同的；

（三）严重失职，营私舞弊，对甲方利益造成重大损害的；

（四）被依法追究刑事责任的。

五、双方约定的其他内容

第十三条 甲乙双方约定本合同增加以下内容：

（一）乙方有义务向甲方提供真实的个人信息与相关证明，并如实填写《劳务人员登记表》，否则甲方有权随时解除本合同，并且不给予任何经济补偿。

（二）甲方有权对公司的有关规定进行修改、完善。修改后的内容对本合同具有同等效力。

（三）甲方可以在合同有效期内，根据需要调整乙方的岗位职责和工作范围，劳务报酬等事项也将做出相应调整。乙方愿意服从甲方的安排。

（四）乙方在合同期内承担甲方工程项目中的工作及责任的，在该项目未结束前，乙方不得未经甲方同意擅自离职。

（五）甲方将定期或不定期对乙方进行工作绩效考核，考核不合格者，甲方有权解除或终止本合同。

（六）本合同到解除日期时，乙方应按照《______________有限公司员工手册》中的离职制度办理离职手续，否则甲方有权扣除或拒绝支付乙方劳务报酬。

第十四条　本合同的附件如下：

附件一：《保密协议》；

附件二：《岗位职责书》；

附件三：甲方制定的《员工手册》及有关规定。

第十五条　本合同一式两份，甲乙双方各执一份。

甲方（盖章）：______________

法人或委托代理人签字或盖章：________

乙方（签字）：______________

签订日期：________________

十二、招录童工的法律风险

童工指年龄在16岁以下的未成年人，有些企业或因招工困难，或为节省用工成本，招录童工；有些企业却是因为在招工过程中受到一些急于找到工作并提供虚假年龄证明的劳动者的欺骗而招录了童工。用人单位只要招录了童工，就将面临行政或刑事处罚的法律风险。

《禁止使用童工规定》第六条规定：用人单位使用童工的，由劳动保障行政部门按照每使用一名童工每月处5000元罚款的标准给予处罚；在使用有毒物品的作业场所使用童工的，按照《使用有毒物品作业场所劳动保护条例》规定的罚款幅度，或者按照每使用一名童工每月处5000元罚款的标准，从重处罚。劳动保障行政部门并应当责令用人单位限期将童工送回原居住地交其父母或者其他监护人，所需交通和食宿费用全部由用人单位承担。用人单位经劳动保障行政部门依照前款规定责令限期改正，逾期仍不将童工送交其父母或者其他监护人的，从责令限期改正之日起，由劳动保障行政部门按照每使用一名童工每月处1万元罚款的标准处罚，并由工商行政管理部门吊销其营业执照或者由民政部门撤销民办非企业单位登记；用人单位是国家机关、事业单位的，由有关单位依法对直接负责的主管人员和其他直接责任人员给予降级或者撤职的行政处分或者纪律处分。

非法使用童工情节严重的可能涉嫌刑事犯罪。《刑法》第二百四十四条之一第一款规定："违反劳动管理法规，雇用未满十六周岁的未成年人从事超强度体力劳动的，或者从事高空、井下作业的，或者在爆炸性、易燃性、放射性、毒害性等危险环境下从事劳动，情节严重的，对直接责任人员，处三年以下有期徒刑或者拘役，并处罚金；情节特别严重的，处三年以上七年以下有期徒刑，并处罚金。"

以案说法

12. 用人单位雇用童工从事危重劳动，法定代表人被判刑

基本案情

被告人陈某是汕头市 ××× 有限公司法定代表人、总经理。2007年3月11日，被告人陈某非法雇用童工即被害人李某某（1992年10月31日出生）到其公司工作，在明知该公司仓库存放易燃和具有危险性的甲苯或乙苯等溶剂的情况下，仍安排被害人李某某进入仓库工作。被害人李某某在无任何安全保护措施的情况下，抽取甲苯或乙苯等溶剂提供给印刷车间使用。同年4月15日14时许，被害人李某某在上述仓库内抽取上述溶剂，因操作不慎导致溶剂发生燃烧并蔓延，造成自身受伤。经鉴定，被害人李某某的伤残等级为三级。

法院判决

法院认为，被告人陈某作为企业负责人，违反劳动管理法规，雇用未满

16 周岁的未成年人在易燃性危险环境下从事劳动，致被害人三级伤残，其行为已触犯刑律，构成雇用童工从事危重劳动罪，属于情节特别严重。公诉机关指控被告人陈某犯雇用童工从事危重劳动罪的罪名成立。鉴于被告人陈某是初犯，归案后如实供述自己的罪行，当庭自愿认罪，并已对被害人进行赔偿，取得被害人的谅解，主动向国家预缴罚金，有悔罪表现，符合法律规定的可以适用非监禁刑的条件，对其依法可以从轻处罚并宣告缓刑。遂判决：被告人陈某犯雇用童工从事危重劳动罪，判处有期徒刑三年，缓刑三年六个月，并处罚金人民币三千元。[①]

【法律风险防范】

第一，用人单位应该制定严格的招聘制度，确保在招聘阶段即可以确定劳动者的真实年龄，对于年龄在 16 岁以下的应聘者，一律不予录用。

第二，在与人才中介公司的合作中要严格而细致，确保不因中介公司的疏忽或过错而招录未满 16 岁的员工，最好是保留好相关证据，并要求中介公司签订承诺书。

第三，将员工提供的身份证明及年龄证明文件均复印保留，必要时可以要求员工签订年龄真实性声明。

【法条链接】

《劳动法》第十五条第一款

禁止用人单位招用未满十六周岁的未成年人。

《禁止使用童工规定》第二条第一款

国家机关、社会团体、企业事业单位、民办非企业单位或者个体工商户（以下统称用人单位）均不得招用不满 16 周岁的未成年人（招用不满 16 周岁的未成年人，以下统称使用童工）。

十三、招聘考核时发生人身伤害的法律风险

用人单位在招聘考核时要采取积极的防范措施，保障应聘人员的人身

① 广东省汕头市龙湖区人民法院（2014）汕龙法刑初字第 126 号刑事判决书。

安全，若应聘人员在招聘考核时发生人身伤害，用人单位仍要承担赔偿责任。

以案说法

13. 招聘考核时发生工伤，用人单位负赔偿责任

卢女士在 ××× 银行北京分行职工餐厅面试考核时，被和面机绞断右前臂，但由于对银行给付的工资、护理费等数额不满，卢女士将银行诉至法院。北京市西城区人民法院一审要求交行北京分行支付近 5000 元护理费。

2006 年 5 月 18 日，卢女士到 ××× 银行北京分行下属亚运村支行的职工餐厅工作，双方既未签订劳动合同，也未就工资标准进行约定。第二天，卢女士参加了面试考核，在使用和面机时绞断了右前臂，后被劳动部门认定为工伤三级，安装了价值 14 万余元的特殊假肢，卢女士因此患上了抑郁症。由于双方没有约定工资标准，因此单位事发后按北京市最低工资标准向卢女士支付工资并为其缴纳社会保险。

卢女士认为，虽然她没有与单位约定工资，但应该按单位每月 8000 余元的平均工资标准享受医疗期间的工资。此外，她还请求法院判令单位支付其护理费、精神损害赔偿金、假肢费用等近 155 万元。

对于卢女士的要求，银行认为，卢女士是临时招用的午餐炊事员，又是在面试时出现工伤，情况特殊，谈不上约定工资等问题。卢女士要求享受平均工资不能成立。银行还提出反诉，要求卢女士返还银行为其垫付的医疗费余额 7500 余元。

法院认为，卢女士在工作期间发生工伤事故，单位应按照相关规定支付其核定伤残等级之前所发生的工资、医疗费、护理费等相关费用。卢女士受伤后没有再工作，因此单位给予最低工资标准并无不妥。此外，法院认为假肢费用应从工伤保险基金中支出，而且精神损害赔偿金于法无据，因此均未支持。最终，法院要求 ××× 银行北京分行支付近 5000 元护理费，同时要求

卢女士返还银行垫付的医药费余额7500余元。[①]

【法律风险防范】

用人单位在招聘考核时应采取安全防范措施，防止人身伤害事故的发生。在招聘考核之前，用人单位应安排专业人员进行操作安全检查，保证操作环境的安全以及相关设备的使用安全。在招聘考核过程中，应确保应聘者正确佩戴和使用劳动防护用具，提醒应聘者注意操作安全，告知操作过程中的注意事项。用人单位应全程配备专业人员，保证应聘者在考核过程中的人身安全。如果招聘考核的风险较高，建议为应聘者购买商业保险，以防发生人身伤害事故，给用人单位造成较大的法律责任。

第二节　招工法律风险的防范措施

一、招聘法律风险的制度防范

一套运行良好的招聘管理制度是防范招工法律风险的重要保障。招聘管理工作是一项系统性的工作，任何一个环节出现问题，都有可能引发招聘法律风险，在招聘系统中，作为招聘方的企业，在系统运转过程中一直在做着招聘管理工作。招聘管理工作主要包括招聘计划制订、招聘途径选择、人员测试甄选、人员录用、招聘评估等。招聘计划应包括招聘人数、应聘者条件、信息发布、招聘费用预算等，如招聘计划制订出现问题，会影响招聘工作的进行，引发招聘法律风险；招聘途径选择失误、人员测试甄选不到位、人员录用环节出现问题等都会引发招聘法律风险。此外，招聘完成之后的评估工作也至关重要，因为对本次招聘工作的评估，可以为以后的招聘工作提供借鉴，尽量避免招聘法律风险，提高招聘效率。因此，用人单位应该从人力资源需求规划、招聘的组织、招聘的流程，甚至员工的管理方面，根据本单位的实

① 2008年2月25日北京晚报报道。

际情况，制定行之有效的招聘管理制度，这样可以使用人单位的管理更为正规和高效，也可以在很大程度上防范招聘法律风险的发生。

【相关文书】

招聘管理制度

（来源于网络）

第一部分：总则

1. 适用范围

1.1　本管理办法适用于人员招聘管理。

2. 目的

2.1　为满足公司持续、快速发展的需要，特制定本管理办法来规范人员招聘流程和健全人才选用机制。

3. 原则

3.1　公司招聘坚持公开招聘、平等竞争、择优录用、先内后外的原则，使用工用人机制更趋科学、合理。

3.2　各分公司应首先秉承本地、本公司招聘优先的原则进行招聘。

3.3　直系亲属原则上不得在利益相关的两个部门，不得在同一部门，不得在财务等特殊部门。

第二部分：人力资源需求规划

1. 中长期人力资源需求规划

1.1　年度人力资源需求规划。

1.1.1　每年年初各部门、分公司根据公司及各部门、分公司整体计划编制年度人力资源需求计划，经人力资源部审核后报总经理审批。

1.2　制订人力资源需求计划的基本依据：未来组织结构的预测、人员供求关系、现有人员的调配培训计划等。

1.3　人员需求预测要综合考虑公司战略及管理变革可能导致的公司规模变化、员工流动等因素造成的人力资源需求的变动。

1.4　人员供给预测要综合考虑内部人才和外部人才供给情况。人力资源部建立内部人才库，信息包括每位员工的绩效记录及评价、职业兴趣、教育背景、工作经验、培训课程、外语水平、具备的技能和证书等。进行内部人才供给预测时要调用内部人才库，判断内部人员是否与所需工作相匹配。在内部供给无法满足需求的情况下进行外部供给预测。

1.5　人力资源部在人力资源需求与供给预测的基础上，制定出年度人力资源需求计划表，各有关部门根据计划表填写申报人员事项，经人力资源部审核后报总经理审批。

1.6　人力资源部根据审批结果进行年度、季度人员的招聘组织。

1.7　人力资源部将招聘结果与各部门、分公司及时沟通。

2. 临时性人力资源需求规划

2.1　临时性人力资源需求规划是指季度时间范围内的人力资源需求。

2.2　临时性但非紧急人力资源需求，用人部门需提前一周填写《招聘需求申报表》，经人力资源部审核后报总经理审批，由人力资源部负责人员招聘。

2.3　临时性紧急人力资源需求，用人部门需填写《招聘需求申报表》后，经人力资源部审核，报请总经理书面批复或口头批复后，由人力资源部执行。

2.4　人力资源部根据不同情况决定采取不同的招聘手段，及时、正确地进行人员招聘工作，并与用人部门保持沟通。

3. 人力资源需求规划的拟定与申请

3.1　需求规划应包括招聘人数、招聘标准（年龄、性别、学历、工作经验、工作能力、个性品质等）、招聘经费预算、招聘具体行动计划等。

3.2　需求规划的拟定由分公司或各部门配合人力资源部进行；各部门负责员工招聘人数、岗位、工作职责、岗位要求等各项工作的调查与指定，人力资源部负责各项的审核与修正，最终由人力资源部和各部门经理达成一致意见以后报总经理审批。

3.3　用人部门填写《招聘需求申报表》。

3.4　具体流程见人力资源需求申请审批流程表。

第三部分：招聘的组织

1. 招聘预算的申请

1.1　根据招聘实际需求，在人员申请获得批准后，人力资源部进行招聘预算的核算与申请。

1.2　财务部门对预算进行审核。

1.3　总经理或者分管负责人进行审核，签字后有效。

2. 内部招聘

2.1　鉴于内部员工比较了解企业的情况，对企业的忠诚度较高，内部招聘可以改善人力资源的配置状况，提高员工的积极性，公司进行人才招聘应优先考虑内部招聘。

2.2　员工内部招聘的任职资格。

2.2.1　在本岗位工作 1 年以上。

2.2.2　年度绩效考核平均为良好以上。

2.2.3　部门经理同意。

2.2.4　每位员工一次只能竞聘一个职位，竞聘多个职位时视为自动放弃。

2.3　人员招聘。

2.3.1　在尊重员工和用人部门意见的前提下，采用推荐、竞聘等多种形式，为供求双方提供双向选择的机会。

2.4　招聘流程。

2.4.1　人力资源部根据公司所需招聘岗位的名称及职级，拟定内部招聘公告。公告发布的方式包括公司内部通信网络通知、在公告栏发布等形式。内部招聘公告要尽可能传达到每一个正式员工。

2.4.2　所有正式员工在上级主管的许可下都有资格向人力资源部报名申请。

2.4.3　人力资源部联合用人部门经理将对申请人进行初步筛选。对初步筛选合格者，人力资源部组织内部评审与考核。

2.4.4　经评审、考核合格的员工应在一周内做好工作移交，并到人力资源部办理调动手续，在规定的时间内到新部门报到。

2.5　所要求的技术或能力。

2.5.1　在现在 / 过去的工作岗位上表现出良好的工作业绩，其中包括：

2.5.1.1　有能力完整、准确地完成任务；

2.5.1.2　能够及时完成工作并坚持到底；

2.5.1.3　有同他人合作共事的良好能力；

2.5.1.4　能进行有效的沟通；

2.5.1.5　有较强的组织能力和领导能力（如果该职位是管理岗位）；

2.5.1.6　掌握解决问题的方法；

2.5.1.7　有积极的工作态度。

2.6　员工申请程序。

2.6.1　申请人必须经本人所在部门经理批准。

2.6.2　确保在________（时间）前将填好的内部工作申请表连同截止到目前的履历表一同交至人力资源部。

2.6.3　对于所有的申请人人力资源部和该空缺职位的上级将根据上述的资格要求进行初步筛选。

2.6.4　面试小组将对初选合格的申请人进行面试及必要的测试。

2.6.5　内部招聘结果将在________（时间）前公布。

2.7　具体流程见内部招聘工作流程表。

3. 外部招聘

3.1　招聘渠道的建立。

3.1.1　根据招聘需求，公司主要的招聘渠道有：网络招聘、人才市场、猎头公司、校园招聘等。

3.1.2　人力资源部招聘主管负责招聘渠道的建立与维护。

3.2　外部招聘及组织形式。

3.2.1　内部招聘难以满足公司人才需求时，可以考虑外部招聘。

3.2.2　组织形式。

3.2.2.1　外部招聘工作的组织以人力资源部为主，其他部门配合。特殊岗位需要公司高层领导、相关部门参加。

3.2.3　外部招聘渠道。

3.2.3.1　外部招聘要根据岗位和级别的不同采取有效的招聘渠道组合。外部招聘人员可来自内部职工引荐人员、职业介绍所和人才交流机构人员以及各类院校的毕业生。具体招聘渠道如下。

3.2.3.2　校园招聘。

3.2.3.2.1　校园招聘根据公司具体情况执行。

3.2.3.3　媒体招聘。

3.2.3.3.1　通过相关网站、大众媒体、专业刊物广告发布招聘信息，查阅网上应聘人员情况，建立公司外部人才库，根据需要考核录用。

3.2.3.4　内部员工推荐。

3.2.3.4.1　公司鼓励内部员工推荐优秀人才，由人力资源部本着平等竞争、择优录用的原则按程序考核录用。

3.2.3.5　招聘会招聘。

3.2.3.5.1　通过参加各地人才招聘会招聘。

3.2.3.6　委托中介公司及猎头招聘。

3.2.3.6.1　对公司关键的管理和技术职位的招聘可考虑通过人才中介以及猎头公司招聘。

4. 各级别人员招聘的组织

4.1　副经理级以下人员的招聘组织。

4.1.1　人员申请。

4.1.1.1　各用人部门根据公司及部门发展需求，提出人员需求申请，人员需求申请原则上至少提前 2 周提出。

4.1.1.2　人力资源部对申请进行初审并提出意见。

4.1.1.3　用人部门与人力资源部达成一致意见时，报总经理审批。

4.1.1.4　审批通过后由招聘主管负责招聘的落实。

4.1.2　人员招聘。

4.1.2.1　选择合适的招聘渠道，发布招聘信息。

4.1.2.2　对适合人员约见。

4.1.2.3　原则上，约见比例不低于需求人数的 5 倍。

4.1.2.4　保留约见人员信息，以备后用。

4.2　副经理级以上和特殊岗位人员的招聘组织。

4.2.1　人员申请。

4.2.1.1　各用人部门经理根据公司及部门发展需求，提出人员需求申请，部门经理空缺时，由人力资源部经理或者总经理提出人员需求。人员需求申请原则上至少提前 2 周提出。

4.2.1.2　人力资源部经理、总经理对申请进行审核并提出意见。

4.2.1.3　用人部门经理、人力资源部经理和总经理达成一致意见时，由招聘主管负责招聘的落实。

4.2.2　人员招聘。

4.2.2.1　选择合适的招聘渠道，发布招聘信息。

4.2.2.2　对适合人员约见。

4.2.2.3　原则上，约见比例不低于需求人数的 3 倍。

4.2.2.4　保留约见人员信息，以备后用。

4.3　具体流程见外部招聘工作流程表。

第四部分：简历与人员的筛选

1. 非现场招聘的简历筛选

1.1　优先审查硬性条件。

1.1.1　性别要求。

1.1.2　学历与专业要求。

1.1.3　工作经验要求。

1.1.4　年龄与其他信息要求。

1.2　审查软性要求。

1.2.1　含混信息的审查。

1.2.1.1　技能水平含混。

1.2.1.2　教育经历是否统招。

1.2.1.3　从业时间是否断档。

1.2.2　逻辑关系审查。

1.2.2.1　职位逻辑高低不符。

1.2.2.2　从事岗位不合身份。

1.2.2.3　从业时间不合逻辑。

1.2.2.4　自我评价事实不符。

1.2.3　匹配性审查。

1.2.3.1　专业匹配度。

1.2.3.2　工作背景匹配度。

1.2.3.3　工作地点匹配度。

1.2.3.4　期望薪资匹配度。

1.2.3.5　稳定性匹配度。

1.2.4　电话审查。

1.2.4.1　部分人员简历表现优秀，部分硬性条件不符的。

1.2.4.2　有语言表达能力要求的职位的。

1.2.4.3　其他条件优秀但部分不匹配的。

2. 现场招聘的人员筛选

2.1　现场人员简历筛选一般要求同非现场简历筛选要求。

2.2　现场人员的审查可以现场进行。

2.3　现场人员较多时，发放面试通知单，确定面试时间和地点。

第五部分：面试的组织

1. 面试前的准备

1.1　面试人员或面试小组的确立与培训。

1.2　面试试题及考评系统的确立。

1.3　面试地点的布置与确立。

2. 面试者面试前的准备

2.1　填写《招聘人员信息登记表》。

2.2　相关证件的准备。

3. 初试

3.1　人力资源部向初选合格的求职者发面试通知。

3.2　原则上初试由人力资源部（主试人）和用人部门共同组成。用人部门在外地的，由人力资源部发相关人员邮件或电话介绍相关人员情况，通过电话或者视频网络进行面试。但是特殊情况，如用人部门人员不足或者经常不在本地的，由人力资源部单独组织面试。

3.3　外地应聘人员初试一般通过电话或者网络视频进行，面试人员组成同本地人员。

3.4　主试人组织具体的初试工作，作好初试记录工作，主试人与用人部门人员填写《面试评估表》。

3.5　初试结果分为三种：拟予聘任、不予考虑、拟予复试。人力资源部将“拟予聘任”的人员报用人部门经理（副经理及以下人员）或总经理（副经理级以上人员）讨论决定是否聘任，“拟予复试”的人员由人力资源部组织复试。

3.6　初试人员合格后方可进行复试。

4. 复试

4.1　复试的准备。

4.1.1　复试人员或者复试小组的确立。

4.1.2　复试小组一般由以下三方面人员组成。

4.1.2.1　用人部门经理。

4.1.2.2　人力资源部招聘主管或经理。

4.1.2.3　相关专业人员。

4.2　用人部门或者应试者在外地的，按照初试相关办法进行。

4.3　专业技术人才的招聘必须有专业人员参加。高级专业技术人才和副经理级以上人员及特殊岗位人员由人事部经理和总经理进行复试。

4.4　复试过程中，复试小组成员填写《面试评估表》。复试结束后，小组成员讨论对各应聘者的意见并分别将评价结果填在《面试评估表》上。

4.5　通过复试的应聘人员由人力资源部经理及用人部门经理签署录用意见后，提交总经理签字批准。

4.6　通过复试的人员由人力资源部办理入职手续。

4.7　具体流程见面试工作流程表。

5. 笔试

5.1　特殊岗位或者管理、技术人才复试结束后需进行笔试，笔试内容包括性格、智力、道德测试及专业技术测试。

6. 背景调查

6.1　部分特殊岗位和副经理以上岗位需要进行背景调查，调查内容主要包括家庭成员、犯罪记录、不良嗜好、个人履历等。

第六部分：入职与转正

1. 新员工入职手续

1.1　新员工按规定时间到行政部报到时，人力资源主管应该审核以下资料。

1.1.1　市级以上医院，身体健康检查证明。包括以下内容。

1.1.1.1　五官科。

1.1.1.2　内科。

1.1.1.3　胸透。

1.1.1.4　心电图。

1.1.1.5　血常规。

1.1.2 前一工作单位劳动合同解除证明（应届生除外）原件或者复印件。

1.1.3 毕业证（最高学历）、学位证、职称证、资格证、身份证、户口本原件及复印件，应届毕业生还需出具《毕业生推荐表》、英语等级证书、成绩单原件和复印件。

1.1.4 近期免冠一寸彩色照片4张。

1.1.5 社保关系转移材料。应届毕业生和尚未办理社保的人员除外。

1.2 签订《劳动合同》，特殊岗位需签订《保密协议》。

1.3 新员工在人力资源部办理完入职手续后，前往入职部门报到。

1.4 人力资源部必须在新员工确认所办项目全部完成后，才能将其入司资料存档。

2. 转正

2.1 新员工试用期满或者提前结束且通过试用期考核的，方可进行转正办理。

2.2 转正审核一般在新员工转正期满前15天进行。

2.3 正常转正。

2.3.1 新员工试用期满，试用期内所有考核项目合格，且试用期无明显违纪表现，符合人事、行政管理规范的，由本人填写《新员工转正申请表》，报部门经理。

2.3.2 部门经理收到新员工转正申请后，对新员工进行试用期综合评估，并填写《新员工转正考核表》。

2.3.3 部门经理与新员工进行转正面谈，由部门经理与员工本人共同确定考核表各项后，报人力资源部审核。

2.3.4 副经理以上人员由人力资源部经理、总经理进行审核。

2.3.5 审核通过人员由人力资源部办理转正手续。

2.3.6 一般转正考核要提前15天进行。

3. 提前转正

3.1 提前转正要从严掌握，入司至少满1个月方可申请提前转正。

3.2 有特殊技能或者特殊贡献的，或者关键事件办理到位的，可放宽提前转正条件。

3.3 其他提前转正条件

3.3.1　对本公司、本岗位的基本情况和工作要求熟悉、适应较快的。

3.3.2　业绩特别突出的。

3.3.3　有加快培养、使用意图的。

3.3.4　有特殊使用安排的。

3.4　提前转正程序

3.4.1　提前转正提出。

3.4.2　填写《转正申请表》，注明提前转正事项。

3.4.3　由部门经理提交申请表至人力资源部，人力资源部审核通过后报总经理审批。

4. 具体流程见转正申请流程表

第七部分：员工异动管理

1. 内部调动

1.1　公司根据工作需要可随时调动任何一位员工至任何工作岗位和工作地点，被调动的员工应服从公司安排，不得推迟或者推诿。

1.2　各部门负责人在员工调动时应充分了解员工个人工作能力、个性、学识等，力求人尽其才，恰当调动。

1.3　部门负责人可申请调动其他部门人员到本部门工作，也可推荐人员到其他部门工作。

1.4　部门经理需填写《内部调动申请表》后，提交人力资源部审核。

1.5　入司满一年的员工，或者由于其他原因不便在原有岗位上工作的，本身工作能力较强，爱岗敬业，连续两个季度考核合格的，没有重大违规、违纪事件的，可以书面申请并填写《内部调动申请表》进行工作调动。

1.6　部门内平级调动由部门经理审批。员工填写《内部调动申请表》后，部门经理审批，报人力资源部备案。

1.7　部门副经理级别以上人员调动，由总经理直接审核，人力资源部备案。

1.8　员工调动前，均需相关部门组织相应的考核，考核合格后方可上岗。

1.9　具体流程见《员工内部调动工作流程表》。

2. 离职

2.1　离职分辞职、辞退、劳动合同终止等情形。

2.2 辞职。

2.21 辞职是指员工主动解除劳动合同的行为。

2.3 辞退。

2.3.1 辞退是指公司主动提出解除劳动合同的行为。属于下列情形之一的可予以辞退。

2.3.1.1 因业务紧缩、工程完工需要裁员的。

2.3.1.2 因违反公司规章制度，达到辞退标准的。

2.3.1.3 因绩效考核不合格，经培训、调整岗位考核仍然不合格，且符合辞退要求的。

2.3.1.4 因试用期经考核没有达到要求的。

2.3.1.5 因违反国家、地方相关法纪法规的。

2.3.1.6 其他不适合工作要求，且调岗仍不适合的。

2.3.1.7 劳动者患病或者非因工负伤，医疗期满后，不能从事原工作也不能从事由用人单位另行安排的工作的。

2.3.1.8 劳动合同订立时所依据的客观情况发生重大变化，致使原劳动合同无法履行，经当事人协商不能就变更劳动合同达成协议的。

2.3.1.9 严重失职，营私舞弊，给用人单位造成重大损害的。

2.3.1.10 劳动者同时与其他用人单位建立劳动关系，对完成本单位的工作任务造成严重影响，或者经用人单位提出，拒不改正的。

2.4 劳动合同终止。

2.4.1 劳动合同终止是指劳动合同期满，签订合同的一方不同意延续劳动合同的行为。

2.5 离职审批程序。

2.5.1 辞职的审批流程。

2.5.1.1 正式基层员工提出辞职申请，应提前 15 天填写《辞职申请表》，提出申请。由部门经理批准后，提交人力资源部审核，报总经理审批签字。

2.5.1.2 副经理及以上或者特殊岗位工作人员提出辞职申请，应提前 30 天填写《辞职申请表》，提出申请。由人力资源部审核后报总经理审批。

2.5.1.3 试用期基层员工提出辞职申请，应提前 3 天填写《辞职申请表》，提出申请。审批流程同上。

2.5.1.4　试用期经理及以上员工提出辞职申请，应提前 7 天填写《辞职申请表》，提出申请。审批流程同上。

2.5.2　辞退的审批流程。

2.5.2.1　部门辞退正式员工，应提前 30 日填写《辞退员工申请表》，并告知被辞退员工，由被辞退员工签字后，提交人力资源部审核，报总经理签字。

2.5.2.2　部门经理辞退由总经理直接审批后，报人力资源部备案。

2.5.2.3　辞退员工应谨慎进行，在与员工面谈后再做决定。

2.5.3　劳动合同终止审批流程。

2.5.3.1　劳动合同终止流程同员工离职审批流程。

2.6　员工离职手续办理。

2.6.1　员工离职被核准后，到人力资源部领取《员工离职交接清单》，由相关部门逐级签署相关意见。

2.6.2　员工应严格按照离职交接清单上的内容进行离职手续的办理。

2.6.3　员工办理完交接手续后，到人力资源部办理离职，主要包括以下部分。

2.6.3.1　办理社保转移。

2.6.3.2　办理工资结算。

2.6.3.3　办理解除劳动关系证明。

2.6.3.4　办理其他应办事项。

2.7　非正常离职的处罚。

2.7.1　辞职申请未获批准不得擅自离职，擅自离职的按照旷工论处。

2.7.2　部门经理不得随意辞退员工，一经发现从重处罚。造成严重后果的，需承担相应责任。

2.7.3　符合辞退条件的，部门袒护或者有其他交易的，直接辞退部门经理。造成不良后果的，应承担相应责任。

2.7.4　员工交接清单相关事项核查不严谨，造成损失的，由相关负责人承担。造成重大损失的，部门经理承担相应责任。

2.8　员工离职调查。

员工离职文件应包含《员工离职调查表》，以便为今后工作提供改进依据。

2.9 具体流程见《员工离职申请流程表》。

第八部分：招聘评估

1. 人力资源部应对招聘流程的每个环节进行跟踪，以检查招聘效果。

2. 人力资源部进行招聘后的人员情况跟踪，及时掌握新员工就职及试用期情况，以便发现不足、总结经验、改进工作。为进一步进行招聘工作提供改进依据。

3. 人力资源部与各部门经理保持沟通，及时修正招聘工作中的不足。

4. 对同岗位同批次人员，人力资源部应根据实际情况与用人部门配合进行招聘效果的评估工作。

第九部分：附则

1. 本管理办法由人力资源部负责解释。

2. 本管理办法的拟定或者修改由人力资源部负责，报总经理批准后执行。

3. 本管理办法自颁布之日起实施。

二、如何防范入职申请表中的法律风险

入职申请表是用人单位提供的重要的法律文本，它的目的在于让用人单位了解求职者的信息，入职表如果设计得当，可以帮助用人单位防止不少用工法律风险。比如，入职表上可以设计联系地址一栏，要求应聘者提供联系地址，这样能免除相关法律文书不能送达的法律风险；入职申请表中可以让求职者作出保证，比如应聘者如果提供虚假信息，用人单位可以解除劳动关系的声明，这样就为用人单位解除劳动关系提供了依据；为了防止与未解除劳动关系的劳动者建立劳动关系，可以要求应聘者提供离职证明，用以证明已经离职，避免因双重劳动关系给其他单位造成损失，从而导致赔偿责任；等等。入职申请表包括的信息很多，但有几点信息十分重要，不应该缺少，以下分而述之。

第一，联系方式。

联系方式主要包括联系电话、紧急联系方式、联系地址和电子邮箱。联系电话是为了方便联系，必要时可以通过短信方式向劳动者告知一些事项，比如要求签订劳动合同通知、要求购买社保通知和单方解除劳动合同通知等。

紧急联系方式一般都是至亲密友的联系方式，要求提供该联系方式的目的是确保遇到紧急情况联系不到本人时，则可以通过紧急联系人予以联系。这种情况虽不常遇到，但留有以备不时之需还是非常有必要的。联系地址可供送达相关法律文书或物品之用，当员工不辞而别时，有了联系地址就能尽量防范送达不能从而导致违法解除劳动关系的法律风险。电子邮箱也是非常重要的，一来作联系之用，二来也能作送达相关法律文书之用。

第二，通知条款。

设定通知条款的目的是便于相关通知及法律文书的送达。有时候，用人单位需要通知员工一些事项，比如通知其及时签订劳动合同、通知其购买社保、通知其在停工留薪期满后尽快上班或通知其已经被解除或终止劳动合同关系，特别是用人单位做出解除或终止劳动合同的决定，应当送达员工才能产生法律效力。但员工如果不认可用人单位解除或终止劳动合同的决定，就可能会拒收，或不辞而别导致无法送达，这时通知条款就显示出其重要性。

通知条款可参照以下范例拟订："本人确认上表的本人联系地址和紧急联系人的联系地址为送达地址，如未填写的以身份证载明住址为送达地址，同意公司以快递等形式寄送文件或物品等，自寄送之日起第四日视为送达之日。如果联系方式发生变更，应当于3日内通知公司，否则因此产生的一切不利后果自行承担。"

第三，相关承诺。

（1）无欺诈承诺。比如，"本人承诺上表所填事项均属实，愿意接受公司对表内内容的核实，如有虚假或隐瞒导致公司与本人签订劳动合同的，公司有权解除劳动合同"。

（2）无竞业限制声明。比如，"本人声明自己与原用人单位无保密协议或竞业限制协议，如侵犯原用人单位商业秘密等权利，一切不利后果自行承担"。

（3）不存在其他劳动关系声明。比如，"本人与任何单位不存在劳动关系，如因本人与原单位未解除劳动关系使得公司承担相关责任的，公司对本人有追偿的权利"。

【相关文书】入职登记表

招聘人员信息登记表

应聘岗位：　　　　　　　　　　　　　　　　　　填表时间：

<table>
<tr><th colspan="8">1. 基本情况</th></tr>
<tr><td>姓名</td><td colspan="2"></td><td>曾用名</td><td></td><td>性别</td><td></td><td>民族</td><td></td></tr>
<tr><td>出生年月</td><td colspan="2"></td><td>婚否</td><td></td><td>学历</td><td></td><td>职称</td><td></td></tr>
<tr><td>身高</td><td colspan="2"></td><td>体重</td><td></td><td>血型</td><td></td><td>健康状况</td><td></td></tr>
<tr><td>外语水平</td><td colspan="2"></td><td>语种</td><td></td><td>计算机水平</td><td></td><td>种类</td><td></td></tr>
<tr><td>户口所在地</td><td colspan="4"></td><td>身份证号码</td><td colspan="3"></td></tr>
<tr><td>现家庭住址</td><td colspan="4"></td><td>邮编</td><td></td><td>手机</td><td></td></tr>
<tr><td>现工作地址</td><td colspan="4"></td><td>电子邮箱</td><td></td><td>固话</td><td></td></tr>
<tr><td>政治面貌</td><td></td><td>紧急联系人</td><td colspan="3"></td><td>电话</td><td colspan="2"></td></tr>
<tr><td colspan="9">声明：本人确认上表的本人联系地址和紧急联系人的联系地址为送达地址，如未填写的以身份证载明住址为送达地址，同意公司以快递等形式寄送文件或物品等，自寄送之日起第四日视为送达之日。如果联系方式发生变更，应当于3日内通知公司，否则因此产生的一切不利后果自行承担。</td></tr>
<tr><td>爱好特长</td><td colspan="8"></td></tr>
<tr><td colspan="2">有无亲友在本公司工作</td><td colspan="3">□是　□否</td><td>亲友姓名</td><td colspan="3"></td></tr>
<tr><td colspan="2">何处了解我公司</td><td colspan="7">□网站　□报刊　□业务接触　□朋友　□其他________</td></tr>
</table>

续表

<table>
<tr><td colspan="7">2. 工作经历（最近三份）</td></tr>
<tr><td>起止时间</td><td>公司名称</td><td>职位</td><td>薪资</td><td>离职原因</td><td>证明人电话</td><td></td></tr>
<tr><td></td><td></td><td></td><td></td><td></td><td></td><td></td></tr>
<tr><td></td><td></td><td></td><td></td><td></td><td></td><td></td></tr>
<tr><td></td><td></td><td></td><td></td><td></td><td></td><td></td></tr>
<tr><td colspan="7">3. 教育、培训背景（请由近至远填写）</td></tr>
<tr><td>起止时间</td><td>学校名称</td><td colspan="2">专　业</td><td>获得学历</td><td colspan="2">获得方式（统招 / 自考等）</td></tr>
<tr><td></td><td></td><td colspan="2"></td><td></td><td colspan="2"></td></tr>
<tr><td></td><td></td><td colspan="2"></td><td></td><td colspan="2"></td></tr>
<tr><td></td><td></td><td colspan="2"></td><td></td><td colspan="2"></td></tr>
<tr><td colspan="7">4. 家庭成员</td></tr>
<tr><td>姓名</td><td>关系</td><td colspan="2">工作单位、职务</td><td colspan="2">联系电话</td><td></td></tr>
<tr><td></td><td></td><td colspan="2"></td><td colspan="2"></td><td></td></tr>
<tr><td></td><td></td><td colspan="2"></td><td colspan="2"></td><td></td></tr>
<tr><td></td><td></td><td colspan="2"></td><td colspan="2"></td><td></td></tr>
<tr><td colspan="7">5. 其他事项</td></tr>
</table>

续表

（1）薪资与福利状况
● 目前状况
应发薪酬：__________ 年终奖：__________ 福利及社保、公积金状况：_______________
● 期望项目
期望薪酬：__________ 期望年终奖：__________ 期望社保福利：__________
您能否服从下列工作安排？（请在□内画√）
● 能否从事频繁出差的工作？
能□ 否□ 考虑□ 请详细描述：
● 能否根据公司工作需要进行加班？
能□ 否□ 考虑□ 请详细描述：
6. 其他声明
（1）是否有过以下疾病：（请在□内画√）
心血管疾病（如急性心功能不全/感染性心内膜炎/心脏病等） 有□ 没有□ 具体情况为：
呼吸道疾病（如支气管炎/肺结核/肺肿瘤等） 有□ 没有□ 具体情况为：
血液系统疾病（白血病/血友病/恶性淋巴瘤等） 有□ 没有□ 具体情况为：
内分泌及代谢性疾病学（糖尿病/下丘脑疾病/败血症等） 有□ 没有□ 具体情况为：
风湿病（类风湿性关节炎/红斑狼疮/血清病等） 有□ 没有□ 具体情况为：
皮肤病（传染性红斑/感染性皮肤病/麻风病等） 有□ 没有□ 具体情况为：
其他严重疾病或动过手术 有□ 没有□ 具体情况为：

续表

（2）有过被开除或违纪的经历吗？（请在□内画√）有□　没有□　具体情况为：
（3）有签订竞业协议或者保密协议记录吗？（请在□内画√）有□　没有□　具体情况为： 声明：本人声明自己与原用人单位无保密协议或竞业限制协议，如侵犯原用人单位商业秘密等权利，一切不利后果自行承担。 （4）仍与其他单位存在劳动关系吗？（请在□内画√）有□　没有□　具体情况为： 声明：本人与任何单位不存在劳动关系，如因本人与原单位未解除劳动关系使得公司承担相关责任的，公司对本人有追偿的权利。

我谨此声明以上所述都准确无误，没有隐瞒任何资料。我也同意并接受在我受聘用后，如有虚假及不实信息，一经发现，企业有权予以处罚，包括解除劳动合同。同时我同意医生或医院可向企业披露任何有关我的病情病史。

签名：__________　日期：__________

三、录用通知书设计的法律风险点

录用通知书是招聘员工过程中的重要文件，在内容设计方面需要注意的东西较多，稍有不慎，就可能会给用人单位带来法律风险，具体来说，需要注意以下问题：

第一，录用通知书的法律性质。录用通知书根据其意思表示的不同，有可能构成要约邀请，也有可能直接构成要约。如果录用通知书符合要约的法律特征，一旦劳动者同意与用人单位建立劳动关系，双方的劳动合同关系即告成立，即使是双方还未签订正式的劳动合同，用人单位也不能随意反悔，一旦反悔，就需要承担相应的赔偿责任。

第二，要在录用通知上提醒劳动者带齐入职资料。比如，居民身份证原件、学历证明正本、职称证（有职称者）、婚姻状况证明、计划生育证明、独生子女证的复印件、体检表或身体健康证明表、照片或原工作单位终止劳动合同的证明、派出所出具的无犯罪证明等。这些资料对于用人单位的法律风险防范来说都至关重要，比如提供身份证的目的在于审查求职者的年龄和核实求职者的身份、提供学历及资格证件是为了验证求职者学历及资格的真实性、提供与原工作单位终止劳动合同的证明是避免在对原单位造成损失时承担连带赔偿责任、提供无犯罪记录是为了审查劳动者是否品行良好。

第三，录用通知书应注明试用期期限及待遇，应附加说明“如录用通知书内容和劳动合同不一致的，以劳动合同内容为准”，以免在录用通知书与劳动合同不一致时产生纠纷；明确待遇，最好是注明工资的组成，税前和税后工资的计算方式，这样也有利于减少争议。

第四，注意保留人力资源部门或主管人员的联系方式，以便劳动者在决定入职后与公司联系。规范起见，应加盖用人单位的公司印章。

【相关文书】

员工录用通知书（一）

________先生 / 小姐：您好！

您诚意应聘本公司＿＿＿＿＿＿＿＿＿＿＿＿＿职位，经初审合格，依本公司员工录用管理规定给予录取，竭诚欢迎您加入本公司行列。请于＿＿＿年＿＿月＿＿日＿＿时前回复是否愿意加入本公司。逾期不回复的，本通知书自动失效。如同意，请于＿＿＿＿年＿＿月＿＿日持本通知书，并携带下列材料，到本公司人力资源部报到。逾期不报到或者您的体检不合格的，本通知书亦自动失效。

有关报到事项如下，敬请参照办理。

一、报到日期：＿＿＿＿。

二、报到地点：＿＿＿＿＿＿＿＿＿＿＿＿＿＿＿＿＿＿。

三、携带资料：

（一）录用通知书；

（二）居民身份证（影印后退还）；

（三）学历证明正本（影印后退还）；

（四）职称证（有职称者）；

（五）婚姻状况证明、计划生育证明、独生子女证的复印件；

（六）体检表或身体健康证明表；

（七）最近三个月内正面半身 1 寸照片四张；

（八）待业证或原工作单位终止劳动合同的证明；

（九）派出所出具的无犯罪证明；

（十）其他经指定应交的文件。

四、按本公司之规定新进员工，必须先行试用＿＿＿个月，试用薪资＿＿＿元 / 月。福利包括＿＿＿。公司根据国家和＿＿＿省（市）有关规定为您购买社会保险，其中个人承担部分已包含在您的税前工资中，由您个人负担，由单位代缴。试用期满且考核合格后，给予转正。最终录用以您和公司订立的《劳动合同》为准。

五、我们诚挚地欢迎您到本公司工作。报到时，公司将安排入职培训，包括让您知道本公司相关的规章制度、福利、人事、公司概况及其他应注意事项，使您在本公司工作顺利。

六、对前列事项若有疑问或困难，请与本公司行政人事部联系，联系电话：＿＿＿＿＿。

________有限公司

行政人事部

________年____月____日

员工录用通知书（二）

________先生 / 女士：

非常荣幸地通知您，由于您出众的专业能力和优秀的综合素质，已经通过公司的面试考核，成为公司的一员，您将入职公司________部门担任________职位，我们对您加入______大家庭表示热烈欢迎！

一、请您于______年____月____日____时，到位于__________________市______区______路____号____大厦______楼公司人力资源部办理报到手续。

二、请您在办理入职手续时，提供以下资料，并请保证资料的真实性和可靠性：

1. 居民身份证原件，外地户籍还需提供居住证原件；

2. 最高学历证书及学位证原件；

3. 专业技术职称证书原件、职业资格证书原件、上岗证书原件；

4. 前一家公司离职证明原件；

5. ______银行储蓄卡（用于工资发放）；

6. 最近三个月三甲医院体检证明；

7. 个人近期 1 寸蓝底免冠照 8 张（用于档案资料、工作牌、劳动合同等办理）；

三、您在公司的薪资福利待遇，将按公司相关制度及岗位薪酬等级标准规定执行。具体薪资金额，由公司财务部另行通知。

四、该职位试用期为____月，试用期满通过考核合格后转正。

五、公司提供工作餐和集体宿舍，如需要住宿，请向公司行政部提出住宿申请。

六、本入职通知有效期截至________年____月____日____时，超过时间未办理报到手续，视为自动放弃。

七、请将本邮件打印出来，并在签名地方签字，报到时请携带该通知作为办理入职手续依据。

八、如有疑问，请与公司人力资源部＿＿＿联系，联系电话＿＿＿＿＿。

＿＿＿公司人力资源部

＿＿＿＿年＿＿＿月＿＿＿日

本人确认已收到××公司人力资源部录用通知，并自愿接受录用通知书上提供的职位，同时对录用通知书各条款意思理解清楚无误。

签名：

（签名需与身份证上名字一致）

＿＿＿＿＿年＿＿＿月＿＿＿日

第二章

在职管理的法律风险控制

【概述】

在职管理是用工法律风险管理最为重要的一个部分，因为它几乎涉及劳动人事管理的全部方面，比如劳动合同、服务期、竞业限制、商业秘密保护、薪酬管理和工时管理、社保及工伤以及规章制度等。任何一个方面管理不当，都会导致用工法律风险。

本章共分为六节，分别对应六个方面的用工法律风险：

第一节为“劳动合同的法律风险控制”，包括不及时续签劳动合同，劳动合同中关于工作地点、工作任务和违约金的约定问题，调动劳动者工作岗位，跨行政区域调动员工，集团公司调动子公司员工等方面的用工法律风险及其控制。

第二节为“竞业限制法律风险控制”，具体包括竞业限制协议中约定过高违约金、用人单位不对劳动者进行竞业限制补偿以及滥用竞业限制规定的法律风险控制。

第三节为“薪酬管理和加班法律风险控制”，包括用人单位在劳动合同中不约定薪酬、迟发工资、不足额支付劳动报酬、加班审批、强行降薪所导致的法律风险和控制方法，以及奖金和业务提成所隐藏的用工风险及其控制。

第四节为“休假管理法律风险控制”，主要包括带薪年休假和病假两个方面的用工风险控制。

第五节为“社保及工伤法律风险控制”，包括常见的用工风险，如不缴纳社保、用商业险代替工伤险、员工自愿放弃社保、未足额缴纳社保、工伤责任自负以及工伤私了的风险及其控制方法。

第六节为“规章制度的法律风险控制”，包括规章制度隐藏的风险以及依照规章制度处罚员工所带来的用工风险及其控制。

本章重点提示了员工在职管理过程中一些常见的用工法律风险，以及这些风险的控制方法，用人单位应高度重视这些风险，并从多个方面来防范这些风险。本章也涵盖了员工管理的常用表单、对违纪员工进行处罚的流程文件以及规章制度的模板，对企业的人事管理比较有帮助。

第一节　劳动合同的法律风险控制

一、不及时续签劳动合同的法律风险

为了规避支付未签订劳动合同双倍工资的法律风险，用人单位几乎都会与劳动者签订劳动合同，但劳动合同的期限一般为固定期限。有些时候，在劳动合同到期时，用人单位会因为疏忽而未与劳动者续签劳动合同，这种疏忽会给用人单位带来较大的法律风险。

其一，如果未续签劳动合同的时间在一年以内，用人单位需要向劳动者支付双倍工资。例如，《广东省高级人民法院、广东省劳动人事争议仲裁委员会关于审理劳动人事争议案件若干问题的座谈会纪要》（粤高法〔2012〕284号）第十四条第二款规定："劳动合同期满后，劳动者仍在原用人单位工作，超过一个月双方仍未续订劳动合同，劳动者根据《劳动合同法》第八十二条第一款规定要求支付二倍工资的，应予支持。"在原劳动合同到期以后，用人单位应该在一个月内与劳动者续签劳动合同，如果未续签劳动合同，而劳动者仍在该用人单位工作的，用人单位应向劳动者支付未签订劳动合同期间的双倍工资。比如，用人单位在合同到期后未与劳动者续签合同，劳动者继续在该用人单位工作一年时间，扣除一个月的劳动合同签订的准备期，用人单位应向劳动者支付11个月的双倍工资，这已经算是一笔数额不少的费用了。从这一点上看，未续签劳动合同与未签订劳动合同的法律后果是一样的。

其二，如果未续签劳动合同的时间在一年以上，则视为双方已订立无固定期限劳动合同。根据《劳动合同法》第十四条第三款的规定："用人单位自用工之日起满一年不与劳动者订立书面劳动合同的，视为用人单位与劳动者已订立无固定期限劳动合同。"此时，因为时效未过，支付未续签劳动合同双倍工资的法律风险仍然存在，此外，因为无固定期限劳动合同的存在，用人单位还应受这方面法律的约束。

以案说法

14. 用人单位因未续签劳动合同支付双倍工资

基本案情

夏某某于2010年5月27日进入深圳市 ××× 实业有限公司上海分公司（以下简称上海分公司），担任货代操作一职，双方曾签订期限自2010年5月27日至2012年5月26日的劳动合同。该份合同期满后，双方未再续签。自2013年2月底，夏某某因怀孕和生育一直休息在家。2013年5月13日，夏某某向上海市虹口区劳动人事争议仲裁委员会申请仲裁，要求上海分公司支付自2012年6月27日至2013年5月13日未签劳动合同的双倍工资差额人民币52800元。

法院判决

法院认为，**当事人的合法权益受法律保护。根据相关法律规定，用人单位超过一个月不满一年未与劳动者订立书面劳动合同的，应当向劳动者每月支付二倍的工资。本案中，上海分公司自2012年6月27日起已超过一个月未与夏某某订立书面劳动合同，应当承担相应法律责任，现上海分公司已经注销，深圳市 ××× 实业有限公司作为总公司对此应当承担法律责任，且上海分公司、夏某某经仲裁达成的协议仅针对社会保险费纠纷，故公司应当支付夏某某自2012年6月27日至2013年5月13日未签订劳动合同的双倍工资差额共计39074.70元。**遂判决：深圳市 ××× 实业有限公司支付夏某某自2012年6月27日至2013年5月13日未签订劳动合同的双倍工资差额共计39074.70元。①

【法律风险防范】

首先，用人单位应有良好的劳动合同管理制度或者管理工具，使管理

① 上海市第二中级人民法院（2014）沪二中民三（民）终字第54号民事判决。

人员在劳动者劳动合同到期前得到及时的提示。大部分的劳动合同到期未续签都是缘于管理人员的疏忽，因此，管理人员要特别注意劳动合同期限的疏理，最好是建立专门的文档进行管理。员工较多的企业，可以利用计算机软件对此进行管理，以免因为疏忽而未与员工续签劳动合同。

其次，对于希望继续聘用的员工，用人单位应及时与他们续签合同，而对于不希望继续聘用的员工，则应尽快办理劳动合同终止手续。用人单位应于劳动合同到期后一个月以内，通知员工续签劳动合同，并保留好相应证据材料。如果劳动者愿意续签劳动合同，用人单位应该在一个月以内与其续签劳动合同；如果出现员工拒签或拒绝继续履行的情形，则应尽早以此为由与其终止劳动关系。

最后，在某些地区，用人单位可以在劳动合同中设计自动续期的条款来规避法律风险。为避免未及时续签劳动合同所带来的法律风险，用人单位可以在劳动合同中设计自动续期的合同条款来预防此事，比如，可以约定“劳动合同期满后，如劳动者仍在原用人单位工作，视为合同期限自动续延”。《北京市高级人民法院、北京市劳动争议仲裁委员会关于劳动争议案件法律适用问题研讨会会议纪要（二）》规定：“因用人单位与劳动者在劳动合同中已经约定劳动合同到期续延，但未约定续延期限，在劳动合同到期后，劳动者仍继续工作，双方均未提出解除或终止劳动合同时，属于双方意思表示一致续延劳动合同，可视为双方订立一份与原劳动合同内容和期限相同的合同，故劳动者主张未签订劳动合同的二倍工资不应支持。”由此可见，在某些地区，这种条款的设计完全可以有效地防止支付双倍工资的法律风险。

【法条链接】

《劳动合同法》第八十二条

用人单位自用工之日起超过一个月不满一年未与劳动者订立书面劳动合同的，应当向劳动者每月支付二倍的工资。

用人单位违反本法规定不与劳动者订立无固定期限劳动合同的，自应当订立无固定期限劳动合同之日起向劳动者每月支付二倍的工资。

《劳动合同法实施条例》第七条

用人单位自用工之日起满一年未与劳动者订立书面劳动合同的，自用工之日起满一个月的次日至满一年的前一日应当依照劳动合同法第八十二条的规定向劳动者每月支付两倍的工资，并视为自用工之日起满一年的当日已经与劳动者订立无固定期限劳动合同，应当立即与劳动者补订书面劳动合同。

《劳动合同法实施条例》第十一条

除劳动者与用人单位协商一致的情形外，劳动者依照劳动合同法第十四条第二款的规定，提出订立无固定期限劳动合同的，用人单位应当与其订立无固定期限劳动合同……

《广东省高级人民法院、广东省劳动人事争议仲裁委员会关于审理劳动人事争议案件若干问题的座谈会纪要》(粤高法〔2012〕284号)第十四条第二款

劳动合同期满后，劳动者仍在原用人单位工作，超过一个月双方仍未续订劳动合同，劳动者根据《劳动合同法》第八十二条第一款规定要求支付二倍工资的，应予支持。

【相关文书】

劳动合同

甲方（用人单位）:	乙方（劳动者）:
名称:____________有限公司	姓名:_________
法定代表人（主要负责人）:________	身份证号码:___________
通信地址:____________	户籍地址:____________
经济类型:____________	通信地址:____________
联系电话:____________	联系电话:____________

根据《中华人民共和国劳动法》《中华人民共和国劳动合同法》和国家及省的有关规定，甲乙双方按照合法、公平、平等自愿、协商一致、诚实信用的原则订立本合同。

一、劳动合同期限

（一）合同期限

双方同意按以下第_____种方式确定本合同期限：

1. 固定期限：从_____年____月____日起至_____年____月____日止。

2. 无固定期限：从_____年____月_____日起至法定终止条件出现时止。

3. 以完成一定工作任务为期限：从_______起至工作任务完成时止。该工作任务完成的标志为___________。

（二）试用期

双方同意按以下第___种方式确定试用期(试用期包含在合同期内):_____。

1. 无试用期。

2. 试用期从______年____月____日起至______年____月____日止。

（劳动合同期限三个月以上不满一年的，试用期不得超过一个月；劳动合同期限在一年以上不满三年的，试用期不得超过二个月；三年以上固定期限和无固定期限的劳动合同，试用期不得超过六个月。）

二、工作内容和工作地点

（一）乙方的工作部门为________部，______岗位（管理技术岗位或生产操作岗位）为________，职务（或工种）为____________。

（二）乙方的工作任务或职责是____________。

（三）乙方的工作地点为____________。

（四）甲方在合同期内因生产经营需要或其他原因调整乙方的工作岗位，或派乙方到本合同约定以外的地点、单位工作的，应协商一致并按变更本合同办理，双方签章确认的协议书作为本合同的附件。

三、工作时间和休息休假

（一）甲、乙双方同意按以下第____种方式确定乙方的工作时间：

1. 标准工时工作制，即每日工作____小时，每周工作____天，每周至少休息一天。

2. 不定时工作制，即经劳动保障部门审批，乙方所在岗位实行不定时工作制。

3. 综合计算工时工作制，即经劳动保障部门审批，乙方所在岗位实行以____为周期，总工时____小时的综合计算工时工作制。

（二）甲方因生产（工作）需要，经与工会和乙方协商后可以延长工作时间。除《劳动法》第四十二条规定的情形外，一般每日不得超过一小时，因特殊原因最长每日不得超过三小时，每月不得超过三十六小时。

（三）甲方按规定给予乙方享受法定休假日、年休假、婚假、丧假、探亲假、产假、看护假等带薪假期，并应按本合同约定的工资标准支付工资。

四、劳动报酬

（一）乙方正常工作时间的工资按下列第____种形式执行，并不得低于当地最低工资标准。

1. 计时工资：

（1）乙方正常工作时间工资按 公司规定 执行，初始工资额为____元 / 月或____元 / 时；

（2）乙方试用期工资为____元 / 月（试用期工资不得低于甲方相同岗位最低档工资或者本合同约定工资的百分之八十，并不得低于甲方所在地的最低工资标准）；

2. 计件工资：

（1）计件单价____；

（2）劳动定额___（确定的劳动定额原则上应当使本单位同岗位百分之七十以上的劳动者在法定劳动时间内能够完成）；

3. 其他形式（如实行年薪制或者按考核周期支付工资）：________。

4. 甲方根据本单位的生产经营状况、物价水平和政府颁布的工资增长指导线等情况，依法确定本单位的工资分配制度。经甲乙双方协商或者以集体协商的形式，依法确定工资正常增长的具体办法和幅度。

（二）乙方的绩效薪酬或奖金的计发办法为：________。

（三）乙方的津贴、补贴的发放标准和办法为：________。

（四）工资必须以货币形式支付，不得以实物及有价证券替代货币支付。

（五）甲方每月____日发放上月____（当月 / 上月）工资。如遇法定休假日或休息日，则提前到最近的工作日支付。

（六）甲方依法安排乙方延长工作时间或者在休息日、法定休假日加班的，应按《劳动法》《广东省工资支付条例》的规定支付加班工资，但乙方休息日加班被安排补休的除外。

五、社会保险和福利待遇

（一）合同期内，甲方应按国家、省和本地区的有关规定，依法为乙方办理参加养老、医疗、失业、工伤、生育等社会保险的手续，按规定的缴费基数和缴费比例缴纳应由甲方承担的社会保险费，并按规定从乙方的工资中代为扣缴应由个人承担的社会保险费。甲方应将为乙方办理参加社会保险手续和扣缴社会保险费的情况如实告知乙方。

（二）乙方患病或非因工负伤，甲方应按国家和地方的规定给予医疗期和医疗待遇，按医疗保险及其他相关规定报销医疗费用，并在规定的医疗期内支付病假工资或疾病救济费，数额为____元/月（不低于当地最低工资标准的80%）。

六、劳动保护、劳动条件和职业危害防护

（一）甲方按国家和省有关劳动保护规定提供符合国家劳动卫生标准的劳动作业场所，切实保护乙方在生产工作中的安全和健康。如乙方工作过程中可能产生职业病危害，甲方应如实告知乙方，并按《职业病防治法》的规定保护乙方的健康及其相关权益。

（二）甲方根据乙方从事的工作岗位，按国家有关规定，发给乙方必要的劳动保护用品，并按劳动保护规定每________（年/季/月）免费安排乙方进行体检。

（三）甲方按照国家、省和当地的有关规定，做好女职工的劳动保护和保健工作。

（四）乙方有权拒绝甲方的违章指挥、强令冒险作业，对甲方及其管理人员漠视乙方生命安全和身体健康的行为，有权对甲方提出批评并向有关部门检举、控告。

（五）乙方患职业病、因工负伤或者因工死亡的，甲方应按《工伤保险条例》的规定办理。

七、合同的变更

（一）任何一方要求变更本合同的有关内容，都应以书面形式通知对方。

（二）甲方变更名称、法定代表人、主要负责人或者投资人等事项，不影响本合同的履行。

（三）甲方发生合并或者分立等情况，本合同继续有效，由承继甲方权利和义务的单位继续履行。

（四）甲乙双方经协商一致，可以变更本合同，并办理书面变更手续。变更后的劳动合同文本由甲乙双方各执一份。

八、合同的解除和终止

（一）解除

1. 经甲乙双方协商一致，本合同可以解除。其中由甲方提出解除本合同的，应按规定支付经济补偿。

2. 有下列情形之一的，甲方可以解除本合同：

（1）乙方在试用期内被证明不符合录用条件的；

（2）乙方严重违反甲方规章制度的；

（3）乙方严重失职，营私舞弊，对甲方造成重大损害的；

（4）乙方同时与其他用人单位建立劳动关系，对完成甲方的工作任务造成严重影响，或者经甲方提出，拒不改正的；

（5）乙方以欺诈、胁迫的手段或者乘人之危，使甲方在违背真实意思的情况下订立或者变更劳动合同致使本合同或者变更协议无效的；

（6）乙方被依法追究刑事责任的；

（7）乙方患病或非因工负伤，在规定的医疗期满后不能从事本合同约定的工作，也不能从事由甲方另行安排的工作的；

（8）乙方不能胜任工作，经过培训或者调整工作岗位，仍不能胜任工作的；

（9）本合同订立时所依据的客观情况发生重大变化，致使本合同无法履行，经双方协商未能就变更本合同达成协议的；

甲方按照第（7）、（8）、（9）项规定解除本合同的，需提前三十日书面通知乙方（或者额外支付乙方一个月工资），并按规定向乙方支付经济补偿，其中按第（7）项解除本合同并符合有关规定的还需支付乙方医疗补助费。

3. 有下列情形之一，甲方在履行规定程序后，可以裁减人员，并按规定支付经济补偿：

（1）甲方依照企业破产法规定进行重整的；

（2）甲方生产经营发生严重困难的；

（3）甲方转产、重大技术革新或者经营方式调整的；

（4）其他因劳动合同订立时所依据的客观经济情况发生重大变化，致使本合同无法履行的。

4. 乙方解除本合同，应当提前三十日以书面形式通知甲方；在试用期内的，提前三日通知甲方。

有下列情形之一的，乙方可以解除本合同，甲方应按规定支付经济补偿：

（1）甲方未按照劳动合同约定提供劳动保护或者劳动条件的；

（2）甲方未及时足额支付劳动报酬的；

（3）甲方未依法为乙方缴纳社会保险费的；

（4）甲方的规章制度违反法律、法规的规定，损害乙方权益的；

（5）甲方以欺诈、胁迫的手段或者乘人之危，使乙方在违背真实意思的情况下订立或者变更本合同，致使本合同或者变更协议无效的；

（6）甲方免除自己的法定责任、排除乙方权利，致使本合同无效的；

（7）甲方违反法律、行政法规强制性规定，致使本合同无效的；

（8）甲方以暴力、威胁或者非法限制人身自由的手段强迫乙方劳动，或者违章指挥、强令冒险作业危及乙方人身安全的；

（9）法律、行政法规规定乙方可以解除劳动合同的其他情形。

甲方有上述第（8）项情形的，乙方可以立即解除劳动合同，不需事先告知用人单位。

5. 有下列情形之一的，甲方不得依据《劳动合同法》第四十条、第四十一条的规定解除本合同：

（1）乙方从事接触职业病危害作业未进行离岗前职业健康检查，或者疑似职业病病人在诊断或者医学观察期间的；

（2）乙方在本单位患职业病或者因工负伤并被确认丧失或部分丧失劳动能力的；

（3）乙方患病或者非因工负伤，在规定的医疗期内的；

（4）女职工在孕期、产期、哺乳期的；

（5）乙方在本单位连续工作满十五年，且距法定退休年龄不足五年的；

（6）法律、行政法规规定的其他情形。

（二）终止

1. 本合同期满或法定终止条件出现，本合同即行终止。

2. 本合同因下列情形之一终止的，甲方应当按规定向乙方支付经济补偿：

（1）除甲方维持或者提高劳动合同约定条件续订劳动合同，乙方不同意续订的情形外，劳动合同期满的；

（2）甲方被依法宣告破产的；

（3）甲方被吊销营业执照、责令关闭、撤销或者甲方决定提前解散的；

（4）法律、行政法规规定的其他情形。

3. 乙方有第八条第（一）项第 5 点情形之一，合同期满的，甲方应当续延乙方合同期至相应的情形消失时终止。但乙方在甲方患职业病或者因工负伤并被确认丧失或者部分丧失劳动能力的劳动合同的终止，按照国家和省有关工伤保险的规定执行。

（三）甲方违法解除或者终止本合同，乙方要求继续履行本合同的，甲方应当继续履行；乙方不要求继续履行本合同或者本合同不能继续履行的，甲方应按规定的经济补偿标准的二倍支付乙方赔偿金。

（四）合同解除或者终止的手续

甲方应当在解除或者终止本合同时出具解除或者终止劳动合同的证明，并在十五日内为乙方办理档案和社会保险关系转移手续。

九、调解与仲裁

双方履行本合同如发生争议，可先协商解决；不愿协商或协商不成的，可以向甲方劳动争议调解机构申请调解；调解无效的，可在法定仲裁时效内向有管辖权的劳动争议仲裁委员会申请仲裁；也可以直接向劳动争议仲裁委员会申请仲裁。对仲裁裁决不服的，可在法定期限内向人民法院提起诉讼。

十、服务期与竞业限制

（一）如甲方为乙方提供专项培训费用，对其进行专业技术培训，双方作如下约定：________________。

（乙方违反服务期约定的，应当按照约定向甲方支付违约金。违约金数额不得超过甲方提供的培训费用，并不得超过服务期尚未履行部分应分摊的培训费用。）

（二）如乙方掌握甲方的商业秘密和与知识产权相关的保密事项，双方作如下约定：____________________。

（乙方负有保密义务的，甲方可与其约定竞业限制，并约定在解除或者终止本合同后，在竞业限制期限内按月给予乙方经济补偿。乙方违反竞业限制约定的，应当按照约定向甲方支付违约金。竞业限制的人员仅限于甲方的高级管理人员、高级技术人员和其他负有保密义务的人员。解除或者终止本合同后的竞业限制期限不得超过二年。）

十一、其他

（一）本合同未尽事宜，按国家和地方有关政策规定办理。在合同期内，如本合同条款与国家、省有关劳动管理新规定相抵触的，按新规定执行。

（二）下列文件规定为本合同附件，与本合同具有同等效力：

1.______________________________。

2.________________________________。

3.________________________________。

4.________________________________。

5.________________________________。

（三）双方约定（内容不得违反法律法规及相关规定，可另加双方签名或盖章的附页）：

甲方：（盖章）　　　　　　　　　　　乙方：（签名或盖章）

法定代表人：

（或委托代理人）

____年____月____日　　　　　　　　____年____月____日

二、劳动合同中工作地点约定存在的法律风险

在劳动合同中，用人单位与劳动者对劳动地点、劳动时间、薪酬待遇的约定为劳动合同必备条款，缺乏这些条款，可能导致劳动合同的履行存在争议。在对工作地点的约定中，有些用人单位为了管理上的方便，往往约定一个较大区域范围的地点，比如某省，这种约定当然不违反法律规定，但是如果在实际操作中按照这种约定来改变劳动者的工作地点，就存在很大的法律风险。

以案说法

15. 用人单位擅自调动工作地点引发纠纷，用人单位被判支付经济补偿金

基本案情

陈某芳等 7 名劳动者与佛山市 ××× 珠宝店签订劳动合同，之后佛山市 ××× 珠宝店于 2015 年 7 月 31 日撤离，且上述 7 名劳动者没有提供劳动。总公司金 ×× 公司于 2015 年 8 月 13 日通知上述 7 名劳动者到佛山市禅城区分店上班，但 7 名劳动者没有去上班，也说明了不去上班的理由。双方发生

劳动争议。

法院判决

法院认为，首先，陈某芳等7名上诉人主张金 ×× 公司在未作任何通知的情况下擅自撤除金 ×× 公司的佛山市三水区分店，并于同日注销了工商登记，致使陈某芳等7名上诉人无处工作。这一行为实属是变相的辞退，已构成违法解除劳动关系，金 ×× 公司应向7名上诉人支付解除劳动关系的赔偿金。其次，**《劳动合同法》关于工作地点的规定，其目的是保护员工在相对稳定的岗位上从事自己愿意从事的工作。如果允许将工作地点写得很大很宽，则与立法精神不符。本案中，金 ×× 公司以生产经营需要为由而撤去位于佛山市三水区的分店，因而调动陈某芳等7名上诉人到位于佛山市禅城区的分店，但是依据陈某芳等7名上诉人的工作性质，其工作地点应相对固定，且陈某芳等7名上诉人工作地点均为佛山市 ××× 珠宝店，金 ×× 公司也未明确告知陈某芳等7名上诉人存在撤销其位于佛山市三水区分店而将劳动者调往其他地点工作的可能，故劳动者在订约时预期工作地点应是佛山市 ××× 珠宝店，佛山市三水区与佛山市禅城区距离较远，而陈某芳等7名上诉人均固定居住在佛山市三水区，这一工作地点的变更大大增加了陈某芳等7名上诉人的劳动成本，给她们照顾家庭、上下班造成较大的不便。**最后，从金 ×× 公司提供的房屋租赁合同来看，金 ×× 公司在佛山租赁房屋用作员工宿舍的合同均是签订于2013年或2014年，故这些合同并不能证明金 ×× 公司确有为本案陈某芳等7名上诉人提供住宿条件；金 ×× 公司亦未提供充分证据证明其确有为陈某芳等7名上诉人提供免费车辆接送上下班的交通条件。遂判决：深圳市金 ×× 金公司应于本判决发生法律效力之日起十日内向陈某芳、徐某红、陈某申、张某平、何某仪、卢某妃、杜某文支付解除劳动关系的经济补偿金共计210947元。[①]

【法律风险防范】

关于劳动合同地点的约定问题，劳动合同法未明确规定，但是用人单位

① 佛山市中级人民法院（2016）粤06民终2594号民事判决。

不能填写得很宽很大，这种填写方法显然不符合立法初衷，不利于保护劳动者的权益。从法理的角度看，劳动合同法规定劳动合同必须约定工作地点，就是为了防止用人单位随意调动劳动者的工作地点。当然，劳动合同中工作地点的约定一般应到具体的市级，但不宜过于细化，细化会给公司增加不必要的麻烦。

如果因生产经营的需要，确实需要调动劳动者的工作地点，比如本案中分店的撤销，应尽量与劳动者协商，取得一致意见。如果不能取得一致意见，用人单位可以根据《劳动合同法》第四十条的规定，单方解除与劳动者的劳动合同，但需要支付经济补偿金。

【法条链接】

《劳动合同法》第八条

用人单位招用劳动者时，应当如实告知劳动者工作内容、工作条件、工作地点、职业危害、安全生产状况、劳动报酬，以及劳动者要求了解的其他情况；用人单位有权了解劳动者与劳动合同直接相关的基本情况，劳动者应当如实说明。

《劳动合同法》第十七条

劳动合同应当具备以下条款：

（一）用人单位的名称、住所和法定代表人或者主要负责人；

（二）劳动者的姓名、住址和居民身份证或者其他有效身份证件号码；

（三）劳动合同期限；

（四）工作内容和工作地点；

（五）工作时间和休息休假；

（六）劳动报酬；

（七）社会保险；

（八）劳动保护、劳动条件和职业危害防护；

（九）法律、法规规定应当纳入劳动合同的其他事项。

劳动合同除前款规定的必备条款外，用人单位与劳动者可以约定试用期、培训、保守秘密、补充保险和福利待遇等其他事项。

《劳动合同法》第三十五条第一款

用人单位与劳动者协商一致，可以变更劳动合同约定的内容。变更劳动合同，应当采用书面形式。

《劳动合同法》第四十条

有下列情形之一的，用人单位提前三十日以书面形式通知劳动者本人或者额外支付劳动者一个月工资后，可以解除劳动合同：

（一）劳动者患病或者非因工负伤，在规定的医疗期满后不能从事原工作，也不能从事由用人单位另行安排的工作的；

（二）劳动者不能胜任工作，经过培训或者调整工作岗位，仍不能胜任工作的；

（三）劳动合同订立时所依据的客观情况发生重大变化，致使劳动合同无法履行，经用人单位与劳动者协商，未能就变更劳动合同内容达成协议的。

三、劳动合同中工作任务约定不明确的法律风险

在劳动合同中应当对工作的任务约定明确，如果用人单位对工作任务约定不明确，则必然导致与劳动者之间发生劳动争议。因为如果没有明确的工作任务，就无从界定劳动者是否胜任工作岗位，用人单位如果引用《劳动合同法》第四十条的规定调整劳动者的岗位，或者单方解除劳动合同，就会变得非常困难。在仲裁及法院审理过程中，用人单位会处于被动的境地，就不难想象了。

以案说法

16. 任职条件约定不明确，用人单位单方解除合同后被判继续与劳动者履行合同

基本案情

贺某成功应聘一家企业的总经理，企业对贺某的评价是：思维活跃，了解国内外行业信息，言谈举止较风趣，适合该企业风格。后双方签订了三年的劳动合同，约定了薪资，贺某的工作职责是全面负责公司工作。大半年过去了，眼看到了年底，贺某也给全公司员工做了述职及明年的整体规划。公司董事会看到全年业绩后，非常不满，利润率较去年下滑了十几个百分点。公司要求贺某作出合理解释并承担相应责任，贺某却认为他的岗位职责是做全盘规

划，销售业绩不能算作他的考核指标，但公司认为贺某无法担任总经理一职，于是要求人力资源部与其签订变更协议，将岗位和薪资均作了变更。贺某不服，向劳动争议仲裁委员会提起仲裁，要求按照原劳动合同内容继续履行。

仲裁结果

根据《劳动合同法》第四十条第二项的规定，当员工不能胜任工作时，企业可以单方面调岗并调薪。这里的不能胜任工作是指员工完不成工作任务或达不到岗位的最低任职条件。本案中，劳动合同中并没有约定企业的业绩达到或是同比增长多少贺某才算达到要求，故企业并无完整的证据可以证明贺某不能胜任工作，所以劳动争议仲裁委员会支持贺某的请求。

【法律风险防范】

用人单位在与劳动者签订劳动合同时，对劳动者工作内容的约定要尽量具体。最好是用《职位说明书》的形式，确认该劳动者所在工作岗位的具体工作内容、劳动者的职责，以及需要达到的工作要求或者考核目标。与此同时，也应该在《劳动合同》中明确约定，在多长的周期内，劳动者经过考核达不到岗位职责的要求或者完不成本职工作任务的，视为劳动者一方不能胜任本职工作。此外，用人单位还要做到及时保存相关证据，以应付可能发生的劳动争议仲裁或者诉讼。

【法条链接】

《劳动合同法》第四十条

有下列情形之一的，用人单位提前三十日以书面形式通知劳动者本人或者额外支付劳动者一个月工资后，可以解除劳动合同：

（一）劳动者患病或者非因工负伤，在规定的医疗期满后不能从事原工作，也不能从事由用人单位另行安排的工作的；

（二）劳动者不能胜任工作，经过培训或者调整工作岗位，仍不能胜任工作的；

（三）劳动合同订立时所依据的客观情况发生重大变化，致使劳动合同无法履行，经用人单位与劳动者协商，未能就变更劳动合同内容达成协议的。

【相关文书】

职位说明书
Position Description

职位：生产组长	部门：生产部
编制人：生产总管　签字确认：	编制日期：
审批人：厂长　签字确认：	生效日期：

汇报对象：
直属主管（职位）：生产主管
间接主管（职位）：副总管或总管
直属下属（职位）（人数）：本组之组长级以下人员职员及工人（定员人数38–40人）
工作性质：管理及督导

一、岗位工作内容及义务、权限、依据及时间配置比例

工作内容	时间所占用百分比	权限	依据
1. 主持召开会议，宣传引导、传达公司要求及指示，鼓舞员工士气。	3%	主导	公司要求会议精神
2. 填写工作数据、报表及签批员工请假、辞职书等文件。	2%	初次批核	公司制度
3. 新款产前样品的试做，列出重点及难点问题。	3%	主导	公司要求
4. 准备转款的工具、模具、针车及相关设备。	2%	追踪、主导	公司转款要求
5. 分配生产任务，编排生产流程并指导生产方法。	15%	监督、指导	公司制度
6. 不断巡视生产线，检查员工生产品质，即时改进不良做法。	20%	监督、处理	公司制度
7. 督导员工的生产进度，推动生产产量的连续产出。	10%	指挥、监督	公司制度
8. 合理调配本组员工、设备、物料、工作方法，以便流程更加顺畅。	5%	指挥、协调	精益生产规则
9. 填写员工表现评估表，对当日员工的表现做出公正、客观的评判。	3%	指挥、协调	员工评估标准
10. 了解物料进度，拉动其他各配合部门的生产进度。	3%	追踪	

续表

11. 参加公司会议、集体活动、培训课程，了解公司指示精神及其他信息。	5%	参与	
12. 持续改善及执行本组生产品质各项细节要求。	3%	指导、监管	品质基本要求
13. 彻底执行 7S 各项要求，保持生产线的整洁、规范。	10%	执行	7S 规范标准
14. 鼓舞员工士气，控制本组纪律，执行车间制度，及时制止不良作风。	10%	可初步进行提报批准处分	公司制度
15. 改善、创新生产工艺流程及方法，降低生产成本，提高效率	6%	提议	公司要求
二、工作职责			
1. 负责按照生产计划和指定目标安排下属人员的生产任务，并确保达到产量及效率指标。			
2. 监督员工生产的产品质量，不断巡查生产线并且推动员工的生产进度。			
3. 督导员工在生产过程中的工作方法、手势、坐姿及工作态度，对不正确的应予以纠正。			
4. 为提高员工的生产效率，除不断推动员工生产进度，还应加强工序改进，指导员工使用正确方法，减少生产工时，降低成本。			
5. 对生产过程中的散件物料、五金、半成品、成品都要做好数据记录和防范措施。监管物料流向，及时发出和回收，杜绝遗失和浪费。			
6. 掌握并及时填报每时段、每天的生产数据（看板、数据等），对异常现象及瓶颈问题及时解决和反映，并及时对生产线进行调整。			
7. 新线上线前，要提前做好各项准备工作，以便能顺利转款，缩短转款周期。			
8. 对新款上线后，针对重点、难点问题要对员工重点指导，并对某些工序改善提出建议。			
9. 掌握本组员工工作气氛、纪律，贯彻执行车间制度，对违规人员要及时进行制止、劝解和处罚等，不可视而不见、不加理睬。			
10. 彻底及时执行上级及上司交付的其他任务和指导要求，改善方案。			
11. 及时填报员工评估表，公平、公正执行各项公司要求，不可隐瞒、包庇、纵容下属。			
12. 与员工保持良好的沟通关系，正确传达公司指示精神，对员工指出的意见和建议要加以重视，并反馈给上级。			
13. 合理调配本组人员、机器设置，使生产流程更加顺畅。			
14. 彻底有效执行 7S 的各项要求及安全生产，使生产线整洁、明亮、物料整齐、摆放合理。			
15. 积极参加公司集体活动及培训，并带动员工积极参与。			

续表

16. 及时完成上级领导交付的其他各项临时性工作任务。
三、工作效果
1. 产量目标达成基本标准，IE 测试产量 ×80%（根据 PMC 排单达成率 97%）。
2. 生产线效率的目标值不能低于 82%。
3. 目标产值的达成率不能低于 95%，人均产值不低于 $110/ 天。
4. 品质合格率目标值务必达到 100%。
5. 车间人员流失率不可高于 5%。
6. 产品交货准时率务必达到 100%。
7. 新款转款及时率目标值：4h。
8. 为了降低成本减少补料，补料金额比率不得高于 0.10%。
9. 注意安全生产的防控，减少工伤发生。工伤发生概率不得高于 0.2%。
10. 掌控本组员工生产出勤率，每月员工出勤率平均不得低于 95%。
11. 新款上线前三天必须做试办，所有准备工作须提前 2 天完成。
12. 为降低成本应减少加班，加班比率不得高于 57.5%。
13. 每日坚持执行 7S 要求，执行标准和达标评估根据 7S 基本要求。
14. 每日 9：00 之前必须上交报表、评估表及其他工作数据。
四、工作关系
1. 车间生产组长的工作成效，由其上级车间主管及车间总管进行监管，组长有工作汇报及意见，建议直接面向其车间主任（主管）或车间师傅（总管）。
2. 组长可以监管其所有下属的工作任务、车间纪律，主导本组的一切工作事务，对一切不遵守上司要求、纪律规定的人员都有处分权。
3. 组长通过优秀的表现可以向上晋升，其晋升的职位是副主管或主管。如在岗位上表现不佳，达不到公司要求，则要降职为副组长。根据工作之需要，组长与组长之间可以进行调动。
五、任职要求 / 工作规范
1. 初中以上学历，2 年以上真皮时款手袋制作经验及熟悉时款手袋制作流程。
2. 一年以上生产线管理经验，对排流水线有一定的经验。
3. 能处理生产中的物料数据、工作报表，并懂得如何与员工有效地沟通和协调。
4. 处事心态端正，积极向上，能公平、公正地做出评估，并且以身作则。
5. 懂得如何对员工进行培训，指导其工作方法。
6. 有胆识地管理生产线及员工，对不良做法勇于制止、纠正。

续表

六、岗位的工作条件与环境
1. 该职位属于基层管理，其工作地点在室内。
2. 该职位不存在较高的危险性。工作伤害的程度低。
3. 本岗位由于管理工作的需要，除正常工作每天 8h 外，还要进行一定的加班，具体加班时间视上级安排而定。
4. 本岗位主要是管理工作，脑力工作较多，体力工作少，工作强度一般。
5. 该职位属于一线工作管理，车间有较高噪声，热天有较高温度，均属于正常工作环境。
七、工资范围
月薪 2600–3100 元，奖金 0–1200 元；伙食补贴 240 元。

本人已清晰以上各项事务，签名确认

____

四、在劳动合同中约定违约金的法律风险

有些用人单位在和劳动者签订劳动合同的时候，出于对自身权益保护的目的，往往会在劳动合同中约定违约金，要求劳动者在某些情形下必须向用人单位支付违约金，比如中途离职、严重违纪等。这种约定虽然是用人单位与劳动者自由的意思表示，劳动者也签名表示同意了，但是基本上不会得到法庭的支持。劳动法对于何种情况下用人单位可以同劳动者约定违约金的问题有明确的规定，在这些规定以外的违约金的约定，基本上都是无效的。

以案说法

17. 用人单位与劳动者约定跳槽违约金，法院判决不予支持

基本案情

2012 年 6 月 20 日，顾某某与 ×× 公司签订一份《管理干部聘用协议》，协议第五条约定：在聘用期间顾某某不得擅自跳槽或离职，未经 ×× 公司同

意而擅自跳槽或离职的，顾某某应赔偿 ×× 公司违约金 50000 元，并退还 40000 元工资补偿款。2012 年 6 月 20 日，×× 公司支付顾某某工资补偿款 40000 元。2012 年 6 月 26 日，顾某某进入 ×× 公司担任筒纱厂厂长。×× 公司以宁波 ×× 针织制衣有限公司的名义为顾某某缴纳了 2012 年 8 月至 2013 年 11 月的社会保险。后 ×× 公司向宁海县劳动人事争议仲裁委员会申请仲裁，要求顾某某退还补偿款 40000 元并支付违约金 50000 元。

法院判决

法院认为，**根据《劳动合同法》第二十五条之规定，用人单位可以与劳动者约定由劳动者承担违约金的情形只有两种：一是劳动者违反服务期约定的；二是劳动者违反竞业限制约定的。除此之外，用人单位不得与劳动者约定由劳动者承担违约金。本案中，尽管双方在《管理干部聘用协议》中约定了补偿款和违约金的有关事宜，但结合该协议第三条之约定，×× 公司支付给顾某某的 40000 元补偿款既非服务期的约定情形又非竞业限制的约定情形，故 ×× 公司要求顾某某支付 50000 元违约金的主张于法无据，法院不予支持。**因 ×× 公司关于顾某某在被聘用期间擅自离职的主张不能成立，故其要求顾某某返还 40000 元补偿款的主张，法院亦不予支持。遂判决：驳回 ×× 公司要求顾某某退还补偿款 40000 元并支付违约金 50000 元的诉讼请求。[①]

【法律风险防范】

劳动合同法规定用人单位可以与劳动者约定由劳动者承担违约金的情形仅两种：

第一种情形是《劳动合同法》第二十二条规定的服务期协议。该条规定："用人单位为劳动者提供专项培训费用，对其进行专业技术培训的，可以与该劳动者订立协议，约定服务期。劳动者违反服务期约定的，应当按照约定向用人单位支付违约金。违约金的数额不得超过用人单位提供的培训费用。用人单位要求劳动者支付的违约金不得超过服务期尚未履行部分所应分摊的培

① 宁波市中级人民法院（2015）浙甬民一终字第 160 号民事判决。

训费用……”

另一种情形是《劳动合同法》第二十三条规定的竞业限制协议。该条规定：“用人单位与劳动者可以在劳动合同中约定保守用人单位的商业秘密和与知识产权相关的保密事项。对负有保密义务的劳动者，用人单位可以在劳动合同或者保密协议中与劳动者约定竞业限制条款，并约定在解除或者终止劳动合同后，在竞业限制期限内按月给予劳动者经济补偿。劳动者违反竞业限制约定的，应当按照约定向用人单位支付违约金。”

除此之外，用人单位不得在劳动合同中，或者在其他协议中，与劳动者约定违约金，即便是有劳动者签名确定，也同样归于无效。

【法条链接】

《劳动合同法》第二十二条

用人单位为劳动者提供专项培训费用，对其进行专业技术培训的，可以与该劳动者订立协议，约定服务期。

劳动者违反服务期约定的，应当按照约定向用人单位支付违约金。违约金的数额不得超过用人单位提供的培训费用。用人单位要求劳动者支付的违约金不得超过服务期尚未履行部分所应分摊的培训费用。

用人单位与劳动者约定服务期的，不影响按照正常的工资调整机制提高劳动者在服务期期间的劳动报酬。

《劳动合同法》第二十三条

用人单位与劳动者可以在劳动合同中约定保守用人单位的商业秘密和与知识产权相关的保密事项。

对负有保密义务的劳动者，用人单位可以在劳动合同或者保密协议中与劳动者约定竞业限制条款，并约定在解除或者终止劳动合同后，在竞业限制期限内按月给予劳动者经济补偿。劳动者违反竞业限制约定的，应当按照约定向用人单位支付违约金。

《劳动合同法》第二十五条

除本法第二十二条和第二十三条规定的情形外，用人单位不得与劳动者约定由劳动者承担违约金。

五、调动劳动者岗位的法律风险

对劳动者进行调岗，是用人单位在企业生产经营中经常遇到的问题。劳动者能力参差不齐，用人单位经营状况亦在不断变化，这就必然导致对劳动者进行岗位的调整和优化。用人单位对劳动者调岗，一方面是用人单位用工自主权的体现，另一方面也有可能影响劳动者的合法权益，所以对劳动者调岗时，需特别注意法律风险的防范。

以案说法

18. 用人单位私自调动工作岗位引发纠纷，法院判决用人单位支付经济补偿金

基本案情

××学校（甲方）、邓某某（乙方）签订劳动合同，约定：乙方须服从甲方工作岗位的职责要求，甲方可根据工作需要合理调整乙方工作岗位；乙方年度考核或者聘期考核不合格，甲方可以调整乙方的岗位或安排其离岗接受必要培训后调整岗位等。邓某某原任××学校小学三年级数学老师，后于2015年9月29日被××学校调离教师岗位。2015年10月28日，××学校向邓某某发出书面通知，将终止其与学校的合同。邓某某主张××学校于2015年10月29日15时将学校大门关闭不让其进入学校上班，并于2015年11月5日进行网上信访。双方协商不成发生劳动争议纠纷。

法院判决

法院认为，关于××学校对邓某某调岗的问题，用人单位可行使用工自主权单方变更劳动者工作岗位需遵循以下原则：对用人单位调整劳动者的岗位劳动合同有约定或用人单位的劳动规章制度有规定；调整劳动者岗位必须是用人单位生产经营需要；调整岗位后劳动者正常工作时间的工资水平不低于原岗位。邓某某自2004年入职××学校至2015年9月29日被调岗前一直持续、长期从事教师工作，其教学态度及教育质量亦应持续体现于该周期中。双方劳动合同亦明确规定教师教学态度质量差、不符合考核标准的学校可解除合同的内容，故××学校于2015年7月9日与邓某某续签劳动合同后应

视为对邓某某作为老师履职能力的初步认可。×× 学校于同年 9 月 29 日以邓某某不符合教师岗位要求为由调整了邓某某的岗位并导致其薪酬降低，应对其调岗理由成立负充分举证责任。而 ×× 学校提交邓某某出具的检讨书主要反映其“会议记录”记录不好问题，不能直接反映其教学态度及工作能力情况；×× 学校提交的作业本、试卷反映邓某某在工作中存在一定的批改错漏问题，但该校未提交有效的学校管理规章以证明其对教师岗位职责的具体要求，导致对邓某某履职能力的判定无确定性标准。据此，原审法院认定 ×× 学校未能充分举证证明对邓某某的调岗降薪行为的合理性，其未向邓某某提供原岗位条件的事实也属于未按照劳动合同约定提供劳动条件的情形。遂判决：一、×× 学校于判决发生法律效力后七日内向邓某某支付工资补偿 2618 元；二、×× 学校于判决发生法律效力后七日内向邓某某支付经济补偿金 38525 元……[①]

【法律风险防范】

用人单位对劳动者岗位进行调整时，需区分对待。用人单位调整劳动者的岗位属于劳动合同的变更，非实质性变更不需要征得劳动者的同意，如果涉及实质性变更则需要征得劳动者的同意，否则将承担不利的法律后果。

用人单位如何区分劳动合同变更是实质性变更还是非实质性变更？实质性变更指企业方对劳动合同主要约定内容所作的重大变更，合同的主要内容可以界定在《劳动合同法》第十七条规定的劳动合同应当具备的条款范围内，包括劳动合同期限、工作内容和工作地点、工作时间和休息休假、劳动报酬、社会保险、劳动保护、劳动条件、职业危害防护和法律法规规定应当纳入劳动合同的其他事项。内容的变更对于劳动者的劳动权益有密切联系，对这些内容的变更可认为是对劳动合同的实质性变更。而非实质性变更是指对合同内容所作的较小变更，既不影响劳动者的工作量和劳动报酬，也不涉及工作地点变换条款、工作稳定性等，与劳动者的劳动权益联系不紧密，影响甚微。

对劳动者的工作岗位进行调整应当具备正当性，而法院对于调整工作岗

① 中山市中级人民法院（2016）粤 20 民终 3622 号民事判决。

位是否具备正当性，主要从以下四个方面考虑：（1）调整劳动者工作岗位是用人单位生产经营的需要；（2）调整工作岗位后劳动者的工资水平应与原岗位基本相当；（3）不具有侮辱性或惩罚性质；（4）无其他违反劳动合同或劳动法律、法规的行为。

同时需要注意的是，对劳动者调岗的程序也要符合法律的规定。《劳动法》第十七条规定："订立和变更劳动合同，应当遵循平等自愿、协商一致的原则……"《劳动合同法》第三十五条第一款规定："用人单位与劳动者协商一致，可以变更劳动合同约定的内容。变更劳动合同，应当采用书面形式。"根据法律的规定，对于劳动合同的变更，用人单位和劳动者之间应当采取自愿协商的方式，不允许合同的一方当事人未经协商单方变更劳动合同，单方变更劳动合同的行为无效，对另一方无约束力。

另外，用人单位需要区分对劳动者是否临时调岗，如果用人单位是临时调岗则符合法律规定，对于劳动者来说，没有变更劳动合同主要内容，或虽有变更但确属用人单位生产经营所必需，且对劳动报酬及其他劳动条件未作不利变更的，劳动者有服从安排的义务。用人单位遇到难以预料的困难或生产、经营的需要，有权临时调动劳动者从事与其约定岗位不同的工作。

【法条链接】

《劳动合同法》第三十八条

用人单位有下列情形之一的，劳动者可以解除劳动合同：

（一）未按照劳动合同约定提供劳动保护或者劳动条件的；

（二）未及时足额支付劳动报酬的；

（三）未依法为劳动者缴纳社会保险费的；

（四）用人单位的规章制度违反法律、法规的规定，损害劳动者权益的；

（五）因本法第二十六条第一款规定的情形致使劳动合同无效的；

（六）法律、行政法规规定劳动者可以解除劳动合同的其他情形。

用人单位以暴力、威胁或者非法限制人身自由的手段强迫劳动者劳动的，或者用人单位违章指挥、强令冒险作业危及劳动者人身安全的，劳动者可以立即解除劳动合同，不需要事先告知用人单位。

六、跨行政区调动员工的法律风险

对于一些在全国都有销售点或者办事处的用人单位来说，在全国范围内调动员工是不可避免的，这似乎可以解释为用人单位用工自主权的一部分，但是这种岗位调动也是隐藏着法律风险的。如果员工在某一城市的办事处工作多年，用人单位强行将其调动至另一城市，员工是可以单方解除劳动合同的，与此同时，他可以要求用人单位支付经济补偿金。

以案说法

19. 用人单位私自跨行政区域调动员工引发纠纷，法院判决支付经济补偿金

基本案情

李某某于2002年入职深圳市 ××× 公司，任河南省区域销售经理，在郑州工作三年有余。2013年10月11日，××× 公司出具《工作调令》，将李某某的工作岗位由商务部驻河南销售经理变更为深圳营销中心商务客户经理，负责河南及安徽等相关区域的销售工作，相关待遇参照现有制度执行，要求李某某于2013年10月21日前到深圳营销中心报到。2013年10月26日，××× 公司出具《催告函》，载明李某某未到深圳营销中心报到，要求李某某收到《催告函》之日起三天内报到。2013年11月1日，李某某向 ××× 公司邮寄《律师函》，称被迫解除与 ××× 公司的劳动关系。

法院判决

法院认为，××× 公司单方将李某某的工作地点由河南变更为深圳，系对工作地点的重大变更，双方虽然没有签订劳动合同约定工作地点，但李某某在河南工作三年有余，其不同意工作地点的变更亦属情理之中。××× 公司上诉主张调动李某某的工作岗位系因工作所需，但 ××× 公司对此并未提供相

应的证据证明，本院对其主张不予支持。×××公司调整李某某的工作岗位并不符合相关法律规定。原审认定李某某系因 ×××公司未按照约定提供劳动条件而被迫离职并无不当，二审法院依法予以确认。遂判决：……变更广东省深圳市宝安区人民法院（2014）深宝法龙劳初字第 87 号民事判决第二项为：上诉人深圳市 ×××有限公司于本判决生效之日起五日内支付被上诉人李某某解除劳动关系经济补偿金 37264.5 元……[①]

【法律风险防范】

对于跨行政区域的工作地点变动，属于劳动合同内容的重大变更，需要用人单位与劳动者协商一致方可变更。如果劳动者拒绝这种工作地点的变动，用人单位不可强行调动，否则将面临支付经济补偿金的法律风险。因此，建议用人单位在处理此类问题时尽量与劳动者协商并取得一致意见。

当然，在有些地方，如果企业在本市行政区域内搬迁，在同市内调动工作岗位，劳动者上下班可乘坐本市公共交通工具，或用人单位提供交通补贴、免费交通工具接送等便利条件，未对劳动者的生活带来明显影响，则劳动者单方解除劳动合同并要求支付经济补偿金的诉求，不能得到法律的支持。

【法条链接】

《劳动法》第二十六条

有下列情形之一的，用人单位可以解除劳动合同，但是应当提前三十日以书面形式通知劳动者本人：

（一）劳动者患病或者非因工负伤，医疗期满后，不能从事原工作也不能从事由用人单位另行安排的工作的；

（二）劳动者不能胜任工作，经过培训或者调整工作岗位，仍不能胜任工作的；

（三）劳动合同订立时所依据的客观情况发生重大变化，致使原劳动合同无法履行，经当事人协商不能就变更劳动合同达成协议的。

《劳动合同法》第四十条

有下列情形之一的，用人单位提前三十日以书面形式通知劳动者本人或者额外支付劳

---

① 深圳市中级人民法院（2014）深中法劳终字第 3643 号民事判决；深圳市宝安区人民法院（2014）深宝法龙劳初字第 87 号民事判决。

动者一个月工资后，可以解除劳动合同：

（一）劳动者患病或者非因工负伤，在规定的医疗期满后不能从事原工作，也不能从事由用人单位另行安排的工作的；

（二）劳动者不能胜任工作，经过培训或者调整工作岗位，仍不能胜任工作的；

（三）劳动合同订立时所依据的客观情况发生重大变化，致使劳动合同无法履行，经用人单位与劳动者协商，未能就变更劳动合同内容达成协议的。

《广东省人力资源和社会保障厅关于做好企业转型升级过程中劳资纠纷预防处理工作的意见》

……

企业在本市行政区域内搬迁，职工上下班可乘坐本市公共交通工具，或企业提供交通补贴、免费交通工具接送等便利条件，对职工生活未造成明显影响的，劳动合同继续履行。

……

七、集团公司调动子公司员工的法律风险

集团公司内部各公司之间的员工调动，或者关联公司之间的员工调动，在当今的用工环境下经常发生。用人单位往往认为这种调动是合理的人员调动，殊不知，这种操作方法隐藏了较大的法律风险。我国《公司法》第十四条第二款规定："公司可以设立子公司，子公司具有法人资格，依法独立承担民事责任。"因此，子公司虽然受母公司的实际控制，许多方面都要受到母公司的管理，但在法律层面上，子公司仍是具有法人地位的独立公司企业，主要表现在：第一，子公司有自己的公司名称和公司章程，并以自己的名义进行经营活动；第二，子公司的财产与母公司的财产彼此独立；第三，子公司和母公司各自以自己所有的财产为限，承担各自的法律责任。集团公司将子公司的员工调至其他关联公司，对员工来说，这种调动的法律本质是旧的劳动关系的解除、新的劳动关系的建立。多数情况下，子公司会执行集团公司的意志，劳动者本人也会服从调动，不存在争议问题，但是如果劳动者拒绝调动，集团公司或者子公司不能强行调动。因为劳动关系一经建立便受法律保护，任何一方当事人均不得随意解除或变更劳动合同。不论是用人单位还是用人单位上级集团公司，在未与劳动者协商一致的情况下，非经法定事由，均不能单方解除或变更劳动合同。一旦强行解除，将被认定为违法解除劳动合同关系，用人单位须向劳动者支付违法解除劳动关系赔偿金。

除此之外，这种调动所包含的法律风险还有以下几个方面：第一，工作地点发生变化。劳动合同约定的工作地点与劳动者调动后的实际工作地点不一致，原劳动合同的用人单位可能会被认定为违反劳动合同，从而应承担一定的法律责任。第二，社保缴纳主体不明。依法应当为员工缴纳的社会保险、住房公积金，究竟应当由母公司还是子公司，或者由哪一个子公司缴纳，因无约定而容易发生争议。第三，社保缴纳标准容易发生争议。如果跨行政区域调动，因各地社会保险、住房公积金的交费基数，以及最低工资标准等不同，如用人单位未能和劳动者明确约定，也容易导致劳动争议的发生。第四，工伤待遇支付主体不明。劳动者调动后，一旦发生工伤、疾病、意外事故等，需要用人单位支付补偿或提供医疗期时，具体由调动前后的哪一个用人单位负责处理，也容易发生争议。第五，工龄长短容易发生争议。劳动者调动后，其工作年限的计算涉及劳动者的年休假和经济补偿金等各项问题，如无明确的约定则极易发生纠纷。

以案说法

20. 劳动者拒绝调动至集团另一公司，用人单位解除劳动合同后被判支付赔偿金

基本案情

嘉嘉公司和鹏鹏公司是某集团公司下属的两家子公司，李某于2001年入职嘉嘉公司，双方签订了无固定期限劳动合同。2010年集团公司因业务调整，将李某所在生产线整体并入鹏鹏公司，所有员工均由嘉嘉公司转入鹏鹏公司。李某在与嘉嘉公司人事经理多次协商后，未能达成一致意见。因李某明确表示拒绝被调至鹏鹏公司，嘉嘉公司开具解除劳动合同通知，单方解除与李某的劳动合同。2012年，李某提起仲裁申请，要求嘉嘉公司支付违法解除劳动关系的赔偿金。

仲裁裁决

经过审理，劳动争议仲裁委员会认为，虽然嘉嘉公司称李某系从该公司

转出至鹏鹏公司而并非与其解除劳动关系，但其在未与李某协商一致的情况下向其出具离职证明的行为属于用人单位主体单方变更劳动关系的行为，该行为实质上是嘉嘉公司单方解除劳动合同的意思表示，又因嘉嘉公司未能提交有效证据证明其与李某解除劳动合同有合法依据，因此裁决嘉嘉公司向李某支付违法解除赔偿金。[①]

【法律风险防范】

劳动者从集团公司的母公司调动至子公司工作（或反之），或从集团公司的某一子公司调动至另一子公司，劳动者与用人单位之间的劳动关系都应当尽量保持清晰，否则一旦发生劳动争议纠纷，用人单位面临的法律风险和举证责任较重。

在一般情况下，涉及前述调动时，应在原用人单位与劳动者解除劳动合同之后，新的用人单位再与劳动者签订书面的劳动合同。与此同时，原用人单位和新的用人单位及劳动者三方签订劳动关系转移的协议，将经济补偿金、工作年限等问题约定清楚，以免在将来的劳动合同履行过程中发生争议。这样不仅能够将劳动关系顺利转移，保障劳动者和用人单位的利益，还能预防、降低劳动争议发生的法律风险。

第二节　竞业限制法律风险控制

一、竞业限制中约定过高违约金的法律风险

《劳动合同法》第二十三条规定，劳动者若违反其与用人单位签订的竞业限制协议，应当按照协议的约定向用人单位支付违约金。因为这一条规定的存在，有些用人单位为了防止重要职位的员工去竞争对手处上班，往往约定非常高的违约金。这种约定虽然是劳动者与用人单位双方自由的意思表示，却不一定能够得到法院的支持。

---

① 东莞市劳动人事争议仲裁院东劳人仲院塘厦庭收字（2017）110号裁决书。

以案说法

21. 用人单位与劳动者约定竞业限制违约金过高，法院不予支持

基本案情

2008年3月1日，余某某（乙方）经招聘进入三环公司（甲方）工作，并签订书面劳动合同，约定乙方在任职期间及双方劳动合同期满或解除后两年内应保守甲方秘密。不得自办或参与组建与甲方有竞争关系的企业，不得到与甲方有竞争关系的同类企业或该企业的关联企业任职，否则应向甲方支付违约金，违约金数额为乙方在甲方年收入的十倍。2013年5月15日，三环公司（甲方）与余某某（乙方）签订培训服务协议，协议约定甲方为乙方支付学习费用2万元，乙方的服务年限为72个月，从培训结束后开始计算。2015年3月31日，余某某在未办理辞职手续的情况下离开三环公司。

法院判决

法院认为，劳动合同法虽然规定劳动者违反竞业限制约定的，应当按照约定向用人单位支付违约金，但如果竞业禁止协议约定的违约金过高，明显超出劳动者负担能力，或者过分高于造成的损失，以及与用人单位支付的竞业限制经济补偿金悬殊太大，显失公平，劳动者主张约定的违约金过高请求予以适当减少的，人民法院可以酌情予以调整。本案中，余某某与三环公司约定的竞业限制违约金为余某某年收入的十倍，高达近200万余元，显然超出了余某某的负担能力；且双方没有约定竞业限制经济补偿，按相关司法解释规定，余某某若履行了竞业限制义务，三环公司只需按照余某某在劳动合同解除前12个月平均工资的30%按月支付经济补偿，数额仅为10万余元，与约定的近200万元违约金数额悬殊太大，存在显失公平的情形。因此，法院根据实际情况并权衡各方利益，将违约金酌情调整为20万元。①

① 黄石市中级人民法院（2016）鄂02民终227号民事判决。

【法律风险防范】

在这个案例中，用人单位与劳动者约定的违约金为劳动者年收入的十倍，劳动者的年收入约 20 万元，若按这个约定计算，违约金超过 200 万元。200 万元的数额不仅超出了劳动者的支付能力，也远远高于劳动者违反竞业限制约定对用人单位所造成的损失，更为重要的是，这个数额也与用人单位依法应支付给劳动者的竞业限制补偿数额过于悬殊，显然属于显失公平，因此，二审法院将该违约金调整为 20 万元。因此，用人单位在约定竞业限制违约金的时候不宜过高，因为法院可以综合各种因素予以调整。

【法条链接】

《劳动合同法》第二十三条第二款

对负有保密义务的劳动者，用人单位可以在劳动合同或者保密协议中与劳动者约定竞业限制条款，并约定在解除或者终止劳动合同后，在竞业限制期限内按月给予劳动者经济补偿。劳动者违反竞业限制约定的，应当按照约定向用人单位支付违约金。

《最高人民法院关于适用〈中华人民共和国合同法〉若干问题的解释（二）》第二十九条第一款

当事人主张约定的违约金过高请求予以适当减少的，人民法院应当以实际损失为基础，兼顾合同的履行情况、当事人的过错程度以及预期利益等综合因素，根据公平原则和诚实信用原则予以衡量，并作出裁决。

《最高人民法院关于审理劳动争议案件适用法律若干问题的解释（四）》第六条第一款

当事人在劳动合同或者保密协议中约定了竞业限制，但未约定解除或者终止劳动合同后给予劳动者经济补偿，劳动者履行了竞业限制义务，要求用人单位按照劳动者在劳动合同解除或者终止前十二个月平均工资的 30% 按月支付经济补偿的，人民法院应予支持。

二、用人单位滥用竞业限制规定的法律风险

竞业限制是用人单位对负有保守用人单位商业秘密义务的劳动者，在劳动合同、知识产权权利归属协议或技术保密协议中约定的竞业限制条款。竞业限制的对象法律上有明确的规定，用人单位并非可以和所有员工签订竞业限制协议。有些用人单位与所有劳动者都签订竞业限制协议，以为这样就可以使公司的商业秘密得到更好的保护，殊不知，对于并不负有保密义务的员工来说，这种约定是无效的。

以案说法

22. 用人单位随意适用竞业限制协议，法院判决不予支持

基本案情

2011年3月17日，刘某与索通公司签订《劳动合同书》，约定：乙方（刘某）在竞业限制期内，不得受聘于与甲方（索能公司）行业和业务性质同类的或有竞争关系的其他用人单位，或者自己经营或从事与甲方行业和业务性质同类的生意或以营利为目的的事务。竞业限制期限为双方劳动关系结束后的两年。乙方如有违反，甲方有权要求乙方按竞业限制补偿金的十倍金额对甲方进行赔偿。2013年7月19日，刘某与索通公司签订了《解除劳动合同协议书》。2014年4月，刘某进入××重庆分公司工作，工作内容是向客户介绍国外院校的入学申请要求、申请内容等相关信息。

法院判决

法院认为，**竞业限制的适用范围，应严格按照法律规定进行确定，不得随意扩大。本案中，被告刘某在原告处工作期间主要担任文案助理和咨询类工作，明显不属于高级管理人员、高级技术人员的范畴；庭审中，原告并未举示证据证明被告刘某在其工作中掌握了原告的商业秘密，被告刘某不属于《劳动合同法》第二十四条第一款规定的竞业限制适用的人员范围，原告与被告刘某在双方签订的《劳动合同书》中约定的竞业限制条款对被告刘某不产生法律效力。因此，原告的该项诉讼请求没有法律依据，不予支持。**[①]

【法律风险防范】

为了防止某些劳动者在离职后泄露公司的商业秘密，用人单位往往与劳动者签订保密协议或竞业限制协议，以此来约束离职的劳动者在一定年限内不能从事相同的工作。当然，用人单位也应对受到约束的劳动者作出一定的

① 重庆市第五中级人民法院（2014）渝五中法民终字第05874号民事判决。

补偿。

竞业限制是约定义务，是用人单位和劳动者通过协议形式明确各自的权利义务，为了防止用人单位的商业秘密被泄露使其合法权益受损，是《劳动合同法》给予用人单位的权利，但是为了防止用人单位滥用权利，法律对竞业限制适用主体作了严格限制。根据《劳动合同法》第二十四条的规定，竞业限制的对象仅限于三类员工：一是高级管理人员，二是高级技术人员，三是其他负有保密义务的人员。

具体而言，由于竞业限制协议限制的是劳动者到生产同类产品或经营同类业务且具有竞争关系或其他利害关系的单位内任职，或自己生产经营与原单位有竞争关系的类似产品或业务，因此用人单位只需要与接触、知悉、掌握商业秘密的劳动者签订竞业限制协议即可。对于在工作中能够获悉用人单位商业秘密的劳动者，也可以将他们列入签订竞业限制协议范围的人员。除上述三类员工以外的劳动者并非竞业限制的对象，即使签订了竞业限制协议，该协议也对他们没有法律上的约束力。

【法条链接】

《劳动合同法》第二十三条

用人单位与劳动者可以在劳动合同中约定保守用人单位的商业秘密和与知识产权相关的保密事项。

对负有保密义务的劳动者，用人单位可以在劳动合同或者保密协议中与劳动者约定竞业限制条款，并约定在解除或者终止劳动合同后，在竞业限制期限内按月给予劳动者经济补偿。劳动者违反竞业限制约定的，应当按照约定向用人单位支付违约金。

《劳动合同法》第二十四条第一款

竞业限制的人员限于用人单位的高级管理人员、高级技术人员和其他负有保密义务的人员。竞业限制的范围、地域、期限由用人单位与劳动者约定，竞业限制的约定不得违反法律、法规的规定。

三、不对劳动者进行竞业限制补偿的法律风险

竞业限制制度设立的初衷在于保护用人单位的商业秘密和知识产权等信息财富不受侵犯，维护用人单位在市场竞争中的优势地位，这是其有着积极

意义的一面。竞业限制制度的消极方面在于对劳动者自主择业权的限制，它限制了劳动者离职后的择业范围和预期收益，对劳动者的劳动权益造成了一定影响。由于劳动者的精力和知识有限，他不可能具备多个行业的就业技能，用人单位通过竞业限制协议限制了劳动者的就业范围，不允许劳动者使用原来已熟悉的知识、经验和技能，造成劳动者就业能力的降低，从而影响劳动者的职业发展，甚至影响其生活水平。为了平衡用人单位和劳动者的权利义务关系，用人单位就需要在劳动者离职后的竞业限制期间内按月支付经济补偿金。如果用人单位未支付经济补偿金，劳动者可以不受竞业限制协议的约束，当然，遵守了竞业限制约定的劳动者也可以请求用人单位向其支付竞业限制的经济补偿金。

以案说法

23. 用人单位与劳动者约定无偿竞业限制协议，法院判决用人单位支付补偿金

基本案情

李某某与 ××× 公司签订了一年的劳动合同，合同约定："本协议有效期自签字之日起至 2016 年 8 月 19 日止，合同到期不续签的，乙方两年内不得给与本公司项目相同、相似或冲突的机构签约、授课、挂名宣传。更不得将本公司学生信息、资料、课程、招生策略、市场运作等相关商业信息透露给其他机构或个人，否则乙方赔偿甲方损失。合同终止后两年内，甲方保留责任追究权。"李某某离职后要求 ××× 公司支付竞业限制的经济补偿金遭到拒绝。

法院判决

法院认为，根据《劳动合同法》第二十三条的规定，用人单位与劳动者可以在劳动合同中约定保守用人单位的商业秘密和知识产权相关的保密事项。对负有保密义务的劳动者，用人单位可以在劳动合同或者保密协议中与劳动

者约定竞业限制条款，并约定在解除或终止劳动合同后，在竞业限制期限内按月给予劳动者经济补偿。根据 ××× 公司与李某某签订的劳动合同，双方签订有竞业限制条款，即李某某属于负有保密义务的劳动者。××× 公司主张其已经与李某某对竞业限制进行了处理，双方再无争议纠纷。**鉴于李某某在双方劳动合同解除后，履行了竞业限制的义务，××× 公司应向李某某支付竞业限制补偿金。因双方劳动合同未约定补偿金额，根据《最高人民法院关于审理劳动争议案件适用法律若干问题的解释（四）》第六条的规定，××× 公司应支付李某某 2016 年 2 月 22 日至 2016 年 5 月 20 日的竞业限制补偿金 5337.93 元。**[①]

【法律风险防范】

权利与义务是对等的，当用人单位要求劳动者遵守竞业限制的协议时，就需要向劳动者支付经济补偿金。如果用人单位没有支付经济补偿金，劳动者有权利不履行该约定，用人单位也无法在劳动者违反该约定后追究劳动者的责任。反之，用人单位要是向劳动者支付了经济补偿金，劳动者因为违反竞业限制给用人单位造成损失时，用人单位就可以向劳动者要求违约金。依据《最高人民法院关于审理劳动争议案件适用法律若干问题的解释（四）》的相关规定，劳动关系双方约定了竞业限制，但未约定相应补偿金的，若劳动者在离职后实际履行了竞业限制义务，则用人单位需按照不低于离职前 12 个月平均工资 30% 的标准向劳动者支付经济补偿。可见，用人单位还是应该在劳动者离职后按月向其支付竞业限制经济补偿金，一来可以使竞业限制协议生效，约束劳动者的就业行为，二来也可以使自己免于被追责。

【法条链接】

《劳动合同法》第二十三条

用人单位与劳动者可以在劳动合同中约定保守用人单位的商业秘密和与知识产权相关的保密事项。

对负有保密义务的劳动者，用人单位可以在劳动合同或者保密协议中与劳动者约定竞

① 北京市第一中级人民法院（2017）京 01 民终 2640 号民事判决。

业限制条款，并约定在解除或者终止劳动合同后，在竞业限制期限内按月给予劳动者经济补偿。劳动者违反竞业限制约定的，应当按照约定向用人单位支付违约金。

《最高人民法院关于审理劳动争议案件适用法律若干问题的解释（四）》第六条

当事人在劳动合同或者保密协议中约定了竞业限制，但未约定解除或者终止劳动合同后给予劳动者经济补偿，劳动者履行了竞业限制义务，要求用人单位按照劳动者在劳动合同解除或者终止前十二个月平均工资的30%按月支付经济补偿的，人民法院应予支持。

前款规定的月平均工资的30%低于劳动合同履行地最低工资标准的，按照劳动合同履行地最低工资标准支付。

第三节　薪酬管理和加班法律风险控制

一、劳动合同不约定薪酬的法律风险

用人单位与劳动者签订劳动合同时，有时会基于各种原因不在劳动合同中写明劳动报酬。比如，劳动者的工资变化波动过大，劳动合同无法详细记载，或者用人单位想通过不约定报酬规避部分法律风险等。有时候，用人单位与劳动者对于劳动报酬的处理则较为模糊，或者仅有口头约定。劳动合同不约定薪酬、薪酬数额模糊或者口头约定薪酬，都容易引发劳动争议，给用人单位带来一定的法律风险。

按照《劳动合同法》的要求，劳动报酬属于劳动合同的必备条款，但是没有写明劳动报酬并不导致劳动合同的无效，至多算是不完备的劳动合同。那么，在没有写明劳动报酬的情况下发生报酬纠纷时，用人单位会面临怎样的法律风险呢？《劳动合同法》第十八条规定，劳动合同对劳动报酬和劳动条件等标准约定不明确，引发争议的，用人单位与劳动者可以重新协商；协商不成的，适用集体合同规定；没有集体合同或者集体合同未规定劳动报酬的，实行同工同酬；没有集体合同或者集体合同未规定劳动条件等标准的，适用国家有关规定。可见，在用人单位的薪酬管理制度不成熟的情况下，对于未约定薪酬的员工的工资计算（包括加班工资、应休未休年休假工资、病假工资及其他类型工资），可能会增加用人单位的用工成本。

以案说法

24. 用人单位薪酬约定不明，法院采信劳动者的主张

基本案情

张某于2009年8月5日到能优公司工作，双方签订了试用期劳动合同，约定张某工资为每月2000元。2009年10月，双方签订正式劳动合同，能优公司为张某办理并缴纳了社会保险。合同中双方未约定张某的月工资标准，只是约定了张某每天工作8小时，每周双休。张某在能优公司从事网络优化工作，该岗位流动性大，能优公司对张某不计考勤。2012年5月28日和2012年6月4日，张某两次向能优公司请假，之后就一直未到能优公司处上班。2012年6月25日，能优公司向张某发出通告，以张某连续旷工22天，因个人原因擅离工作岗位，严重影响公司的项目正常运行为由对张某作出开除处理。

法院判决

法院认为，《劳动合同法》第十八条规定：**劳动合同对劳动报酬和劳动条件等标准约定不明确，引发争议的，用人单位与劳动者可以重新协商；协商不成的，适用集体合同规定；没有集体合同或者集体合同未规定劳动报酬的，实行同工同酬；没有集体合同或者集体合同未规定劳动条件等标准的，适用国家有关规定。**本案中，双方于2009年8月5日签订的试用期劳动合同中约定，张某月工资为2000元，于2009年10月签订的期限自2009年10月5日至2011年10月5日的劳动合同中未约定张某的工资待遇。因双方就张某工资标准各执一词（能优公司主张张某3500元的月工资中包含1500元的补贴，张某主张3500元为月基本工资，另有其他补贴费用），但均未提供充分的证据予以证明各自主张的标准，故原审法院认定张某月工资标准为3500元并不违反国家有关规定，依据该标准计算张某相应的补偿并无不当。遂判决：能优公司于本判决生效之日起十日内，一次性支付张某双倍工资23414元、赔偿金7000元、2012年4–5月工资2000元、补贴18700元、差旅费957元，以上

各项合计52071元。[①]

【法律风险防范】

劳动报酬是劳动者提供劳动的回报，是劳动合同的主要内容，也是劳动者主要的合同权利。《劳动法》第十九条规定，劳动合同中必须约定劳动报酬。《劳动合同法》第十七条规定，劳动合同应具备劳动报酬的条款。可见，劳动报酬条款基本上可以认定为劳动合同的必备条款，用人单位与劳动者就劳动报酬的相关约定必须以书面方式进行，约定劳动报酬一定要明确、具体，包括明确劳动报酬的法律后果等相关内容。

用人单位在和劳动者签订合同的时候，对于薪酬方面的约定可以从以下几个方面进行考量：第一，针对工资组成部分为基本工资+绩效等的员工，可以在合同中约定基本工资的数目，在工资发放的过程中再根据具体情况发放绩效工资。第二，对于没有约定劳动报酬的员工，用人单位如果在发生纠纷时想证明劳动者不符合同工同酬的，应负举证责任。用人单位在平时的工作过程中要对劳动者的工作成果记载跟踪，以便举证。

【法条链接】

《劳动合同法》第十七条

劳动合同应当具备以下条款：

（一）用人单位的名称、住所和法定代表人或者主要负责人；

（二）劳动者的姓名、住址和居民身份证或者其他有效身份证件号码；

（三）劳动合同期限；

（四）工作内容和工作地点；

（五）工作时间和休息休假；

（六）劳动报酬；

（七）社会保险；

（八）劳动保护、劳动条件和职业危害防护；

（九）法律、法规规定应当纳入劳动合同的其他事项。

劳动合同除前款规定的必备条款外，用人单位与劳动者可以约定试用期、培训、保守

① 南京市中级人民法院（2013）宁民终字第1268号民事判决。

秘密、补充保险和福利待遇等其他事项。

《劳动合同法》第十八条

劳动合同对劳动报酬和劳动条件等标准约定不明确，引发争议的，用人单位与劳动者可以重新协商；协商不成的，适用集体合同规定；没有集体合同或者集体合同未规定劳动报酬的，实行同工同酬；没有集体合同或者集体合同未规定劳动条件等标准的，适用国家有关规定。

《劳动合同法》第八十一条

用人单位提供的劳动合同文本未载明本法规定的劳动合同必备条款或者用人单位未将劳动合同文本交付劳动者的，由劳动行政部门责令改正；给劳动者造成损害的，应当承担赔偿责任。

二、迟付工资的法律风险

工资是指用人单位依据国家有关规定和劳动关系双方的约定，以货币形式支付给员工的劳动报酬。《劳动合同法》第三十条规定，用人单位应当按照劳动合同约定和国家规定及时足额发放劳动报酬。《劳动法》第五十条规定，工资应当以货币形式按月支付给劳动者本人。"按月支付"应理解为每月至少发放一次工资，实行月薪制的单位，工资必须每月发放，超过企业与职工约定或劳动合同规定的每月支付工资的时间发放工资即为不按月支付。实行小时工资制、日工资制、周工资制的单位也可以按日或按周发放工资，并且要足额发放。实践中有些单位遇节假日或休息日，延后支付工资，这属违法行为。《工资支付暂行规定》第七条规定，工资必须在用人单位与劳动者约定的日期支付。如遇节假日或休息日，则应提前在最近的工作日支付。因此，如遇节假日或休息日，应提前支付工资而非延后支付。

如果用人单位无故迟延支付劳动报酬，劳动者可以单方解除劳动合同并要求用人单位支付经济补偿金。根据《劳动合同法》第三十八条的规定，用人单位未及时足额支付劳动报酬的，劳动者可以随时提出解除劳动合同。《最高人民法院关于审理劳动争议案件适用法律若干问题的解释》第十五条也规定，用人单位"克扣或者无故拖欠劳动者工资的"，劳动者可以提出解除劳动合同。可见，严格从法律规定上来讲，不管是无故拖欠多长时间发工资，即使是一天，劳动者都是可以随时解除劳动合同的，拖欠时间的长短只是严重程度不同而已，并不影响定性。根据《劳动合同法》第三十八条的规定，用人单位未及时足额支付劳动报酬的，劳动者可以解除劳动合同，用人单位应依该法第四十七条向其支付解除劳动合同的经济补偿金。

除支付经济补偿金外，用人单位还面临支付赔偿金的法律风险。根据《劳动合同法》第八十五条规定，用人单位未按照劳动合同的约定或者国家规定及时足额支付劳动者劳动报酬的，由劳动行政部门责令限期支付，逾期不支付的，责令用人单位按应付金额百分之五十以上百分之一百以下的标准向劳动者加付赔偿金。本项赔偿金发生的前提是须经劳动行政部门的“责令”。也就是说，需要经过劳动者向劳动监察部门投诉举报的维权途径。当劳动者投诉举报后，劳动监察部门经过调查核实，确定用人单位存在无故拖欠工资情形，会作出行政处罚通知书予以“责令”。

以案说法

25. 迟付工资不到一个月，用人单位被判支付经济补偿金

基本案情

陈某某于2007年3月10日入职东莞塘厦嘉嘉手袋厂，岗位为生产线操作工，后来嘉嘉手袋厂变更为东莞嘉嘉手袋有限公司，陈某某一直在该公司工作。2017年3月3日至4月10日，陈某某因腰椎间盘突出请假治疗，后回来正常上班。因陈某某拒不提供病休单，嘉嘉公司无法核发其2月工资。陈某某单方解除劳动合同，申请劳动仲裁，要求支付2017年3月、4月工资差额及经济补偿金。

法院判决

陈某某在2017年2月系正常出勤，按双方认可的支付惯例，嘉嘉公司应于2017年3月25日之前向陈某某支付2017年2月的工资，但嘉嘉公司拖延至2017年4月20日仍未支付，其提出的迟延支付的理由均依据不足，其行为已构成未及时足额支付劳动报酬，陈某某据此主张被迫解除劳动合同，

合法有据，嘉嘉公司应向陈某某支付相应解除劳动合同的经济补偿金。遂判决：嘉嘉公司应在判决发生法律效力之日起五日内向陈某某支付解除劳动合同的经济补偿金 38297 元。[①]

【法律风险防范】

严格按法律的规定来说，即使晚发一天也算是“未及时”支付，有的仲裁人员在实际操作时也可能会比较苛刻和死板，所以在实践中，建议用人单位依法灵活掌握。

1. 约定工资发放时间的技巧。用人单位在与劳动者约定工资发放时间时，应当约定一个比较长的时间段，如在劳动合同中与劳动者约定，“公司在每月的 15 日前发放上月的工资”。出于合理性考虑，最好在每月的前半月，这样既满足法律规定的“工资每月至少发一次”，又给用人单位留下充分的操作空间。

2. 如遇特殊情况，应履行法定程序后延期支付。在有正当理由时，企业迟延支付工资是不需要承担经济责任的。因此，当出现生产经营困难、资金周转受到影响的情况时，应履行一个征得工会同意的程序，从而避免承担经济责任。

3. 正当理由消失后应及时补发工资。用人单位需要注意的是：在非人力所能抗拒的原因或者资金周转困难等原因消失后，应当在合理时间内，及时支付拖欠的员工工资。时间过长，即丧失合理性，仍有被认定为无故拖欠工资的法律风险。而且，在用人单位确因生产经营困难、资金周转受到影响，延期支付劳动者工资的情况下，延期时间的最长限制由各省、自治区、直辖市劳动行政部门根据各地情况确定，有的地区还规定了延期支付方案的备案程序。如《上海市企业工资支付办法》就规定：用人单位确因生产经营困难，资金周转受到影响，暂时无法按时支付工资的，经与本单位工会协商一致，可以延期在一个月内支付劳动者工资。延期支付工资的时间应告知全体劳动者，并报主管部门备案，无主管部门的报市或区、县劳动保

① 广东省东莞市中级人民法院（2017）粤 19 民终 9574 号民事判决。

障行政部门备案。我们应根据地方关于工资的立法，合理确定延期支付的时间，不要违背地方性的限制性规定，更不要故意损害职工的利益。

三、用人单位未足额支付劳动报酬的法律风险

在实践中，用人单位可能会由于各种原因出现拖欠或未足额支付劳动者劳动报酬的情况。出现此情形一般来说有几种原因：客观原因有用人单位遇到非人力所能抗拒的自然灾害、战争等无法按时支付工资，用人单位确因生产经营困难、资金周转受到影响无法支付劳动报酬等。当然也存在用人单位无故拖欠劳动报酬的情形，是用人单位主观因素或因非法定理由而导致的。用人单位存在无故拖欠劳动报酬的情形，有可能要面临以下几种法律风险：第一，劳动者向当地人民法院申请支付令，用人单位应足额支付拖欠的劳动报酬。第二，劳动行政部门可责令用人单位限期支付劳动报酬、加班费或者经济补偿；劳动报酬低于当地最低工资标准的，应当支付其差额部分。用人单位逾期不支付的，按应付金额百分之五十以上百分之一百以下的标准向劳动者加付赔偿金。第三，劳动者可以单方解除劳动合同，无须提前30天通知用人单位。用人单位应当向劳动者支付经济补偿。第四，最为严重的情形，用人单位恶意拖欠工资，还有可能构成拒不支付劳动报酬罪。

以案说法

26. 用人单位未按时足额支付劳动报酬，法院判决支持劳动者主张

基本案情

王某等系小小经纪公司员工，在该单位从事销售及网络推广工作。2015年12月底，小小经纪公司因经营不善而停止了经营，未支付员工12月工资以及未付清部分员工2015年10月、11月工资，也未支付员工先前预留在小小经纪公司的预留金。

小小经纪公司出现经营困难时，部分员工辞职，而未能结清工资。小小经纪公司停止经营之际，其人事部门对所欠员工工资、预留金制作了情况统计表，该统计表留存在小小经纪公司。小小经纪公司以资料遗失而未能交出相关统计表。后来，每个员工依据当时小小经纪公司所欠的金额另行制作了《员工诉小小经纪公司拖欠劳动报酬情况统计表》并分别由员工个人亲自签名。该统计表载明尚欠王某 2015 年 12 月工资 2955 元、预留金 1450 元，共计 4405 元。

法院判决

根据本案查明的事实，小小经纪公司是于 2015 年 12 月底停止经营，而在此之前王某提供了正常劳动，但小小经纪公司并未支付王某 2015 年 12 月的工资。根据《劳动法》第五十条“工资应当以货币形式按月支付给劳动者本人。不得克扣或者无故拖欠劳动者的工资”以及《劳动合同法》第三十条第一款“用人单位应当按照劳动合同约定和国家规定，向劳动者及时足额支付劳动报酬”的规定，王某要求小小经纪公司支付其该月工资的请求正当合法。对于小小经纪公司提出应按照《工资支付暂行规定》第十二条的规定，按成都市最低工资标准支付王某 2015 年 12 月工资的主张与事实不符，于法无据，对其该主张本院不予支持。对于小小经纪公司应支付王某 2015 年 12 月工资数额的问题，虽然小小经纪公司主张其提交的劳动合同已证明双方约定的工资标准，但由于小小经纪公司并未提交每月实际向王某发放工资的依据，且在小小经纪公司停止经营之际，对所欠员工工资制作了情况统计表，而小小经纪公司以资料遗失为由而未能举出相关统计表，因此，应承担举证不利的法律后果。王某主张小小经纪公司尚欠 2015 年 12 月工资 2955 元并无不当，法院予以确认。遂判决：小小经纪公司于判决发生法律效力之日起十日内支付王某 2015 年尚欠工资 2955 元……[①]

【法律风险防范】

用人单位确因生产经营困难，资金周转受到严重影响而无法及时足额发

---

① 成都市中级人民法院（2017）川 01 民终 1873 号民事判决。

薪的，在我国许多地方都可先以书面形式向劳动者说明情况，在征得工会或职工代表大会同意后，可以延期支付工资，延期的时间根据各地的规定可能有所不同。比如，江苏省的延长期限为30天，《江苏省工资支付条例》第四十条第二款规定，用人单位确因生产经营困难，资金周转受到严重影响无法在约定的工资支付周期内支付劳动者工资的，应当以书面形式向劳动者说明情况，在征得工会或者职工代表大会（职工大会）的同意后，可以延期支付工资，但最长不得超过三十日。

用人单位如果停工停产，需要劳动者暂停工作的，不需要一直按原工资待遇发放工资。一般是第一个月按正常工资支付，一个月后按当地最低工资的80%支付，直至用人单位复工复产。《广东省工资支付条例》第三十九条规定："非因劳动者原因造成用人单位停工、停产，未超过一个工资支付周期（最长三十日）的，用人单位应当按照正常工作时间支付工资。超过一个工资支付周期的，可以根据劳动者提供的劳动，按照双方新约定的标准支付工资；用人单位没有安排劳动者工作的，应当按照不低于当地最低工资标准的百分之八十支付劳动者生活费，生活费发放至企业复工、复产或者解除劳动关系。"

【法条链接】

《劳动合同法》第三十条

用人单位应当按照劳动合同约定和国家规定，向劳动者及时足额支付劳动报酬。

用人单位拖欠或者未足额支付劳动报酬的，劳动者可以依法向当地人民法院申请支付令，人民法院应当依法发出支付令。

《劳动合同法》第三十八条

用人单位有下列情形之一的，劳动者可以解除劳动合同：

（一）未按照劳动合同约定提供劳动保护或者劳动条件的；

（二）未及时足额支付劳动报酬的；

（三）未依法为劳动者缴纳社会保险费的；

（四）用人单位的规章制度违反法律、法规的规定，损害劳动者权益的；

（五）因本法第二十六条第一款规定的情形致使劳动合同无效的；

（六）法律、行政法规规定劳动者可以解除劳动合同的其他情形。

用人单位以暴力、威胁或者非法限制人身自由的手段强迫劳动者劳动的，或者用人单位违章指挥、强令冒险作业危及劳动者人身安全的，劳动者可以立即解除劳动合同，不需事先告知用人单位。

《劳动合同法》第八十五条

用人单位有下列情形之一的，由劳动行政部门责令限期支付劳动报酬、加班费或者经济补偿；劳动报酬低于当地最低工资标准的，应当支付其差额部分；逾期不支付的，责令用人单位按应付金额百分之五十以上百分之一百以下的标准向劳动者加付赔偿金：

（一）未按照劳动合同的约定或者国家规定及时足额支付劳动者劳动报酬的；

（二）低于当地最低工资标准支付劳动者工资的；

（三）安排加班不支付加班费的；

（四）解除或者终止劳动合同，未依照本法规定向劳动者支付经济补偿的。

《工资支付暂行规定》第十二条

非因劳动者原因造成单位停工、停产在一个工资支付周期内的，用人单位应按劳动合同规定的标准支付劳动者工资。超过一个工资支付周期的，若劳动者提供了正常劳动，则支付给劳动者的劳动报酬不得低于当地的最低工资标准；若劳动者没有提供正常劳动，应按国家有关规定办理。

【相关知识】涉及工资的几个计算方式

一、代通知金

代通知金的计算基数为“劳动者上一个月的工资标准”。《劳动合同法实施条例》第二十条规定，用人单位依照《劳动合同法》第四十条的规定，选择额外支付劳动者一个月工资解除劳动合同的，其额外支付的工资应当按照该劳动者上一个月的工资标准确定。

二、经济补偿金

解除劳动合同经济补偿金基数为劳动者在劳动合同解除或者终止前十二个月的平均工资，但在2008年1月1日《劳动合同法》实施后有社平工资三倍的限制。

《劳动合同法》第四十七条规定，经济补偿按劳动者在本单位工作的年限，每满一年支付一个月工资的标准向劳动者支付。六个月以上不满一年的，按一年计算；不满六个月的，向劳动者支付半个月工资的经济补偿。劳动者月工资高于用人单位所在直辖市、设区的市级人民政府公布的本地区上年度职工月平均工资三倍的，向其支付经济补偿的标准按职工月平均工资三倍的数额支付，向其支付经济补偿的年限最高不超过十二年。本条所称月工资是指劳动者在劳动合同解除或者终止前十二个月的平均工资。该条规定的平均工资须按照劳动者应得工资计算，包括计时工资或者计件工资以及奖金、津贴和补贴等货币性收入。劳动者在劳动合同解除或者终止前十二个月的平均工资低于当地最低工资标准的，按照当地最低工资标准计算。劳动者工作不满十二个月的，按照实际工作的月数计算平均工资。

三、未休年休假工资

计算未休年休假工资报酬的日工资基数为前十二个月剔除加班工资后的月平均工资。《企业职工带薪年休假实施办法》第十一条规定，计算未休年休假工资报酬的日工资收入按照职工本人的月工资除以月计薪天数（21.75天）进行折算。前款所称月工资是指职工在用人单位支付其未休年休假工资报酬前十二个月剔除加班工资后的月平均工资。在本用人单位工作时间不满十二个月的，按实际月份计算月平均工资。职工在年休假期间享受与正常工作期间相同的工资收入。实行计件工资、提成工资或者其他绩效工资制的职工，日工资收入的计发办法按照本条第一款、第二款的规定执行。

四、二倍工资差额

二倍工资差额的计算基数各地有差异，多数地区规定为当月应得工资。比如，《北京市高级人民法院关于劳动争议案件法律适用问题研讨会会议纪要》规定，劳动合同期满后，劳动者仍在用人单位工作，用人单位超过一个月未与劳动者订立书面劳动合同的，应当依照《劳动合同法》第八十二条的规定，向劳动者支付双倍工资。双倍工资的计算基数应以相对应的月份的应得工资为准。《江苏省高级人民法院关于审理劳动人事争议案件的指导意见（二）》规定，用人单位因未与劳动者签订书面劳动合同而应每月支付的二倍工资，按照劳动者当月的应得工资予以确定，包括计时工资或者计件工资以及加班加点工资、奖金、津贴和补贴等货币性收入。劳动者当月工资包含季度奖、半年奖、年终奖的，应按分摊后该月实际应得奖金数予以确定。

四、用人单位强行降薪存在的法律风险

在实践中，有的用人单位会出现不经过任何程序单方决定降低劳动者薪

酬的情况。用人单位觉得自己有权利根据劳动者的表现决定劳动者薪酬的多少，所以不与劳动者沟通也没有征得他们的同意就降低薪酬。实际上，调整工资水平必须建立在与劳动者协商并取得劳动者书面同意的基础上，否则，单方降低工资水平属于违反劳动法规定的行为。

《劳动合同法》第三十五条第一款规定："用人单位与劳动者协商一致，可以变更劳动合同约定的内容。变更劳动合同，应当采用书面形式。"可见，用人单位单方面降薪是违反劳动合同约定的，因为即使在合同文本中没有具体金额，劳动者也可拿出以前的工资条或者银行流水证明"事实降薪"，更何况关于劳动者薪酬数额的举证责任在于用人单位，要是用人单位无法举证证明劳动者薪酬没有降低，那么仲裁庭或者法庭就会采信劳动者的主张。劳动者要求恢复原工资的诉求就会得到仲裁庭或法庭的支持。

用人单位单方面降薪的法律风险还不止这一点，劳动者尚有单方解除劳动合同并要求用人单位支付经济补偿金的权利。《劳动合同法》第三十八条规定："用人单位有下列情形之一的，劳动者可以解除劳动合同：……（二）未及时足额支付劳动报酬的……"第四十六条规定："有下列情形之一的，用人单位应当向劳动者支付经济补偿：（一）劳动者依照本法第三十八条规定解除劳动合同的……"可见，劳动者可以依据用人单位违反劳动合同的必要条件或者依据以上条款要求解除劳动合同关系并支付足额经济补偿金。

以案说法

27. 用人单位强行降薪引发纠纷，法院判决支付经济补偿金

基本案情

2011 年 12 月 10 日，罗某某与佛山市 ××× 有限公司签订了劳动合同，合同期限从 2011 年 12 月 10 日起，后延至 2015 年 12 月 31 日。2014 年 5 月至 2015 年 3 月罗某某的工资均在 5000 元左右，但 2015 年 4 月和 5 月他的工资只有 2500 元和 1410.65 元。罗某某自 2015 年 5 月 18 日起便没有到公司上班，2015 年 10 月 26 日申请劳动仲裁，请求公司支付她解除劳动关系经

济补偿金19230元和按原工资标准补发2015年4月及2015年5月的工资。仲裁裁决佛山市×××有限公司支付罗某某解除劳动关系经济补偿金17500元和补发2015年4月工资差额及2015年5月的工资5403.23元。佛山市×××有限公司不服该裁定起诉至佛山市高明区人民法院。

法院判决

法院认为，根据《劳动合同法》第四条第二款规定，“用人单位在制定、修改或者决定有关劳动报酬、工作时间、休息休假、劳动安全卫生、保险福利、职工培训、劳动纪律以及劳动定额管理等直接涉及劳动者切身利益的规章制度或者重大事项时，应当经职工代表大会或者全体职工讨论，提出方案和意见，与工会或者职工代表平等协商确定”，而**根据《最高人民法院关于审理劳动争议案件适用法律若干问题的解释》第十三条规定：“因用人单位作出的开除、除名、辞退、解除劳动合同、减少劳动报酬、计算劳动者工作年限等决定而发生的劳动争议，用人单位负举证责任。”原告佛山市×××有限公司在未与被告罗某某平等协商的情况下调减了被告2015年4月及5月的工资，原告实际发放被告2015年3月工资为4991.88元（无佣金）、2015年4月为2500元、2015年5月为1302.65元（未含佣金108元），原告认为没有降低被告每月工资的主张与事实不符，其单方大幅调减被告工资的行为违反法律规定，故被告要求原告按原工资标准补发2015年4月及2015年5月工资的请求合理合法，法院予以支持。**

原告未足额支付被告劳动报酬，故被告要求原告支付解除劳动关系经济补偿金的请求合法，法院予以支持。遂判决：原告佛山市×××有限公司应于本判决生效之日起五日内支付被告罗某某解除劳动关系经济补偿金17500元……①

【法律风险防范】

用人单位无论出于什么原因调整劳动者的薪酬，都应该和劳动者协商并且签订书面协议。《劳动合同法》规定，劳动报酬属于劳动合同的必备条款，用人单位单方调整劳动者的工资待遇，属于变更劳动合同的范畴。用人单位

---

① 佛山市高明区人民法院（2015）佛明法荷民一初字第816号民事判决。

如果不经劳动者同意便降低劳动者的薪酬，劳动者是有权利要求用人单位补发工资差额的。如果劳动者因为未经其同意降薪而离职的话，还可以要求用人单位支付经济补偿金。所以，用人单位应该注重和劳动者的沟通，并在调整薪资时尽量和劳动者协商并取得他们的书面同意。

【法条链接】

《劳动合同法》第四条第二款

用人单位在制定、修改或者决定有关劳动报酬、工作时间、休息休假、劳动安全卫生、保险福利、职工培训、劳动纪律以及劳动定额管理等直接涉及劳动者切身利益的规章制度或者重大事项时，应当经职工代表大会或者全体职工讨论，提出方案和意见，与工会或者职工代表平等协商确定。

《劳动合同法》第三十八条第一款

用人单位有下列情形之一的，劳动者可以解除劳动合同：

（一）未按照劳动合同约定提供劳动保护或者劳动条件的；

（二）未及时足额支付劳动报酬的；

……

《劳动合同法》第四十六条第一款

有下列情形之一的，用人单位应当向劳动者支付经济补偿：

（一）劳动者依照本法第三十八条规定解除劳动合同的；

……

《最高人民法院关于审理劳动争议案件适用法律若干问题的解释》第十三条

因用人单位作出的开除、除名、辞退、解除劳动合同、减少劳动报酬、计算劳动者工作年限等决定而发生的劳动争议，用人单位负举证责任。

五、依规章制度降薪的法律风险

调薪属于劳动合同事项的变更，用人单位如果想调整薪资，一般来说应与劳动者协商一致。在实践中，用人单位也会依据规章制度来调整员工的薪资。如果按照规章制度降低了员工的劳动报酬，有可能会引起劳动争议。如果用人单位无法证明降薪所依据的规章制度的合理性，即无法证明规章制度是通过民主程序制定的，且不违反国家法律、行政法规及政策规定，并已向劳动者公示的，在诉讼过程中可能会面临败诉的法律风险。

以案说法

28. 用人单位制定的管理办法因未保留公示与告知证据，法院不予采纳

基本案情

2011年8月10日，××水殖公司与吴某某签订了书面劳动合同，合同约定：吴某某在长沙市场部从事销售类岗位，合同期限为2011年8月10日至2014年8月29日。2013年1月5日，××水殖公司聘任吴某某为事业部长沙市场部总经理，月工资由5920元调整为6320元。2014年6月11日，××水殖公司将吴某某的岗位调整为长沙市场部经理助理，工资相应调整为4300元。2014年7月14日，吴某某以其不同意××水殖公司调岗降薪为由提出解除劳动合同。××水殖公司支付了吴某某2014年6月工资4360元，并于2014年8月13日支付了吴某某7月工资1380.07元。因双方就经济补偿金等问题发生争议，2014年7月22日，吴某某向长沙市劳动争议仲裁委员会申请仲裁。

法院判决

《最高人民法院关于审理劳动争议案件适用法律若干问题的解释》第十九条规定："用人单位根据《劳动法》第四条之规定，通过民主程序制定的规章制度，不违反国家法律、行政法规及政策规定，并已向劳动者公示的，可以作为人民法院审理劳动争议案件的依据。"本案中，××水殖公司制定的《2014年长沙市场部人员编制、薪酬及考核管理办法》未向原审法院和二审法院提供经民主程序制定的依据，亦未提供已经公示的依据，故该考核管理办法不能作为定案的依据。××水殖公司虽提供了长沙市场部2013年销售数据统计表和长沙市场部2014年收支计划汇总表证明吴某某不能胜任工作，但上述证据属××水殖公司单方制作，且其上无吴某某的签字确认，也无相关人员的签字，故该证据不足以证明吴某某不能胜任工作。另因××水殖公司制定的《长沙市场部人员编制、薪酬及考核管理办法》不能作为审理该案的依据，故××水殖公司对吴某某作出调岗降薪的行为不符合法律规定和劳动合同的约定，××水

殖公司依据此考核管理办法对吴某某调岗降薪且未提供其已经和吴某某进行协商并就调岗降薪达成协议的依据。故上诉人 ×× 水殖公司对吴某某进行调岗降薪没有事实和法律依据，×× 水殖公司应支付吴某某经济补偿金。遂判决：×× 水殖公司向吴某某支付经济补偿金 29601.87 元（9867.29 元 ×3 个月）；×× 水殖公司向吴某某支付 2014 年 6 月的减发工资 1960 元……①

【法律风险防范】

用人单位遇到表现不好的劳动者想调整薪资时，可以参考以下几个方面的操作要领：

第一，在签订劳动合同和制定规章制度时应该对薪资的调整有具体的规定。例如，在劳动合同中约定甲方可根据生产经营状况、乙方工作能力等主客观条件相应调整乙方的薪资水平。在规章制度里就对调整方式作出细致、具体、合理的规定。

第二，用人单位要保存证明调整薪资合理性的证据。要注意保存劳动者在工作过程中无法胜任、故意或过失导致单位损失等证据。有了这些证据再根据规章制度的规定来调整薪资可以减少争议。

第三，通过与劳动者协商一致的方式来调整薪资是最好的方式。在事关劳动者切身利益的问题上，如果能私底下协商就可以最大程度上避免纠纷。

【法条链接】

《劳动合同法》第四条

用人单位应当依法建立和完善劳动规章制度，保障劳动者享有劳动权利、履行劳动义务。

用人单位在制定、修改或者决定有关劳动报酬、工作时间、休息休假、劳动安全卫生、保险福利、职工培训、劳动纪律以及劳动定额管理等直接涉及劳动者切身利益的规章制度或者重大事项时，应当经职工代表大会或者全体职工讨论，提出方案和意见，与工会或者职工代表平等协商确定。

在规章制度和重大事项决定实施过程中，工会或者职工认为不适当的，有权向用人单位提出，通过协商予以修改完善。

用人单位应当将直接涉及劳动者切身利益的规章制度和重大事项决定公示，或者告知

① 长沙市中级人民法院（2015）长中民四终字第 02664 号民事判决。

劳动者。

《劳动合同法》第三十五条

用人单位与劳动者协商一致，可以变更劳动合同约定的内容。变更劳动合同，应当采用书面形式。

变更后的劳动合同文本由用人单位和劳动者各执一份。

六、考勤管理隐藏的法律风险

在劳动争议案件中，涉及出勤时间的争议非常多见，如加班费争议、旷工争议、拖欠劳动报酬争议、带薪年休假争议等，它们都直接或间接地与出勤时间的确认有关。根据劳动法规定，用人单位对劳动者在本单位的出勤情况应负有举证责任，如果用人单位无法提供有效的考勤记录，则仲裁机构或法院将可能采信员工的主张。届时是否加班、加班时间长短、是否休带薪年假、是否旷工等都可能会直接采信劳动者的主张，显然，这是任何用人单位都不愿意看到的局面。

因为用人单位考勤管理存在问题所导致的劳动争议非常多，具体来说有如下几种情况：第一，缺乏考勤制度，这将导致用人单位完全无法提供关于劳动者出勤时间的任何证据，法律风险最大；第二，多种考勤方式并存，这将导致以何种考勤记录为准的争议；第三，考勤规定不明确，这可能会给工作时间及加班时间的确认带来困难；第四，缺勤记录不注明事由，这也会使得将来因何事而缺勤成为争议点；第五，考勤记录没有劳动者签名确认，如果劳动者不确认考勤记录，相当于没有考勤；第六，考勤记录保管不善，若考勤记录遗失，也相当于没有考勤；第七，出勤违纪处理不当，对于旷工、代打卡、迟到早退、缺失考勤记录等情形，用人单位若处理不当，极易引发争议。

以案说法

29. 考勤表未经劳动者签名确认，法院采信员工加班的主张

基本案情

蔡某某于2011年11月中旬进入××物业公司从事秩序维护工作，双方

签订的最后一次劳动合同期限为2013年11月18日至2015年11月17日，合同约定乙方（蔡某某）的实际工作时间以甲方（×× 物业公司）制定的工作作息时间为准，考勤记录仅表示乙方当日在单位的时间状况，不代表乙方的实际工作时间。乙方加班需按照甲方的加班管理规定办理审批手续。乙方享有法定休息休假权利，因岗位特点而产生的固定加班，其加班工资已包含在乙方的月工资中。如甲方另行安排乙方加班的，应按规定安排调休，不能安排调休的，由甲方向乙方支付加班费，但要扣除节日所发的补充加班费。加班费的计算基数为加班当时本市的最低工资标准。2015年7月17日，×× 物业公司出具了解除劳动合同的证明，以蔡某某严重违反公司规章制度为由决定从2015年7月6日起与其解除劳动关系。

法院判决

法院认为，×× 物业公司制作了2014年6月至2015年5月的员工考勤表，上述考勤表中的本人签名处均签有蔡某某的手写字体，但蔡某某对2014年6月、8月、12月中的签字的真实性不予确认。经原审法院比对，上述月份考勤表中的签字与蔡某某起诉状中的签字存在差异，上述三个月的考勤表显示蔡某某一共休息了12天。因2014年6月、8月、12月的考勤表中的签字经原审法院核对与蔡某某起诉状中的签字不同，故 ×× 物业公司应对该证据的真实性申请鉴定，因其不申请鉴定，故原审法院对蔡某某主张的该三个月的签字并非其所签的事实予以认定。因上述三个月的考勤表显示蔡某某共休息了12天，而 ×× 物业公司未能提供证据证明其记录的休息时间属实，故原审法院对蔡某某主张的其在该三个月均无休息的事实予以认定。遂判决：×× 物业公司于判决生效之日起十日内向蔡某某支付休息日加班工资1798元……[①]

【法律风险防范】

鉴于考勤对于用人单位的重要性，没有建立考勤制度的用人单位都应建立考勤制度，建立之后也并非高枕无忧，还应特别注意如下问题：

---

① 南京市中级人民法院（2016）苏01民终3545号民事判决；南京市鼓楼区人民法院（2015）鼓民初字第5314号民事判决。

第一，一定要让员工确认考勤记录。使用纸卡打卡的，应保证是由劳动者进行打卡，且每月应要求劳动者签名确认考勤卡；对于使用表格签到的，应保证所有签名都是劳动者本人所签；对于电子打卡，最好是每月导出纸质表格，由劳动者签名确认。

第二，缺勤记录应注明事由。对于劳动者的缺勤，应在考勤表上记载清楚缺勤的原因，以免事后发生争议。

第三，考勤记录至少应保留两年时间。

第四，对于出勤违纪要及时妥当处理。对于劳动者的出勤违纪行为，比如旷工、代打卡、迟到早退、缺失考勤记录（忘打卡）等，应及时处理，固定好证据，以免因此而发生争议。

【法条链接】

《劳动争议调解仲裁法》第六条

发生劳动争议，当事人对自己提出的主张，有责任提供证据。与争议事项有关的证据属于用人单位掌握管理的，用人单位应当提供；用人单位不提供的，应当承担不利后果。

《劳动争议调解仲裁法》第三十九条第二款

劳动者无法提供由用人单位掌握管理的与仲裁请求有关的证据，仲裁庭可以要求用人单位在指定期限内提供。用人单位在指定期限内不提供的，应当承担不利后果。

《最高人民法院关于审理劳动争议案件适用法律若干问题的解释》第十三条

因用人单位作出的开除、除名、辞退、解除劳动合同、减少劳动报酬、计算劳动者工作年限等决定而发生的劳动争议，用人单位负举证责任。

七、超时加班存在的法律风险

加班系指除法定或者国家规定的工作时间以外，正常工作日延长工作时间或者双休日以及国家法定假期期间延长工作时间。《劳动法》第四十一条规定："用人单位由于生产经营需要，经与工会和劳动者协商后可以延长工作时间，一般每日不得超过一小时；因特殊原因需要延长工作时间的，在保障劳动者身体健康的条件下延长工作时间每日不得超过三小时，但是每月不得超过三十六小时。"用人单位有时为了生产需要而要求员工加班，或者员工为了自己的工作进度会被动或主动加班，无论员工是否自愿，都会存在一定的用工法律风险：

第一，支付加班费和经济补偿金的法律风险。超时加班应支付加班费，根据加班时间段的不同，可能支付劳动合同规定的劳动者本人小时工资标准的 150%、200% 甚至 300% 的加班工资。除此之外，如果劳动者以“用人单位的规章制度违反法律、法规的规定，损害劳动者权益”为由解除劳动合同的，用人单位还可能被判支付经济补偿金。

第二，行政处罚的法律风险。《劳动保障监察条例》第十一条第五项规定，劳动保障行政部门对“用人单位遵守工作时间和休息休假规定的情况”实施劳动保障监察。如果劳动者将超时加班的事情向劳动监察部门举报，用人单位将面临行政处罚的法律风险，可能会被通报批评，也可能被处以行政罚款。

以案说法

30. 用人单位未足额支付加班费引发纠纷，法院判决支付加班费及经济补偿金

基本案情

蔡某某自 2013 年 2 月 18 日起即在 ××× 小区上班，从事保安工作，工作期间执行每日 12 小时工作制，每月休假 3 天，法定节假日不休息。2014 年 4 月 1 日蔡某某与 ××× 物业公司签订劳动合同一份，约定 ××× 物业公司安排蔡某某从事秩序维护工作，双方选择合同期限为固定期限，即从 2014 年 4 月 1 日至 2015 年 3 月 31 日；对于采取何种工时制度，双方未作约定。2014 年 4 月 18 日，蔡某某以 ××× 物业公司未按法律规定为其办理社会保险，以及未向其支付节假日、双休日加班费为由提出辞职。2014 年 4 月 28 日，蔡某某向绵阳市劳动人事争议仲裁委员会提起劳动仲裁申请，请求：因未签订书面劳动合同支付 11 个月双倍工资；支付加班费；支付经济补偿金。

法院判决

法院认为，原、被告双方所签订的书面劳动合同对于采取何种工时制度，未作约定，被告辩称双方采用不定时工作制，但依照《劳动法》第三十九条、《劳动部关于企业实行不定时工作制和综合计算工时工作制的审批办法》第四条之规定，被告单位所设岗位经批准后可以实行不定时工作制，但本案被告在庭审中自认原告所在岗位未经相关部门批准实行不定时工作制，故原告上班时间应实行标准工时制。结合庭审查明的情况，原告每天工作 12 小时，每月休息 3 天，故原告主张法定节假日、休息日及延时工作加班的事实成立。依照《劳动法》第四十四条之规定，被告依法应向原告支付相应加班费。被告辩称节假日的加班工资在每年年底集中支付，但未提供证据予以证明，本院不予采信。关于原告要求被告支付经济补偿金的主张，因被告未按法律规定为原告办理社会保险，以及未向原告支付法定节假日、休息日加班费，原告解除与被告的劳动合同关系，要求被告支付经济补偿金的诉讼请求，符合《劳动合同法》第三十八条、第四十六条之规定，本院予以支持。遂判决：由 ××× 物业公司于本判决生效后 5 日内支付蔡某某法定节假日、双休日、超时加班工资共计 16927.38 元，支付经济补偿金 2287.5 元。[①]

【法律风险防范】

如果存在劳动者超时加班的现象，根据现有的法律规定，用人单位除了支付加班费之外，还可能面临被劳动监察部门检查、通报批评、罚款甚至要支付劳动者经济赔偿金的法律风险。欲减少超时加班带来的法律风险，用人单位可以做好以下两点：

第一，针对劳动者自愿加班的情况，建议用人单位建立有效的“加班审批制度”，可以通过劳动合同与员工约定或者通过规章制度规定加班审批制度，员工加班要申请并得到批准。

第二，加班较多的用人单位可以给加班员工进行调休，利用调休代替支付加班费。

---

① 绵阳市中级人民法院（2015）绵民终字第 1853 号民事判决。

第三，若无法调休，用人单位一定要按照劳动法的规定足额支付加班费。

【法条链接】

《劳动法》第四十一条

用人单位由于生产经营需要，经与工会和劳动者协商后可以延长工作时间，一般每日不得超过一小时；因特殊原因需要延长工作时间的，在保障劳动者身体健康的条件下延长工作时间每日不得超过三小时，但是每月不得超过三十六小时。

《工资支付暂行规定》第十三条第一款

用人单位在劳动者完成劳动定额或规定的工作任务后，根据实际需要安排劳动者在法定标准工作时间以外工作的，应按以下标准支付工资：

（一）用人单位依法安排劳动者在日法定标准工作时间以外延长工作时间的，按照不低于劳动合同规定的劳动者本人小时工资标准的150%支付劳动者工资；

（二）用人单位依法安排劳动者在休息日工作，而又不能安排补休的，按照不低于劳动合同规定的劳动者本人日或小时工资标准的200%支付劳动者工资；

（三）用人单位依法安排劳动者在法定休假节日工作的，按照不低于劳动合同规定的劳动者本人日或小时工资标准的300%支付劳动者工资。

《劳动合同法》第三十八条

用人单位有下列情形之一的，劳动者可以解除劳动合同：

……

（二）未及时足额支付劳动报酬的；

……

《劳动合同法》第八十五条

用人单位有下列情形之一的，由劳动行政部门责令限期支付劳动报酬、加班费或者经济补偿；劳动报酬低于当地最低工资标准的，应当支付其差额部分；逾期不支付的，责令用人单位按应付金额百分之五十以上百分之一百以下的标准向劳动者加付赔偿金：

（一）未按照劳动合同的约定或者国家规定及时足额支付劳动者劳动报酬的；

（二）低于当地最低工资标准支付劳动者工资的；

（三）安排加班不支付加班费的；

……

八、年终奖存在的法律风险

年终奖毕竟属于奖励范畴，国家并不强制用人单位给员工发放年终奖，年终奖的发放应当依劳动合同、集体合同的约定或者规章制度的规定而定，用人单位有权自主决定年终奖发放的条件、数额、时间等具体事宜。在劳动合同已有约定，或单位已有规章制度规定的情况下，用人单位和劳动者均应当按照劳动合同或规章制度执行。当然，年终奖的发放也会存在一些法律风险：

第一，“年终前离职不予发放年终奖”，此类约定有可能会被认定为无效协议。如果在劳动合同或规章制度中约定，劳动者年终前离职不予发放年终奖，此类规定有可能会被仲裁庭及法院认定为无效约定，因为它免除了用人单位的法定责任、排除劳动者权利。年终奖属于劳动者应得的工资的范畴，即使劳动者在年终前离职，用人单位也应向其支付部分年终奖。

第二，用人单位与员工签订的劳动合同与后制定的单位规章制度矛盾时，可能会优先适用劳动合同的约定。因为单位规章制度对于全体劳动者来说属于普适性约定，而劳动合同对于单个劳动者来说属于特别约定，如果劳动者选择适用劳动合同，则劳动合同的效力优于规章制度的效力。

第三，用人单位拒不提供年终奖规定应承担不利的法律后果。劳动者对是否存在发放年终奖的事实负举证责任，劳动者已提出证据证明用人单位有发放年终奖的规定，用人单位拒不提交有关年终奖发放的资料的，应推定劳动者年终奖存在的主张成立。劳动者是否有资格获得年终奖及获得的数额，应由用人单位承担举证责任。

以案说法

31. 劳资双方约定年终前离职无年终奖，法院判决该约定无效

基本案情

福州 ××× 学校与厦门市 ××× 培训中心系总校与分校的关系。2012 年 4 月 15 日，杨某某作为乙方，福州 ××× 学校作为甲方，双方签订一份《劳动合同》。《劳动合同》签订的当日，杨某某作为乙方，厦门市 ××× 培训中心作为甲方，双方签订一份《合同附件一》，约定：此合同是甲方与乙方签订的主合同（即上述《劳动合同》）的附件，与主合同具有同等法律效力，但如果主合同的条款与附件内容有任何冲突或不一致，以附件内容为准。附件中，

双方约定杨某某的薪资构成为年薪（工资）150000 元，甲方于每月 20 日前支付 8000 元，剩余 54000 元在第十二个月月底前由甲方一次性支付给乙方，且特别约定：第十二个月月底年薪 54000 元作为年终奖发放，提早离职或被解除老合同的则全部不予发放；等等。上述合同签订后，福州 ××× 学校任命杨某某为厦门区域校长，后又任命其为闽南区域总校长。2013 年 3 月 15 日，杨某某提出离职，拟于 2013 年 4 月 15 日正式离职。2013 年 3 月 21 日，福州 ××× 学校向杨某某发出一份《解除劳动关系通知书》，于 2013 年 3 月 22 日解除与杨某某的劳动合同，并要求杨某某在三日内办理离职手续。

法院判决

法院认为，《劳动合同》之附件《合同附件一》第二条约定：经双方协商一致，乙方薪资构成为：年薪。年薪（工资）人民币 150000 元，甲方于每月 20 日前支付 8000 元，剩余 54000 元在第十二个月月底前（以乙方入职时间为起始日）由甲方一次支付给乙方。可见双方约定该 54000 元属工资的组成部分。《薪资考核方案》亦载明：年度薪资结构 = 月度工资 + 年终利润奖金，且特别约定：第十二个月月底年薪 54000 元作为年终奖发放，提早离职或被解除老合同的则全部不予发放。可见该约定亦将 54000 元表述为第十二个月月底年薪。即使如福州 ××× 学校、厦门市 ××× 培训中心所主张，该 54000 元系奖金，根据《劳动部关于贯彻执行〈中华人民共和国劳动法〉若干问题的意见》第五十三条之规定，奖金亦属于工资的组成部分，用人单位亦应予以支付。至于《薪资考核方案》约定如杨某某提前离职或被解除劳动合同，则全部不予发放，因向劳动者支付工资系用人单位的法定责任，而该约定免除用人单位的法定责任、排除劳动者权利，应被认定无效。遂判决：福州 ××× 学校、厦门市 ××× 培训中心应于判决生效之日起十日内，共同向杨某某支付 2012 年 4 月 15 日至 2013 年 3 月 21 日期间的工资差额 63870.69 元……[①]

【法律风险防范】

防范年终奖的法律风险应注意如下几个问题：

① 厦门市中级人民法院（2014）厦民终字第 375 号民事判决。

第一，在劳动合同中约定或在规章制度中规定“年终前离职不予发放年终奖”要特别谨慎，因为此类约定或规定有可能会被仲裁庭及法院认定为无效条款。当然，也有仲裁庭和法院认为此类约定或规定是有效的，年终奖的发放是用人单位经营自主权的范围，应尊重劳动合同的约定或规章制度的规定。不过，为了尽可能地防范法律风险，最好是写明年终奖的性质和发放的条件。

第二，明确年终奖的属性。《关于工资总额组成的规定》第四条规定：“工资总额由下列六个部分组成：（一）计时工资；（二）计件工资；（三）奖金；（四）津贴和补贴；（五）加班加点工资；（六）特殊情况下支付的工资。”用人单位在内部规章制度中应该把年终奖与工资严格区分，不把年终奖列入员工的劳动报酬、工资结构中，而是把年终奖当作一种企业福利，获得该项福利要从多个方面综合考察，综合工作业绩、考勤、违纪情况，以及客户、领导、同事的满意度等方面。这样做的话，如果员工离职要求年终奖，用人单位败诉的法律风险就会降低。

第三，劳动合同对于年终奖的约定应与规章制度的规定一致，以免引发争议。对于年终奖的规定，用人单位在内部规章制度中可以单独设立“年终奖管理制度”，对年终奖的发放标准、员工考核条件作出详细的规定，并且要与劳动合同保持一致。

第四，用人单位若因年终奖而涉诉，在劳动者已经举证证明用人单位存在发放年终奖的事实的情况下，应向仲裁庭或法庭提交年终奖规定，以免被判承担举证不能的法律责任，出现对己方不利的法律后果。

【法条链接】

《劳动合同法》第三十条第一款

用人单位应当按照劳动合同约定和国家规定，向劳动者及时足额支付劳动报酬。

《关于工资总额组成的规定》第三条

工资总额是指各单位在一定时期内直接支付给本单位全部职工的劳动报酬总额。

工资总额的计算应以直接支付给职工的全部劳动报酬为根据。

《关于工资总额组成的规定》第四条

工资总额由下列六个部分组成：

（一）计时工资；

（二）计件工资；

（三）奖金；

（四）津贴和补贴；

（五）加班加点工资；

（六）特殊情况下支付的工资。

《最高人民法院关于审理劳动争议案件适用法律若干问题的解释》第十三条

因用人单位作出的开除、除名、辞退、解除劳动合同、减少劳动报酬、计算劳动者工作年限等决定而发生的劳动争议，用人单位负举证责任。

九、劳动合同和规章制度关于奖金的约定存在冲突的法律风险

劳动合同的订立和变更是双方行为，是劳动者和用人单位经过协商一致确定的。规章制度则是用人单位管理经营自主权的体现，虽然也需要经过民主制定过程，但在较大程度上属于单方行为。若劳动合同和规章制度对某一事情的约定发生冲突的时候，一般来说，双方行为比单方行为具有更高的效力。

2006 年 10 月 1 日起正式实施的《最高人民法院关于审理劳动争议案件适用法律若干问题的解释（二）》明确规定：用人单位制定的内部规章制度与集体合同或者劳动合同约定的内容不一致，劳动者请求优先适用劳动合同约定的，人民法院应予支持。所以从法律上来讲，劳动合同和规章制度出现约定冲突的时候，法律赋予了劳动者优先选择权。

对于用人单位来说，如果寄希望于公司规章制度来规制劳资双方的权利义务关系，当劳动合同有不同的约定之时，规章制度的规定可能会无法适用。

以案说法

32. 规章制度与劳动合同中奖金约定不一致，法院支持劳动者适用劳动合同的主张

基本案情

王某某于 1994 年 3 月 1 日入职敦豪公司担任北方区财务经理。2010 年 10 月 25 日敦豪公司（甲方）与王某某（乙方）签订的《劳动合同》第 4 条“劳

动报酬和社会保险”中的第4.3项约定：“若乙方在当年年底12月31日仍为甲方服务，且通过试用期，甲方在次年2月前发放相当于乙方贰个月工资的年终奖，若乙方在当年的服务期不满一年，将按比例发放。”《员工手册》第6.4条“年终双薪（年终奖）”第6.4.1项规定：“公司每年不迟于二月份，向前一年12月31日仍服务于本公司且通过试用期的正式员工发放相当于第十三个月及第十四个月薪水（参照劳动合同规定的相关条款或相关协议执行）。”第6.4.2项规定：“服务期满一年的：第十三个月及第十四个月薪水各为一个月的基本工资；服务期未满一年的：第十三个月及第十四个月薪水各为基本工资×服务月份/12。说明：本款中基本工资是指该员工在前一年12月31日（含）前最后一次生效的月基本工资。”

王某系盖某某与王某某之女（独生子女），王某某于2013年5月底死亡，王某某父母均先于王某某死亡。

盖某某及王某向北京市朝阳区劳动人事争议仲裁委员会（以下简称朝阳仲裁委）提起仲裁申请，要求敦豪公司支付2013年年终奖。

法院判决

法院认为，首先，敦豪公司（甲方）与王某某（乙方）签订的《劳动合同》第4条“劳动报酬和社会保险”中的第4.3项约定：“若乙方在当年年底12月31日仍为甲方服务，且通过试用期，甲方在次年2月前发放相当月乙方贰个月工资的年终奖，若乙方在当年的服务期不满一年，将按比例发放。”王某和盖某某据此主张敦豪公司应按比例发放王某某2013年的年终奖；敦豪公司却认为“按比例发放”系针对新入职员工，年终双薪的领取条件为前一年12月31日仍服务于公司。因该合同条款属于敦豪公司提供的格式条款，盖某某母女与敦豪公司对其理解发生争议的，应当作出不利于提供格式条款一方的解释。故盖某某以此为据主张王某某2013年的年终奖，于法有据。

其次，**《最高人民法院关于审理劳动争议案件适用法律若干问题的解释（二）》第十六条规定：“用人单位制定的内部规章制度与集体合同或者劳动合同约定的内容不一致，劳动者请求优先适用合同约定的，人民法院应予支持。”**本案中，当《劳动合同》与《员工手册》约定的内容不一致时，盖某某有权请求优先适用合同约定。且《员工手册》第6.4.2项亦规定了服务期不满一年的员工的年终奖的发放办法，故敦豪公司以此为由不予发放王某某 2013 年年终奖，依据不足。

最后，王某某于 1994 年 3 月入职敦豪公司，并于 2010 年与敦豪公司签订了无固定期限劳动合同，其在劳动关系存续期间死亡，并非主动辞职、离职，按王某某 2013 年工作时间发放其年终奖，亦符合公平原则。遂判决：敦豪公司于本判决生效后七日内向盖某某、王某支付王某某 2013 年年终奖 25437.5 元。①

【法律风险防范】

从法理来看，公司规章制度的适用范围是公司和全体劳动者，而《劳动合同》则是用人单位与某一具体劳动者之间的权利义务的约定，其仅在用人单位和某一具体劳动者之间发生效力，故可以将《劳动合同》的约定视为用人单位与劳动者的特别约定。因此，规章制度只是用人单位的一般性规定，当特别约定与一般规定发生冲突时，应当优先适用特别约定。

当然，《最高人民法院关于审理劳动争议案件适用法律若干问题的解释（二）》第十六条对这个问题作出了进一步的规定："用人单位制定的内部规章制度与集体合同或者劳动合同约定的内容不一致，劳动者请求优先适用合同约定的，人民法院应予支持。"上述案例中，二审法院的判案依据就是该条，根据"劳动者选择"这一原则。劳动者选择劳动合同的时候，劳动合同的效力就高于规章制度；选择规章制度的时候，规章制度的效力就高于劳动合同。

那么，用人单位面对这种情况，可以采取一些措施来应对，使自己不至于陷入过于被动的局面。用人单位在与劳动者签订劳动合同的时候，可以在劳动合同中约定，"奖金的发放具体以员工手册为准"。用人单位在修改规章制度的时候应该及时更改劳动合同与规章制度冲突的条款。用人单位可以与劳动者签订劳动合同变更协议书，说明劳动合同内容的具体条款以规章制度的内容为准，并由双方签字确认。

① 北京市第三中级人民法院（2015）三中民终字第 00327 号民事判决。

【法条链接】

《最高人民法院关于审理劳动争议案件适用法律若干问题的解释（二）》第十六条

用人单位制定的内部规章制度与集体合同或者劳动合同约定的内容不一致，劳动者请求优先适用合同约定的，人民法院应予支持。

十、用人单位随意变更业务提成比例的法律风险

依照法律规定，业务提成属于劳动报酬的一部分。劳动报酬是劳动合同的法定必备条款，更改劳动报酬需要用人单位与劳动者协商一致才合法有效。因此，业务提成比例的约定是劳动合同的重要组成部分，其变更应该双方协商一致。一般来说，用人单位提高业务提成比例，劳动者是不会拒绝的。这时候是不需要劳动者明确表示同意的，只要劳动者没有提出异议即有效。但是如果用人单位降低提成比例，则需要与劳动者协商一致。如果用人单位没有征得劳动者的同意就擅自降低提成比例并且依此发放提成工资，劳动者是可以以用人单位未及时足额支付劳动报酬为由解除劳动合同的，并且用人单位需要支付赔偿金并补足提成款。

以案说法

33. 用人单位单方变更劳动报酬，法院判决该变更行为无效

基本案情

曾某于2006年10月8日至上海某玻璃器皿有限公司工作，2006年10月16日，曾某、上海某玻璃器皿有限公司就曾某的劳动报酬经协商达成一致意见，曾某的薪酬为：1. 基本工资2000元/月、岗位奖金1000元/月、交通补贴200元/月、住房补贴800元/月；2. 年终奖金，按照《销售人员薪酬标准》中的方法计算；3. 曾某提交相应材料后享受外来人员综合保险或三金。曾某工作期间，上海某玻璃器皿有限公司于2007年支付曾某销售提成23433.83元，2008年支付曾某销售提成3935.15元。2009年2月3日，曾某与上海某玻璃器皿有限公司解除劳动合同并要求支付业绩提成款差额。

法院判决

法院认为，用人单位与劳动者应当按照劳动合同的约定，全面履行各自的义务；用人单位与劳动者协商一致，可以变更劳动合同约定的内容。原、被告先后签订的两份“聘用合同”均系双方当事人的真实意思表示，合法有效，受法律保护。根据“聘用合同”，原、被告对原告的劳动报酬已经作出明确约定，即被告应当按照“聘用意向书”规定的标准支付原告每月工资，并按照2006年度“销售人员薪酬标准”中的方法计算原告年终奖金，故本院认定原告在职期间每月工资及年终奖金应当按照聘用意向书及2006年度的“销售人员薪酬标准”予以支付。被告辩称，自2007年起，原告的年终奖金即销售提成应当按照被告于2007年制定的“销售人员薪酬标准”支付。**法院认为，尽管被告曾多次以电子邮件方式将2007年“销售人员薪酬标准”发送给原告，但并未得到原告确认，未经原、被告协商一致单方变更劳动报酬支付标准的行为系无效行为，2007年“销售人员薪酬标准”对原告不具有约束力，故被告的辩解本院不予采信。**遂判决：一、被告上海某玻璃器皿有限公司应于本判决生效之日起十日内支付原告曾某2007年2月1日至2008年1月31日的销售提成人民币34338.16元；二、被告上海某玻璃器皿有限公司应于本判决生效之日起十日内支付原告曾某2008年2月1日至2008年12月31日的销售提成人民币27319.43元……[①]

【法律风险防范】

用人单位以业务提成来激励员工，应该制定一套相对成熟的业务提成制度，例如在制度里可以规定阶段考评制。该制度采取底薪加提成的方式，但要综合季度考核指标，也就是说在发放薪水的时候，提成的发放要结合整个月、季度的综合评价来确定最终的提成总数。而每个月的综合评价可以从多个方面来考察，比如业务成绩、考勤情况等。这样做对员工既有激励又有制约，员工表现欠佳则少发提成。当然，用人单位要记得保存员工工作表现不好的证据，以便有纠纷时可以举证。

---

① 上海市金山区人民法院（2009）金民三（民）初字第2689号民事判决。

【法条链接】

《关于工资总额组成的规定》第四条

工资总额由下列六个部分组成：

（一）计时工资；

（二）计件工资；

（三）奖金；

（四）津贴和补贴；

（五）加班加点工资；

（六）特殊情况下支付的工资。

《关于工资总额组成的规定》第六条

计件工资是指对已做工作按计件单价支付的劳动报酬。包括：

（一）实行超额累进计件、直接无限计件、限额计件、超定额计件等工资制，按劳动部门或主管部门批准的定额和计件单价支付给个人的工资；

（二）按工作任务包干方法支付给个人的工资；

（三）按营业额提成或利润提成办法支付给个人的工资。

《劳动合同法》第三十八条

用人单位有下列情形之一的，劳动者可以解除劳动合同：

（一）未按照劳动合同约定提供劳动保护或者劳动条件的；

（二）未及时足额支付劳动报酬的；

（三）未依法为劳动者缴纳社会保险费的；

（四）用人单位的规章制度违反法律、法规的规定，损害劳动者权益的；

（五）因本法第二十六条第一款规定的情形致使劳动合同无效的；

（六）法律、行政法规规定劳动者可以解除劳动合同的其他情形。

用人单位以暴力、威胁或者非法限制人身自由的手段强迫劳动者劳动的，或者用人单位违章指挥、强令冒险作业危及劳动者人身安全的，劳动者可以立即解除劳动合同，不需事先告知用人单位。

十一、法定节假日加班的法律风险

原劳动部《关于贯彻执行〈中华人民共和国劳动法〉若干问题的意见》（劳部发〔1995〕309号）第七十条规定："休息日安排劳动者工作的，应先按同等时间安排其补休，不能安排补休的应按劳动法第四十四条第（二）项的规定支付劳动者延长工作时间的工资报酬。法定节假日（元旦、春节、劳动节、国庆节）安排劳动者工作的，应按劳动法第四十四条第（三）项支付劳动者延长工作时间的工资报酬。”

《劳动法》第四十四条规定，有下列情形之一的，用人单位应当按照标准支付高于劳动者正常工作时间工资的工资报酬：（1）安排劳动者延长工作时间的，支付不低于工资的150%的工资报酬；（2）休息日安排劳动者工作又不能安排补休的，支付不低于工资的200%的工资报酬；（3）法定节假日安排劳动者工作的，支付不低于工资的300%的工资报酬。可见，休息日安排劳动者工作，可以按照同等时间安排补休，但是法定节假日安排劳动者工作，不能安排补休，应支付三倍工资。

用人单位若以事后准备安排劳动者补休为借口拒绝支付法定节假日加班工资是不符合法律规定的。标准工作时间以外延长劳动者工作时间和休息日、法定节假日安排劳动者工作，虽然都是占用了劳动者的休息时间，都应当严格加以限制，但是，三种情形下组织劳动者劳动不是完全一样的，特别是法定节假日对劳动者来说有着比普通休息日更为重要的意义，也影响劳动者的精神文化生活和其他社会活动，这是补休所无法弥补的。因此，用人单位在法定节假日安排劳动者劳动的，应当按照《劳动法》第四十四条的规定给予更高的工资报酬。

以案说法

34. 法定节假日加班未支付加班费，法院判用人单位支付三倍工资

基本案情

陈某某于2010年6月22日入职××公司从事招商工作。最后一期劳动合同期限为2013年6月21日至2016年6月20日。××公司正常上班时间为上午9点半到下午6点，其间有安排午饭、午休时间；××公司按长短周即轮流以一周休一天，下一周休两天的方式工作。2014年6月27日，陈某某收到××公司作出的《解聘通知书》，通知书记载，根据陈某某近三个月的工作绩效和表现，陈某某不适合××公司岗位要求，经××公司研究决定，自

2014年7月28日起，陈某某解除与××公司的劳动关系。陈某某最后工作至2014年7月28日，并于该日自××公司离职，工资亦支付至2014年7月28日，但××公司未支付过加班费。

法院判决

法院认为，陈某某出差前需填写出差申请表并获××公司批准，属于因工出差，出差期间超出正常工作时间的部分应属于加班，××公司应支付加班费。××公司主张出差作为员工福利仅报销出差费用的诉讼意见缺乏合法依据，法院不予采纳。对于陈某某提交的加班明细表显示的加班时间，××公司未提出异议，法院予以采信。**××公司主张已安排陈某某补休，但未提供证据证实××公司发放补休单后，具体安排了陈某某补休而陈某某因其他原因拒绝补休，且除休息日加班可安排补休外，其他加班时间应支付相应的加班费，不应以补休抵偿。**现陈某某主张××公司支付加班费合理合法，法院予以支持。关于陈某某有无加班的事实，根据《最高人民法院关于审理劳动争议案件适用法律若干问题的解释（三）》第九条规定，劳动者主张加班费的，应当就加班事实的存在承担举证责任。本案中，陈某某提供了出差申请表、补休单等，**因此法院认为陈某某已提供证据证实其存在加班事实。关于××公司主张曾多次口头甚至书面督促，主导安排补休，但陈某某一直拒绝按照公司管理制度递交补休单原件，导致无法补休的问题，法院对此认为，在劳动关系中，相比较劳动者而言，用人单位对补休的安排具有主导性，××公司并未提供证据证实陈某某拒绝××公司安排的补休时间，因此，法院认为陈某某本人对未能补休的事实并无过错。**

关于加班费的计算问题，双方在庭审中确认加班费的计算基数为45.98元/小时，因此，在2011年10月24日至2014年3月30日，陈某某可享有的平时加班费4379.6元（45.98元/小时×63.5小时×150%），休息日加班费21840.5元［45.98元/小时×（245.5小时-8小时）×200%］，**法定节假日加班费3586.4元（45.98元/小时×26小时×300%）**。遂判决：于本判决生效之日起三日内，××公司支付陈某某2011年10月24日至2014年3月30日的平时延长工作时间加班费4379.6元、休息日加班费21840.5元、法定节假日加班费 3586.44 元。[①]

【法律风险防范】

用人单位如果需要在法定节假日安排劳动者加班，一定要按照劳动法的规定足额支付加班工资，不能以补休或者调休代替。

【法条链接】

《劳动法》第四十四条

有下列情形之一的，用人单位应当按照下列标准支付高于劳动者正常工作时间工资的工资报酬：

（一）安排劳动者延长工作时间的，支付不低于工资的百分之一百五十的工资报酬；

（二）休息日安排劳动者工作又不能安排补休的，支付不低于工资的百分之二百的工资报酬；

（三）法定节假日安排劳动者工作的，支付不低于工资的百分之三百的工资报酬。

【相关知识】法定节假日发几倍工资

员工在法定节假日不用上班，但是用人单位应支付工资。《劳动法》第五十一条规定："劳动者在法定休假日和婚丧假期间以及依法参加社会活动期间，用人单位应当依法支付工资。"可见，在法定节假日员工享受带薪休假待遇，即使不上班，用人单位也应按其正常上班时的工资标准向其支付工资。

法定节假日如安排劳动者加班，用人单位应另行支付 3 倍工资。《劳动法》第四十四条规定："有下列情形之一的，用人单位应当按照下列标准支付高于劳动者正常工作时间工资的工资报酬：……（三）法定休假日安排劳动者工作的，支付不低于工资的百分之三百的工资报酬。"法定休假日安排劳动者工作，用人单位应支付不低于工资的 300% 的工资报酬，这个没有疑问，有争议的是，这 300% 的工资包不包括本数，是总共支付 300% 的工资，还是在原有的工资之外另行支付 300% 的工资？我们认为，该处的 300% 工资是指另付 300% 的工资：

① 广州市中级人民法院（2015）穗中法民一终字第 4491 号民事判决。

其一，《劳动法》第四十四条规定："有下列情形之一的，用人单位应当按照下列标准支付高于劳动者正常工作时间工资的工资报酬：（一）安排劳动者延长工作时间的，支付不低于工资的百分之一百五十的工资报酬；（二）休息日安排劳动者工作又不能安排补休的，支付不低于工资的百分之二百的工资报酬；（三）法定休假日安排劳动者工作的，支付不低于工资的百分之三百的工资报酬。"该条规定的 150%、200% 工资，指的是延长工作时间及休息日的工资，未包括正常工作时间的工资，因此，在对这部分计薪时也显然不包括本薪，以此类推，法定节假日的 300% 工资也不包括本薪。

其二，《劳动部关于对〈工资支付暂行规定〉有关问题的补充规定》第二条"关于加班加点工资支付问题"中明确规定："《规定》第十三条第（一）、（二）、（三）款规定的在符合法定标准工作时间的制度工时以外延长工作时间及安排休息日和法定休假节日工作应支付的工资，是根据加班加点的多少，以劳动合同确定的正常工作时间工资标准的一定倍数所支付的劳动报酬，即凡是安排劳动者在法定工作日延长工作时间或安排在休息日工作而又不能补休的，均应支付给劳动者不低于劳动合同规定的劳动者本人小时或日工资标准 150%、200% 的工资；安排在法定休假日工作的，应另外支付给劳动者不低于劳动合同规定的劳动者本人小时或日工资标准 300% 的工资。"此处表述的是"另外支付"300% 的工资，也就是说，在本薪之外，还应再支付 300% 的工资。

其三，劳动部在《关于职工工作时间有关问题的复函》第四条中再次重申"法定休假日安排劳动者加班工作的，应另外支付不低于工资的百分之三百的工资报酬"。显然，"另外支付"300% 的工资报酬是法定节假日加班费的支付规则，这个应该是没有疑问的。

综上所述，用人单位在法定节假日安排劳动者工作的，应支付 400% 的工资，而不是通常所理解的 300% 的工资。

十二、加班审批制度的法律风险

在实践中，有不少用人单位为了避免员工由于怠工无法完成工作主动加班并要求支付加班费的情况，会制定加班审批制度。劳动者要加班必须在加班申请表上写明自己加班的内容，得到用人单位批准后才能加班，用人单位据此向劳动者支付加班费。这个制度当然有一些积极意义，比如在一定程度上避免了有些偷懒的员工假借加班名头来要求加班费的现象。有些地方对此制度也持支持态度，比如《江苏省高级人民法院、江苏省劳动争议仲裁委员会关于审理劳动争议案件的指导意见》就明确规定，用人单位有明确的加班审批制度，劳动者仅以电子考勤记录主张存在加班事实的，不予支持。

当然，加班审批制度显然并非用人单位不付加班费的万能良药，运用不当也会带来不少的法律风险。如果用人单位要求劳动者加班，却要求劳动者提交加班申请表，这本身就有些矛盾。此外，劳动者申请加班，但申请表都掌握在用人单位手中，若用人单位在关于加班费的诉讼中刻意隐藏加班申请表，对劳动者而言极不公平。实践中，在存在加班申请制度的用人单位中，若劳动者确有加班，但没有递交加班申请，其要求加班费的诉求也可能会得到法庭的支持。

以案说法

35. 用人单位以劳动者加班未经审批为由拒绝支付加班费未获法院支持

基本案情

宫某某为深圳市 ××× 有限公司的员工，工作期间宫某某经常在周六加班。宫某某离职后要求公司支付加班期间的加班费，公司以存在加班审批制度，没有宫某某的加班审批记录为由拒绝支付宫某某的加班费。

法院判决

法院认为，关于加班事实问题，宫某某已经提供考勤记录为证，深圳市 ××× 有限公司没有提供证据反驳，仅以公司存在加班审批制度，没有宫某某的加班审批记录即可推断没有加班的事实作为理由，此理由于法无据，法院不予采纳。宫某某确实存在加班事实，深圳市 ××× 有限公司应向宫某某支付加班工资，深圳市 ××× 有限公司请求无需支付的主张，法

院不予支持。[①]

【法律风险防范】

上述案例中，公司拒绝支付加班费是以存在加班审批制度，没有员工的加班审批记录为由，这并没有得到法院的支持。由此可见，加班审批制度对于公司来说不是不支付加班费的“万金油”。只要劳动者有证据证明加班的行为是公司安排的，即使没有加班审批表，公司还是应该按照法律规定支付加班费。

公司设立加班审批制度是为了让员工能够更好地完成工作，减少不必要的加班费用的支出。公司尽可能合法合理地利用该制度，在员工正常的加班过程中按照法律规定支付加班费，这不仅能减少矛盾，也能提高员工的工作效率。

【法条链接】

《劳动法》第四十四条

有下列情形之一的，用人单位应当按照下列标准支付高于劳动者正常工作时间工资的工资报酬：

（一）安排劳动者延长工作时间的，支付不低于工资的百分之一百五十的工资报酬；

（二）休息日安排劳动者工作又不能安排补休的，支付不低于工资的百分之二百的工资报酬；

（三）法定休假日安排劳动者工作的，支付不低于工资的百分之三百的工资报酬。

十三、用人单位为员工出具虚假工资证明的法律风险

劳动者的工资标准与其加班工资、经济补偿金、赔偿金或工伤保险待遇等息息相关。在实践中，劳动者会出于各种原因要求公司开虚假的工资证明，比如购买房产和机动车时申请贷款，或者为了获得更高额的交通事故赔偿。公司往往也不会细想其中的法律风险，认为影响不大就开了。但这其中往往蕴含着较大的法律风险，无论是为自己的员工开虚假的工资证明还是出于熟

① 深圳市中级人民法院（2013）深中法劳终字第4937号民事判决。

人面子给原本没有劳动关系的个人开具工资证明，在发生劳动争议的时候，如果没有证据证明该份证明的虚假性，如果为劳动者开具，劳动者可能会主张更高的工资基数，用人单位将面临更高的赔偿法律风险；如果为不存在劳动关系的人开具，则有可能被认定为双方存在劳动关系。

以案说法

36. 公司为他人出具虚假工资条，法院判决双方存在劳动关系

基本案情

2013 年 11 月 26 日 13 时许，付某某驾驶二轮摩托车在滦南县宋道口镇宋道口村北与李某某驾驶的冀 B× 牌号轿车相撞，发生交通事故。在付某某与李某某解决交通事故纠纷的过程中，唐山 ××× 有限公司于 2014 年 1 月 5 日为付某某出具了证明一份，载明“付某某，男，20 岁，系唐山市滦南县人，是我公司在职员工，于 2013 年 11 月 26 日发生交通事故，因无法进行日常工作，所以停发工资”，又出具付某某 8–10 月工资发放表一张，载明了付某某在 2013 年 8 月至 10 月在唐山 ××× 有限公司工作的天数及领取工资的金额。付某某以此证明向滦南县劳动人事争议调解仲裁委员会提出申请，要求确认其与唐山 ××× 有限公司之间存在劳动关系。

法院判决

唐山 ××× 有限公司主张与付某某之间不存在劳动关系，而是承揽关系。唐山 ××× 有限公司为付某某开具工资证明的情况是：“付某某为了从交通事故案中多得误工损失，拿着预先打印好的虚假工资证明和工资表找到我司，我司出于友情才加盖了公章。”

法院认为，当事人对自己提出的诉讼请求所依据的事实有责任提供证据加以证明。本案中，付某某在唐山 ××× 有限公司处工作，有付某某出具的证明为证。唐山 ××× 有限公司系具备用工主体资格的公司，其为付某某出具的证明中已认可付某某系其在职员工，该证明虽系为付某某解决交通事故

纠纷所出具，但唐山 ××× 有限公司未提交相关证据反驳该证明的真实性，本院对此证明予以采信。故应依法确认双方之间存在劳动关系（是否构成工伤待认定）。遂判决：原告付某某与被告唐山 ××× 有限公司存在劳动关系。[①]

【法律风险防范】

用人单位会为劳动者甚至不具有劳动关系的个人开具虚假工资证明，主要原因是内部管理体制和法律风险防范机制不到位，缺乏法律风险意识，用人单位往往要为自己的这种行为买单。

事实上，用人单位出具虚假工资证明是一种违背诚实信用原则的行为。在诉讼过程中，虚假工资证明如果作为证据提交会妨害民事诉讼的进行。

若虚假证明被用作民事诉讼的证据，用人单位的行为更是属于妨害民事诉讼的违法行为，法院可依法对其作出处罚。虚假收入证明不仅扰乱社会和法律秩序，同时也使出具证明的单位自身利益受损。出具一纸收入证明，看似简单，但如果对方缺乏诚信，用人单位最终将“引火上身”，因此，用人单位一定要增强在用工过程中的法律风险意识，防止“好心办坏事”，得不偿失。

【法条链接】

《民事诉讼法》第六十四条

当事人对自己提出的主张，有责任提供证据。

当事人及其诉讼代理人因客观原因不能自行收集的证据，或者人民法院认为审理案件需要的证据，人民法院应当调查收集。

人民法院应当按照法定程序，全面地、客观地审查核实证据。

《民事诉讼法》第一百一十一条

诉讼参与人或者其他人有下列行为之一的，人民法院可以根据情节轻重予以罚款、拘留；构成犯罪的，依法追究刑事责任：

（一）伪造、毁灭重要证据，妨碍人民法院审理案件的；

……

① 唐山市中级人民法院（2015）唐民一终字第 483 号民事判决。

第四节 休假管理法律风险控制

一、未安排年休假的法律风险

带薪年休假一直是用人单位法律风险高发的领域，不少劳动者在解除劳动合同后申请劳动仲裁，要求用人单位支付带薪年休假工资，得到法院支持的比例非常之高。造成这种现象的原因在于用人单位往往忽略为劳动者安排带薪年休假，或者以过年放假代替带薪年休假，这些都是不符合法律规定的。根据劳动法的相关规定，劳动者连续工作一年以上的，即享受带薪年休假。用人单位不为劳动者安排年休假或者安排年休假天数少于应休年休假天数，应当在本年度内对劳动者应休未休年休假天数，按照其日工资收入的三倍支付未休年休假工资报酬。可见，若用人单位不安排劳动者休带薪年休假，或者以放假代替带薪年休假，都将面临法律风险。

以案说法

37. 未安排劳动者年休假，用人单位被判另付 200% 年休假工资

基本案情

康某自 2008 年 2 月起在 ××× 公司从事车间管理工作，××× 公司拖欠康某 2014 年 9 月、10 月工资，未安排年休假，也未支付带薪年休假工资，且 ××× 公司的法定代表人下落不明。为此，康某特申请解除与 ××× 公司之间的劳动关系并于 2014 年 10 月 23 日向铜梁区劳动争议仲裁委员会申请仲裁，要求 ××× 公司给付带薪年休假工资 11310.34 元。

法院判决

法院认为，《劳动法》第四十五条规定，国家实行带薪年休假制度。劳动

者连续工作一年以上的，享受带薪年休假。《职工带薪年休假条例》第二条规定，机关、团体、企业等单位的职工连续工作 1 年以上的，享受带薪年休假。康某于 2008 年 2 月 8 日与 ××× 公司建立劳动关系，且系初次工作，其应从 2009 年 2 月 8 日起享受带薪年休假。该条例第五条第一款规定，单位根据生产、工作的具体情况，并考虑职工本人意愿，统筹安排职工年休假。《企业职工带薪年休假实施办法》第十条第二款规定，用人单位安排职工休年休假，但是职工因本人原因且书面提出不休年休假的，用人单位可以只支付其正常工作期间的工资收入。××× 公司未举证证明安排了康某休年休假，或因康某本人原因书面提出不休年休假的事实，因此，康某请求 ××× 公司支付未休带薪年休假工资，法院予以支持。

《企业职工带薪年休假实施办法》第十条第一款规定，用人单位经职工同意不安排年休假或者安排职工年休假天数少于应休年休假天数，应当在本年度内对职工应休未休年休假天数，按照其日工资收入的 300% 支付未休年休假工资报酬，其中包含用人单位支付职工正常工作期间的工资收入。《重庆市劳动和社会保障局关于贯彻〈企业职工带薪年休假实施办法〉有关问题的通知》第六条规定："《办法》第十条规定，用人单位经职工同意对未休年休假天数'按照其日工资收入的 300% 支付未休年休假工资报酬，其中包含用人单位支付职工正常工作期间的工资收入'，即在支付职工正常工作期间的工资收入基础上，用人单位另外再支付 200% 的未休年休假工资报酬。"因此，××× 公司应支付康某未休带薪年休假工资 10884.72 元（194.37 元 / 天 ×28 天 ×200%）。遂判决：××× 公司于本判决生效之日起十日内支付康某 2014 年 9 月、2014 年 10 月工资 5720.74 元、未休带薪年休假工资 10884.72 元，共计 16605.46 元。[①]

【法律风险防范】

用人单位应当依法为符合休假条件的劳动者安排带薪年休假，如果安排年休假的天数少于劳动者应休年休假的天数，或者经劳动者本人同意不安排

---

① 铜梁县人民法院（2015）铜法民初字第 00410 号民事判决。

年休假，都应该向其支付三倍工资。在用人单位与劳动者解除或者终止劳动合同时，如果未安排劳动者休满应休年休假，也应当折算支付未休年休假部分的工资报酬。此外，特别提醒用人单位注意的是，应保存好劳动者已经享受带薪年休假的证据，比如《带薪年休假审批表》、考勤记录和工资支付证据等，否则，一旦发生争议，如果劳动者否认已休年休假，则应由用人单位举证予以反驳。若用人单位无法提交相应的证据，就面临败诉的风险。

【法条链接】

《劳动法》第四十五条

国家实行带薪年休假制度。

劳动者连续工作一年以上的，享受带薪年休假。具体办法由国务院规定。

《职工带薪年休假条例》第二条

机关、团体、企业、事业单位、民办非企业单位、有雇工的个体工商户等单位的职工连续工作1年以上的，享受带薪年休假（以下简称年休假）。单位应当保证职工享受年休假。职工在年休假期间享受与正常工作期间相同的工资收入。

《企业职工带薪年休假实施办法》第十条第一款

用人单位经职工同意不安排年休假或者安排职工年休假天数少于应休年休假天数，应当在本年度内对职工应休未休年休假天数，按照其日工资收入的300%支付未休年休假工资报酬，其中包含用人单位支付职工正常工作期间的工资收入。

【相关文书】

带薪年休假审批表

<table>
<tr><td>姓　名</td><td colspan="2"></td><td colspan="2">所在单位（科室）</td><td colspan="3"></td></tr>
<tr><td>参加工作时间</td><td></td><td>工作年限</td><td></td><td>应休年休假天数</td><td></td><td>已休假天数</td><td></td></tr>
<tr><td rowspan="2">申请休假时间</td><td colspan="5">年　月　日至　年　月　日</td><td>休假天数</td><td></td></tr>
<tr><td colspan="7">申请人签名：　　　　年　月　日</td></tr>
</table>

续表

所在部门意见	负责人签名：　　　年　月　日
单位人事部门意见	负责人签名：　　　年　月　日
局领导批准意见	领导签名：　　　年　月　日

【相关知识】带薪年休假相关知识

一、享受年休假的主体

依据《职工带薪年休假条例》第二条的规定，员工只要符合连续工作1年以上的条件，就可享受带薪年休假。因此，原则上，机关、团体、企业、事业单位、民办非企业单位、有雇工的个体工商户等单位的职工连续工作1年以上的，享受带薪年休假。然而，是不是只要与用人单位建立劳动关系的职工，连续工作1年以上，就享有带薪年休假呢？就这一问题，应当明确两点：对于劳务派遣职工，劳务派遣单位、用工单位应当协商安排被派遣职工年休假，而被派遣职工无工作期间可充抵年休假；对于非全日制职工，并不享受带薪年休假待遇。

按照人力资源和社会保障部的复函，“职工连续工作1年以上”，既包括在同一用人单位连续工作满1年以上的情形，也包括在不同用人单位连续工作1年以上的情形。有些员工入职当年度虽不足一年，但可折算享受当年度年休假。

二、工龄的计算

由于享受带薪年休假的资格和相应待遇标准都与职工的工龄挂钩，所以，明确工龄的计算方法也就显得十分重要。

1. 享受带薪年休假的资格：连续工作1年以上的

依据《职工带薪年休假条例》第二条的规定，职工连续工作1年以上即有资格享受带薪年休假。

2. 带薪年休假待遇标准：按累计工作时间计算

带薪年休假的待遇标准按照员工的累积工作时间进行划分。职工累计工作已满 1 年不满 10 年的，年休假 5 天；已满 10 年不满 20 年的，年休假 10 天；已满 20 年的，年休假 15 天。此外，如果劳动合同、集体合同约定的或者用人单位规章制度规定的年休假天数、未休年休假工资报酬高于法定标准的，用人单位应当按照有关约定或者规定执行。

法律作出的只是底线性规定，并不排除当事人双方高于该标准的意思自治。

三、具体带薪年休假待遇的计算

1. 带薪年休假天数的计算

对于带薪年休假的天数，一般情况按照累计工龄即可推知，但由于年休假按公历年度计算，因而在入职和离职这两种特殊情况下其计算往往比较复杂。

依据《企业职工带薪年休假实施办法》第五条规定，职工新进用人单位且符合已连续工作满 12 个月以上的，当年度年休假天数，按照在本单位剩余日历天数折算确定，折算后不足 1 整天的部分不享受年休假。因此，对于新入职的职工，连续工作满 1 年后，往往跨越年度，在计算其首次应享受带薪年休假时应当进行折算，即（当年度在本单位剩余日历天数 ÷365 天）× 职工本人全年应当享受的年休假天数。

依据《企业职工带薪年休假实施办法》第十二条规定，用人单位与职工解除或者终止劳动合同时，当年度未安排职工休满应休年休假的，应当按照职工当年已工作时间折算应休未休年休假天数并支付未休年休假工资报酬，但折算后不足1整天的部分不支付未休年休假工资报酬。因此，对于离职员工，其离职年度的年休假天数也应进行折算，即（当年度在本单位已过日历天数 ÷365 天）× 职工本人全年应当享受的年休假天数，并且该职工在离职前多休年休假的天数不再扣回。

无论是入职还是离职的员工，带薪年休假折算后如果不足一天的不计入。应当注意，这里并不是四舍五入，而是只要不足一天即舍去。

2. 带薪年休假工资待遇的计算

（1）带薪休假工资

带薪年休假，顾名思义，在带薪年休假期间，职工享受与正常工作期间相同的工资收入。这里比较特殊的是如何理解实行计件工资、提成工资或者其他实行绩效工资制职工的正常工资。对于这些员工应当先计算其前 12 个月的月平均工资，其中不包含加班工资，再除以计薪日天数即 21.75 天，才得出正常的日工资。

（2）应休未休的处理

只有在用人单位安排职工休年休假，但是职工因本人原因且书面提出不休年休假的情况下，用人单位才可以只向职工支付正常工作期间的工资收入；其他情况下对职工应休未休的年休假天数，单位应当按照该职工日工资收入的 300% 支付年休假工资报酬。这就意味着即便用人单位经职工同意不安排年休假以及对于职工离职未休年休假的，用人单位都应按照该职工日工资收入的 300% 支付年休假工资报酬。

同时，如果用人单位不安排职工休年休假又不依法支付未休年休假工资报酬，劳动行政部门可依职权责令限期改正；对逾期不改正的，用人单位除应支付未休年休假工资报酬外，还应当按照未休年休假工资报酬的数额向职工加付赔偿金。

四、带薪年休假如何安排？

法律赋予了用人单位统筹安排年休假的权利，用人单位应当合理利用这一权利，实现员工利益和自身利益的统筹兼顾。对于员工的带薪年休假，单位可以在征得职工同意的前提下，跨一个年度安排，同时也可以选择在业务淡季、法定节假日前后统一安排员工休假，以便与自身的生产管理相统一；用人单位应当对年休假、病假等各种休假进行分类管理。如果用人单位给与员工的年休假天数高于法定标准的，应当区分为国家法定休假和公司福利休假，明确休假顺序为法定在先、福利在后；对于员工的工龄可以实行自行申报制，但申报工龄的同时，应当要求员工提供相应的凭据认定员工累计工龄，累计工龄的证明最好由政府机构出具。用人单位定期对年休假进行清理检查，及时补足未休年休假及其工资待遇，避免发生相应的法律风险。

五、年休假中的周六日要扣除吗？

依据《职工带薪年休假条例》及其实施办法的规定，国家法定休假日、休息日不计入年休假的假期。职工依法享受的探亲假、婚丧假、产假等国家规定的假期以及因工伤停工留薪期间不计入年休假假期。

六、请病假时间较长，会抵销年休假吗？

病假时间达一定期限会抵销年休假，累计工作满1年不满10年的职工，请病假累计2个月以上的，累计工作满10年不满20年的职工，请病假累计3个月以上的，累计工作满20年以上的职工，请病假累计4个月以上的，不享受当年的年休假。

七、公司制度规定员工逾期不申请年休假过期作废，这样的规定有效吗？

年休假时间由公司根据生产、工作的具体情况，并考虑员工本人意愿，统筹安排。用人单位有安排义务，员工无申请义务。就算单位规定过期作废，员工仍可主张时效内的年休假工资（时效起算点各地做法不同）。单位应按员工日工资收入的300%支付未休年休假工资报酬，其中包含已支付员工正常工作期间的工资收入。

八、公司提前安排员工休完当年度年休假后，员工在年度届满前离职，公司能否将员工多休的天数折算工资扣回？

不能。用人单位当年已安排职工年休假的，多于折算应休年休假的天数不再扣回。

九、外国人在华就业期间是否享受带薪年休假？

《外国人在中国就业管理规定》第二十二条规定："在中国就业的外国人的工作时间、休息休假、劳动安全卫生以及社会保险按国家有关规定执行。"按照法律规定办理就业许可手续的外国人与聘用其工作的用人单位之间属劳动关系，其劳动权益受我国相关劳动法律法规的保护。法定带薪年休假作为法定休假的重要组成部门，同样适用于与用人单位建立劳动关系的外国人。

十、用人单位能否与外籍员工就带薪年休假相关事宜进行约定？

法定带薪年休假属于法定假期，其享受条件、休假时间、未休补偿等均需遵守法律相关规定。用人单位不能与劳动者按照低于法律规定标准或者不利于劳动者的条件就法定带薪年休假相关事宜进行约定。在依法保障劳动者享有法定带薪年休假的前提下，用人单位可以通过规章制度或者劳动合同确定法定带薪年休假以外的企业带薪休假。此种带有奖励、福利性质的企业带薪休假不受法律关于法定带薪年休假规定的调整。

二、外籍员工带薪年休假的法律风险

外国人在华就业已经屡见不鲜，由于国籍的不同在就业中也会产生一些问题。《外国人在中国就业管理规定》第二十二条规定："在中国就业的外国人的工作时间、休息休假、劳动安全卫生以及社会保险按国家有关规定执行。"用人单位在管理外籍员工时应该遵循我国的相关劳动法律法规。法定带薪年休假同样适用于按照法律规定办理就业手续的外国人。

用人单位如果因工作需要没有给外籍员工安排带薪年休假，并且经过了外籍员工的同意，就应该按法律规定在本年度内对职工应休未休年休假天数，按照其日工资收入的300%支付未休年休假工资报酬。

以案说法

38. 外籍员工未休年休假，法院判决用人单位按日工资三倍的标准支付劳动报酬

基本案情

丹·汉森于2013年4月1日至2016年3月31日在北京××进出口有限责任公司工作，担任北京××进出口有限责任公司上海分公司总经理，工作期间办理了《外国人就业证》。北京××进出口有限责任公司于2016年3月1日向丹·汉森发送《劳动合同期满不续签通知书》，该通知书于2016年3月9日送达。丹·汉森称其未休年休假，要求北京××进出口有限责任公司按照每年五天的标准支付两年未休年休假工资。北京××进出口有限责任公司认可丹·汉森每年有五天年假，但称丹·汉森系上海分公司总经理，平时不坐班，年休假自行控制，已经休过年休假，并提交了2015年5月考勤表证明丹·汉森的休假情况。丹·汉森对考勤表不予认可。丹·汉森于2016年7月25日向北京市昌平区劳动人事争议仲裁委员会提起劳动仲裁申请，请求裁决北京××进出口有限责任公司支付2013年4月1日至2016年7月31日10

天未休带薪年休假工资 18390.8 元。

法院判决

法院认为，关于未休年休假工资问题，丹・汉森于 2013 年 9 月 30 日之后与北京 ×× 进出口有限责任公司建立劳动关系，依照《职工带薪年休假条例》的规定，职工连续工作一年以上的，享受带薪年休假。故丹・汉森应自 2014 年 9 月 30 日起享受带薪年休假。北京 ×× 进出口有限责任公司未安排丹・汉森休年休假，亦未支付未休年休假工资，故其应支付丹・汉森未休年休假工资。经核算，北京 ×× 进出口有限责任公司应支付丹・汉森未休年休假工资 12873.56 元。遂判决：北京 ×× 进出口有限责任公司于本判决生效后十日内支付 DANHANSEN（中译名丹・汉森）未休年休假工资 12873.56 元……[1]

【法律风险防范】

依照《职工带薪年休假条例》的规定，职工连续工作一年以上的，享受带薪年休假，外籍员工也应享受同等待遇。至于如何计算外籍员工的累计工作时间，一般来说，职工的累计工作时间可以根据档案记载、单位缴纳社保费记录、劳动合同或者其他具有法律效力的证明材料确定。外籍员工也同样适用，我们可以根据劳动合同或者其他能够证明用工关系的材料来计算其累计工作时间。

【法条链接】

《外国人在中国就业管理规定》第二十二条

在中国就业的外国人的工作时间、休息休假、劳动安全卫生以及社会保险按国家有关规定执行。

《职工带薪年休假条例》第五条

单位根据生产、工作的具体情况，并考虑职工本人意愿，统筹安排职工年休假。

年休假在 1 个年度内可以集中安排，也可以分段安排，一般不跨年度安排。单位因生产、工作特点确有必要跨年度安排职工年休假的，可以跨 1 个年度安排。

---

① 北京市第一中级人民法院（2017）京 01 民终 5314 号民事判决。

单位确因工作需要不能安排职工休年休假的，经职工本人同意，可以不安排职工休年假。对职工应休未休的年休假天数，单位应当按照该职工日工资收入的300%支付年休假工资报酬。

《企业职工带薪年休假实施办法》第十条第一款

用人单位经职工同意不安排年休假或者安排职工年休假天数少于应休年休假天数，应当在本年度内对职工应休未休年休假天数，按照其日工资收入的300%支付未休年休假工资报酬，其中包含用人单位支付职工正常工作期间的工资收入。

三、以未履行病假手续为由开除员工的法律风险

有些用人单位会在劳动者未履行请假手续的情形下，认为劳动者不上班的行为属于旷工，并依照法律或者公司规章制度单方解除与劳动者的劳动合同。通常情况下，这种做法是有一定的法律风险的，要是用人单位未提供足够的证据证明解雇的合法性和合理性，往往会被认为属于违法解除劳动合同，须向劳动者支付违法解除劳动合同的赔偿金。如果劳动者处于生病期间，这种做法的法律风险将会更大。

以案说法

39. 用人单位以未请病假为由开除员工，法院判决继续履行合同

基本案情

2013年1月1日，××保安公司与唐某某签订全日制劳动合同，约定：双方自2013年1月1日起订立无固定期限劳动合同，唐某某从事押运工作。2013年6月1日，唐某某在下班途中受到非本人主要责任的交通事故伤害。2014年2月24日，苏州市人力资源和社会保障局认定唐某某受到的上述伤害为工伤。唐某某在受伤后即休病假，××保安公司认为自2013年10月19日起，唐某某一直未提交病假证明，没有履行任何请假手续，违反《苏州市特种押运中心考核办法》的规定，故于2013年12月18日作出公特运退（2013）11号《关于对唐某某作辞退处理的决定》，载明：“唐某某于2013年10月19

日起至今没有任何请假手续，经调查属实，公司按规定作辞退处理。”在该决定作出前，××保安公司就解除事宜征得了苏州市特种押运中心工会委员会的同意。2013年12月19日，××保安公司当面向唐某某送达该辞退决定。唐某某因不认可该决定的内容，未予签收。2013年12月24日，唐某某收到由××保安公司邮寄送达的辞退决定。

唐某某因不服××保安公司的辞退决定向苏州市劳动人事争议仲裁委员会申请仲裁，要求撤销××保安公司辞退处理决定，恢复劳动关系。

法院判决

法院认为，**××保安公司以唐某某于2013年10月19日至12月18日没有履行任何请假手续而未上班，按照公司规定予以辞退，并向唐某某邮寄送达辞退决定。本案争议焦点是××保安公司单方作出的解除劳动合同决定是否符合法律规定。唐某某在受伤后即休病假，根据唐某某提供的门诊病历、挂号收据及病假证明，可以证明唐某某在2013年10月19日至12月18日期间仍遵医嘱休养，唐某某生病的事实客观存在。××保安公司明知唐某某受伤休养在家，在唐某某请假到期前，作为用人单位，××保安公司应履行合理催告义务，××保安公司在未履行合理催告义务的情况下直接解除双方的劳动关系在程序上过于草率。而且，根据《苏州市特种押运中心考核办法》的规定，职工病假原则上事先办理，如因身体原因无法送到则由督察上门收取。××保安公司并未按照公司规定全面履行自己作为用人单位的义务，同时，××保安公司亦未提供证据证明唐某某存在捏造事实、谎骗病假的行为。**遂判决：一、驳回××保安公司的诉讼请求。二、撤销××保安公司《关于对唐某某作辞退处理的决定》，××保安公司与唐某某继续履行劳动合同。[①]

【法律风险防范】

上述案例中，法院认为用人单位没有尽到合理催告义务，并且没有证据证明劳动者存在捏造事实、谎骗病假的行为，所以判决用人单位继续履行劳动合同。从用人单位的角度来看，在遇到患病请病假的劳动者时，用人单位

---

① 苏州市中级人民法院（2014）苏中民终字第04052号民事判决。

应该首先了解劳动者的实际情况，在确认劳动者没有上班的情况下，可以向劳动者发出要求其返岗上班的通知，并要求劳动者提交相应的证明材料。这时用人单位一定要保留催告的相应证据，证明已经尽了催告义务。确系劳动者无正当理由而旷工较长时间的，方可依法或依规章制度与劳动者解除劳动合同。如果准备对劳动者采取其他措施，也应注意程序的合法性、合理性和完整性，这样才能确保用人单位的处理措施得到法律的支持。

【法条链接】

《企业职工患病或非因工负伤医疗期规定》第三条

企业职工因患病或非因工负伤，需要停止工作医疗时，根据本人实际参加工作年限和在本单位工作年限，给予三个月到二十四个月的医疗期：

（一）实际工作年限十年以下的，在本单位工作年限五年以下的为三个月；五年以上的为六个月。

（二）实际工作年限十年以上的，在本单位工作年限五年以下的为六个月；五年以上十年以下的为九个月；十年以上十五年以下的为十二个月；十五年以上二十年以下的为十八个月；二十年以上的为二十四个月。

《企业职工患病或非因工负伤医疗期规定》第四条

医疗期三个月的按六个月内累计病休时间计算；六个月的按十二个月内累计病休时间计算；九个月的按十五个月内累计病休时间计算；十二个月的按十八个月内累计病休时间计算；十八个月的按二十四个月内累计病休时间计算；二十四个月的按三十个月内累计病休时间计算。

四、医疗期内解雇员工的法律风险

医疗期是劳动者因患病或非因工负伤停止工作治病休息的期间。医疗期的作用有两个方面：一是为劳动者提供治病和康复的期间，虽然劳动者并非因为工作原因患病或负伤，但一段时间的治疗和康复是必要的。二是为劳动者提供一个免于被解除或终止劳动合同的期间，否则，劳动者在患病或负伤的同时，又遭受失业的痛苦，将给其生活带来重大困难。因此，为了体现对劳动者的保护，劳动法规定，在劳动者的医疗期内，用人单位不得解除或终止劳动合同。如果用人单位在劳动者医疗期内单方解除劳动合同，将被认定为违法解除劳动合同，须向劳动者支付赔偿金。

以案说法

40. 医疗期内解雇员工，法院判决用人单位支付违法解除劳动合同赔偿金

基本案情

2015 年 3 月 16 日，赵某某到新疆 ×× 技术有限公司从事预算员工作，双方签订了期限至 2016 年 3 月 15 日的劳动合同。2016 年 5 月 2 日，赵某某因病住院，次日即 5 月 3 日，赵某某到新疆 ×× 技术有限公司上了半天班后，继续回医院住院，5 月 5 日至 6 日，新疆 ×× 技术有限公司考勤表显示赵某某出勤。2016 年 5 月 6 日，新疆 ×× 技术有限公司以赵某某在“留单位查看”期间，“无故旷工一天”为由，作出开除赵某某的《处罚通知书》，但未向赵某某送达《处罚通知书》。2016 年 5 月 11 日，赵某某出院，医嘱建议出院后全休一个月。2016 年 5 月 16 日，赵某某到新疆 ×× 技术有限公司补办请假手续无果，新疆 ×× 技术有限公司也不再给赵某某安排工作岗位，未给赵某某发放 2016 年 4 月以后的工资。

法院判决

法院认为，《劳动合同法》第四十二条规定：“劳动者有下列情形之一的，用人单位不得依照本法第四十条、第四十一条的规定解除劳动合同：（一）从事接触职业病危害作业的劳动者未进行离岗前职业健康检查，或者疑似职业病病人在诊断或者医学观察期间的；（二）在本单位患职业病或者因工负伤并被确认丧失或者部分丧失劳动能力的；（三）患病或者非因工负伤，在规定的医疗期内的……”本案中，赵某某患病住院、医嘱建议出院后全休一个月的事实，有住院病历及出院证予以证实，应予以确认。新疆 ×× 技术有限公司负有举证责任，证明其作出的解除劳动合同通知合法，该单位形成于 2016 年 5 月的《员工手册》中对旷工的处理规定是“连续旷工三天或三个月内非连续旷工四天以自动离职论处”，依据此规定，结合新疆 ×× 技术有限公司提交的考勤表，赵某某仅“旷工”一天半就被作出开除处理，新疆 ×× 技术有限公司提交的证据不能证明其对赵某某作出的解除劳动合同的通知合法，应承

担举证不能的法律后果，且赵某某尚在患病医疗期内，新疆 ×× 技术有限公司自 2016 年 5 月 6 日开始即未对赵某某履行用人单位的法定义务，应认定其行为构成违法解除劳动合同。遂判决：新疆 ×× 技术有限公司向赵某某支付解除劳动合同赔偿金 16500 元（5500 元 / 月 ×1.5 个月 ×2 倍）……[①]

【法律风险防范】

对于处于医疗期的员工，用人单位也并不是绝对不可以与其解除劳动合同。根据《劳动合同法》第三十六条的规定，用人单位与劳动者协商一致，可以解除劳动合同。

根据《劳动合同法》第三十九条的规定，处于医疗期的员工如果符合某些条件，用人单位也是可以与其解除劳动合同的。比如，劳动者严重违反用人单位的规章制度；劳动者严重失职或营私舞弊给用人单位造成重大损害；劳动者同时与其他用人单位建立劳动关系并对完成本单位的工作任务造成严重影响，或者经用人单位提出，拒不改正；劳动者被依法追究刑事责任；等等。如果医疗期内的劳动者符合这些条件，用人单位也要保留好相关证据，方可单方解除与劳动者的劳动合同。

【法条链接】

《劳动合同法》第四十二条

劳动者有下列情形之一的，用人单位不得依照本法第四十条、第四十一条的规定解除劳动合同：

（一）从事接触职业病危害作业的劳动者未进行离岗前职业健康检查，或者疑似职业病病人在诊断或者医学观察期间的；

（二）在本单位患职业病或者因工负伤并被确认丧失或者部分丧失劳动能力的；

（三）患病或者非因工负伤，在规定的医疗期内的；

（四）女职工在孕期、产期、哺乳期的；

（五）在本单位连续工作满十五年，且距法定退休年龄不足五年的；

（六）法律、行政法规规定的其他情形。

---

① 新疆乌鲁木齐市中级人民法院（2016）新 01 民终 89 号民事判决。

【相关知识】

一、医疗期不是劳动者需要治疗的期限，而是解雇保护期

劳动法中的医疗期并非指劳动者需治疗的期限，而是一段解雇保护期。《企业职工患病或非因工负伤医疗期规定》第二条规定，医疗期是指企业职工因患病或非因工负伤停止工作治病休息不得解除劳动合同的时限。当然，前已述及，这里只是指正常情况下不得解除，如果劳动者存在《劳动合同法》第三十九条的情形，用人单位一样可以将其解雇。

二、不是治疗时间越长医疗期越长

医疗期的长短取决于劳动者累计工作年限和在本单位连续工作年限。《企业职工患病或非因工负伤医疗期规定》第三条规定："企业职工因患病或非因工负伤，需要停止工作医疗时，根据本人实际参加工作年限和在本单位工作年限，给予三个月到二十四个月的医疗期……"因此，不是劳动者治疗的时间越长医疗期便越长。

三、合同期限内员工可以享受多个医疗期

前面说到，医疗期不是劳动者可以用于治疗的期限，而是用人单位不得解除合同的一段周期。如果劳动者在规定的累计周期内实际停工治疗时间累计达不到规定的医疗期限，则用人单位解除合同程序在该累计周期不得启动，以后员工伤病需停工治疗时应在另一个周期内重新累计医疗期。按照《企业职工患病或非因工负伤医疗期规定》的规定，医疗期三个月的按六个月内累计病休时间计算；六个月的按十二个月内累计病休时间计算；九个月的按十五个月内累计病休时间计算；十二个月的按十八个月内累计病休时间计算；十八个月的按二十四个月内累计病休时间计算；二十四个月的按三十个月内累计病休时间计算。

四、医疗期内若合同到期一般不得终止合同

依据《劳动合同法》第四十五条的规定，劳动合同期满，有本法第四十二条规定情形之一的，劳动合同应当续延至相应的情形消失时终止。也就是说，如果合同期满时劳动者处于医疗期，则劳动合同应当续延至相应的情形消失时终止。什么是"相应的情形消失时"？一般情况下是指医疗期满，但并不完全如此：如果在医疗期内医疗终结的，医疗终结之日即可终止劳动合同，无需等到法定医疗期满。虽患病但不需停工休息治疗者，只要合同期满，

也可终止劳动合同。

第五节　社保及工伤法律风险控制

一、不缴纳社会保险费的法律风险

社会保险制度是国家建立的一项使劳动者在年老、患病、工伤、失业、生育等情况下获得帮助和补偿的强制性制度。《劳动法》及相关法律规定，用人单位和劳动者必须依法参加社会保险，缴纳社会保险费。用人单位未依法为劳动者缴纳社会保险费将带来一系列的法律风险。

第一，招致行政处罚。若用人单位未按时足额为劳动者缴纳社会保险费，社会保险费征收机构可以责令用人单位限期缴纳或者补足，若用人单位逾期仍未缴纳或补足社会保险费的，征收机构可以向银行和其他金融机构查询其存款账户，并可以申请县级以上有关行政部门作出划拨社会保险费的决定，书面通知其开户银行或其他金融机构划拨社会保险费。除此之外，还可以自欠缴之日起，按日加收万分之五的滞纳金；逾期仍不缴纳的，由有关行政部门处欠缴数额一倍以上三倍以下的罚款。

第二，劳动者单方解除劳动合同并要求支付经济补偿金的法律风险。《劳动合同法》第三十八条规定，用人单位未依法为劳动者缴纳社会保险费的，劳动者可以解除劳动合同，同时，劳动者可以主张用人单位按照《劳动合同法》第四十七条支付经济补偿。因此，若用人单位未依法为劳动者缴纳社会保险费，劳动者以此为由单方解除劳动合同的，不需要提前 30 日通知用人单位，并且还可以向用人单位主张经济补偿金，用人单位必须支付该笔费用。

第三，向劳动者赔偿相应费用的法律风险。用人单位没有依法为劳动者缴纳社会保险费的，在劳动者出现工伤、失业、生病等情况时，一些本该由社保基金管理中心支付的费用，应由用人单位负责支付。以劳动者工亡为例，若用人单位未为劳动者缴纳社会保险费，则本该由社保基金管理中心支付的工亡待遇将全部由用人单位承担。以目前的标准，一次性工亡补助金赔偿标准已经在80万元以上，再加上丧葬费和供养亲属抚恤金等，用人单位因为劳动者工亡支付的费用动辄100万元以上，赔偿数额可谓相当巨大。

以案说法

41. 用人单位未为劳动者购买社保，劳动者单方解除劳动合同并获赔经济补偿金

基本案情

林某某于2010年12月1日入职×××医院，工作岗位为网络咨询。2010年12月起，林某某基本工资2000元每月，2011年5月基本工资调整为2300元每月加饭补300元，之后未再调整工资。×××医院未为林某某缴纳社会保险。之后，林某某以×××医院未为其购买社会保险为由单方解除劳动合同，并申请劳动仲裁，要求支付经济补偿金等。

法院判决

用人单位未依法为劳动者缴纳社会保险费的，劳动者可以解除劳动合同，用人单位应当向劳动者支付经济补偿金。因×××医院未向法院提供证据证明已经为林某某缴纳了社会保险，林某某以×××医院未缴纳社会保险为由解除劳动合同，故×××医院应当支付解除劳动关系的经济补偿金，具体数额以离职前林某某12个月月平均工资计算，经计算为5200元。遂判决：自判决生效后七日内，北京×××医院支付林某某解除劳动合同的经济补偿金5200元……[①]

【法律风险防范】

用人单位不给员工缴纳社会保险的法律风险还是比较大的。因此，建议用人单位按照《社会保险法》等相关法律规定缴纳社会保险费，降低企业经

① 北京市第二中级人民法院（2014）二中民终字第04494号民事判决；北京市西城区人民法院（2013）西民初字第4653号民事判决。

营法律风险。一些地方政府为了降低企业的用工成本，允许用人单位不按劳动者实际工资缴纳社会保险费，用人单位按最低工资标准或者稍高于最低工资标准为劳动者缴纳社会保险费，这也是可行的。

【法条链接】

《社会保险法》第六十三条

用人单位未按时足额缴纳社会保险费的，由社会保险费征收机构责令其限期缴纳或者补足。

用人单位逾期仍未缴纳或者补足社会保险费的，社会保险费征收机构可以向银行和其他金融机构查询其存款账户；并可以申请县级以上有关行政部门作出划拨社会保险费的决定，书面通知其开户银行或者其他金融机构划拨社会保险费……

《社会保险法》第八十六条

用人单位未按时足额缴纳社会保险费的，由社会保险费征收机构责令限期缴纳或者补足，并自欠缴之日起，按日加收万分之五的滞纳金；逾期仍不缴纳的，由有关行政部门处欠缴数额一倍以上三倍以下的罚款。

《社会保险费征缴暂行条例》第十三条

缴费单位未按规定缴纳和代扣代缴社会保险费的，由劳动保障行政部门或者税务机关责令限期缴纳；逾期仍不缴纳的，除补缴欠缴数额外，从欠缴之日起，按日加收千分之二的滞纳金。滞纳金并入社会保险基金。

《社会保险费申报缴纳管理规定》第十一条第二款

用人单位未按时足额代缴的，社会保险经办机构应当责令其限期缴纳，并自欠缴之日起按日加收0.5‰的滞纳金。用人单位不得要求职工承担滞纳金。

《社会保险费申报缴纳管理规定》第三十条第二款

用人单位未按时足额缴纳社会保险费的，由社会保险经办机构按照社会保险法第八十六条的规定，责令其限期缴纳或者补足，并自欠缴之日起按日加收0.5‰的滞纳金；逾期仍不缴纳的，由社会保险行政部门处欠缴数额1倍以上3倍以下的罚款。

《劳动合同法》第三十八条

用人单位有下列情形之一的，劳动者可以解除劳动合同：

（一）未按照劳动合同约定提供劳动保护或者劳动条件的；

（二）未及时足额支付劳动报酬的；

（三）未依法为劳动者缴纳社会保险费的；

（四）用人单位的规章制度违反法律、法规的规定，损害劳动者权益的；

（五）因本法第二十六条第一款规定的情形致使劳动合同无效的；

（六）法律、行政法规规定劳动者可以解除劳动合同的其他情形。

用人单位以暴力、威胁或者非法限制人身自由的手段强迫劳动者劳动的，或者用人单位违章指挥、强令冒险作业危及劳动者人身安全的，劳动者可以立即解除劳动合同，不需事先告知用人单位。

《劳动合同法》第四十六条

有下列情形之一的，用人单位应当向劳动者支付经济补偿：

（一）劳动者依照本法第三十八条规定解除劳动合同的；

（二）用人单位依照本法第三十六条规定向劳动者提出解除劳动合同并与劳动者协商一致解除劳动合同的；

（三）用人单位依照本法第四十条规定解除劳动合同的；

（四）用人单位依照本法第四十一条第一款规定解除劳动合同的；

（五）除用人单位维持或者提高劳动合同约定条件续订劳动合同，劳动者不同意续订的情形外，依照本法第四十四条第一项规定终止固定期限劳动合同的；

（六）依照本法第四十四条第四项、第五项规定终止劳动合同的；

（七）法律、行政法规规定的其他情形。

二、商业人身保险代替工伤保险的法律风险

有些用人单位在劳动者入职的时候为了节省用工成本，会把应该为劳动者购买的工伤保险以商业人身保险代替；有些用人单位除了给劳动者购买工伤保险之外，还会为员工购买商业保险，一般是团体意外险性质的保险，希望用商业保险的赔偿来弥补工伤保险的缺口。第一种做法的法律风险与未为劳动者缴纳社会保险费一样；第二种做法当然是有意义的，特别是在与劳动者协商解决工伤待遇支付的情况下更是如此。有些用人单位没有按劳动者实际工资为其购买社保，导致工伤待遇与劳动者实际应该享受的标准存在差额，这个时候，如果用人单位为员工购买了商业保险，用商业保险理赔来补足这个差额，要是劳动者愿意接受这个条件，一般是能够解决问题的。不过，要是劳动者在获得商业保险理赔的情形下，还坚持要求用人单位支付全部的工伤待遇，他的要求也是可以获得法律的支持的。法院认为，商业保险相当于用人单位给予劳动者的福利，并不能以此来减轻或者免除用人单位的工伤赔偿义务。劳动者在获得商业保险理赔的情形下，仍然可以获得用人单位支付的工伤待遇。

以案说法

42. 商业险视为员工福利，不能因此免除用人单位工伤赔偿责任

基本案情

姚某某于2013年2月进入××公司担任架子工，双方未签订劳动合同，××公司未为姚某某缴纳工伤保险，但为姚某某投保了团体人身意外伤害保险，工资为200元每天，做一天算一天。2013年10月30日，姚某某在下班途中发生非本人主要责任的交通事故，于11月22日被送往常州市武警中医医院治疗，后于2014年11月28日经常州市人力资源和社会保障局认定为工伤，并于2014年12月20日经常州市劳动能力鉴定委员会鉴定为八级伤残。姚某某于2015年3月14日至7月12日回到××公司工作，后主动提出离职。工伤发生后××公司未向姚某某支付工伤待遇费用，劳动能力鉴定费400元也由姚某某支付。

法院判决

关于××公司提出的其为姚某某投保团体人身意外伤害保险的问题，首先，该险种属商业人身保险，而非社会保险范畴的工伤责任保险，根据相关法律的规定，劳动者如果依该人身意外伤害保险获得赔偿，同时构成工伤的，还可以享受工伤保险待遇赔偿，即工伤职工可以兼得商业保险和工伤保险，但二者不能互相替代。其次，上述人身意外伤害保险的被保险人为姚某某，根据保险法的规定，该险种同时排除了作为用人单位的投保人××公司为受益人，故享有该人身意外伤害保险赔偿请求权的主体只能是姚某某或其指定的受益人，而姚某某是否行使该请求权，可由其自主决定，无须征得××公司的同意，因此也不存在××公司所称的姚某某拒绝办理该人身意外伤害保险理赔对其造成损失的事实，不能以此免除或减轻××公司的工伤保险待遇赔偿责任。××公司认为姚某某因拒绝办理该人身意外伤害保险对其造成的损失应从工伤保险待遇中予以扣除，该主张既无事实依据，亦于法无据，本院不予采信。遂判决：××公司于本判决发生法律效力之日起十日内支付姚某某一次性伤残补助金55314.27元、一次性工伤医疗补助金87363.6元、一次

性伤残就业补助金 27882 元、劳动能力鉴定费 400 元，合计 170959.87 元。[①]

【法律风险防范】

商业人身保险不等同于社会保险范畴的工伤责任保险，根据相关法律的规定，劳动者如果依该人身意外伤害保险获得赔偿，同时构成工伤的，还可以享受工伤保险待遇赔偿，即工伤职工可以兼得商业保险和工伤保险待遇，但二者不能互相替代。就算企业为劳动者购买了商业人身保险，但未为劳动者缴纳工伤保险费的，劳动者一旦发生工伤事故后的相关工伤待遇，都要由用人单位按《工伤保险条例》规定的项目和标准进行赔偿。

所以为了避免更大的损失和承担更大的法律风险，用人单位在劳动者入职的时候一定要按照规定为劳动者购买好相应的保险，避免因小失大。

【法条链接】

《工伤保险条例》第六十二条

用人单位依照本条例规定应当参加工伤保险而未参加的，由社会保险行政部门责令限期参加，补缴应当缴纳的工伤保险费，并自欠缴之日起，按日加收万分之五的滞纳金；逾期仍不缴纳的，处欠缴数额 1 倍以上 3 倍以下的罚款。

依照本条例规定应当参加工伤保险而未参加工伤保险的用人单位职工发生工伤的，由该用人单位按照本条例规定的工伤保险待遇项目和标准支付费用。

用人单位参加工伤保险并补缴应当缴纳的工伤保险费、滞纳金后，由工伤保险基金和用人单位依照本条例的规定支付新发生的费用。

三、未按标准缴纳工伤保险的法律风险

据《工伤保险条例》的规定，工伤保险费的缴费数额与员工工资总额挂钩，但现实生活中，许多用人单位出于节省用人成本的考虑，并未按照员工实际工资缴纳工伤保险费，在为员工缴纳工伤保险费时，缴费基数低于员工实际工资。还有一些用人单位甚至错误地认为，只要为员工缴纳了工伤保险费，如员工发生工伤，《工伤保险条例》中规定的由工伤保险基金赔偿的部分

---

① 常州市中级人民法院（2016）苏 04 民终 784 号民事判决。

就可全部由工伤保险基金负责，用人单位的赔偿法律风险即可消除。而事实上，在用人单位未足额为劳动者缴纳社会保险费的情形下，如劳动者确实发生工伤造成伤残或死亡，用人单位可能面临一定的法律风险，需要承担工伤保险基金赔偿不足部分的补充赔偿责任。

以案说法

43. 用人单位未为员工足额缴纳社保，法院判决由用人单位补足工伤待遇差额

基本案情

程某某于 2010 年 5 月起到新疆 ××× 贸易有限公司的煤矿工作，2010 年 6 月 4 日在井下工作时，左手被刮板机致伤。2011 年 6 月 25 日阿克苏地区劳动和社会保障局认定程某某为工伤，2011 年 12 月 6 日阿克苏地区劳动能力鉴定委员会对程某某的工伤评定为伤残六级。程某某住院治疗期间，新疆 ××× 贸易有限公司已陆续为程某某预付医疗费及借款 106000 元，程某某出院时将 70403.07 元住院费票据原件提交给了新疆 ××× 贸易有限公司。此外，新疆 ××× 贸易有限公司给程某某支付停工留薪期待遇 10850 元，程某某受伤前新疆 ××× 贸易有限公司的职工月平均工资为 3400 元以上。

法院判决

法院认为，程某某与新疆 ××× 贸易有限公司均认可程某某在工作中受伤被认定为工伤，并经鉴定构成六级伤残的事实。程某某要求解除双方之间的劳动关系并一次性支付工伤保险待遇符合《工伤保险条例》的规定，《工伤保险条例》第十条规定，用人单位应当按时缴纳工伤保险费。职工个人不缴纳工伤保险费。用人单位缴纳工伤保险费的数额为本单位职工工资总额乘以单位缴费费率之积。用人单位应当以职工个人实际工资数额为基数向社保部门足额缴纳工伤保险费。《新疆维吾尔自治区实施〈工伤保险条例〉办法》（现已废止）第三十九条规定："本办法所称本人工资是指工伤职工因工作遭受事

故伤害、患职业病、因工死亡前 12 个月本人月平均缴费工资；受伤前本人工资不足 12 个月的，按该职工所在用人单位上年度职工月平均缴费工资计算。”程某某受伤前其本人工资不足 12 个月，根据新疆 ××× 贸易有限公司工资表证明其受伤前单位职工平均工资在 3400 元以上，新疆 ××× 贸易有限公司对此也予以认可。**新疆 ××× 贸易有限公司未按单位职工平均工资作为缴费基数为劳动者足额缴纳工伤保险费，导致程某某的工伤保险待遇不能得到充分保障，程某某要求新疆 ××× 贸易有限公司承担其工伤保险待遇，符合法律规定，应当予以支持。新疆 ××× 贸易有限公司作为用人单位一次性向工伤职工赔付后可再行向工伤保险基金申领相关待遇。**遂判决：新疆 ××× 贸易有限公司于本判决书发生法律效力后三日内赔偿给程某某工伤保险待遇计 157491.27 元。[①]

【法律风险防范】

通过上述案例及分析可以知道，如果用人单位为员工缴纳工伤保险费时，申报的缴费工资基数低于其实际工资，因此产生的工伤保险基金发放的工伤待遇与按照员工实际工资计算的待遇的差额，应由用人单位补足。劳动者遭受的工伤后果越严重，如工伤死亡或工伤导致高等级伤残，用人单位需要补足的金额越大。考虑到工伤保险的缴费费率并不高（一般仅为工资的 1% 左右），对于用人单位而言，按照员工实际工资缴付工伤保险费，更能维护用人单位的利益。当然，大部分地方的社会保险费缴纳，社会保险费五个部分的缴纳比例是有限制的，不允许单独提高工伤保险的缴费比例，用人单位如果需要减少工伤法律风险，就必须整体提高社会保险费的缴纳比例。

对于劳务派遣公司而言，如果用工单位执意决定以实际低于被派遣员工工资的缴费基数为被派遣员工缴纳工伤保险费，则劳务派遣公司最好补足相应差额。如不予以补足，劳务派遣公司也最好让用工单位承诺如被派遣员工发生工伤，由用工单位补足可能产生的工伤保险基金发放的工伤待遇与按照被派遣员工实际工资计算的待遇的差额。

---

① 新疆维吾尔自治区阿克苏地区中级人民法院（2014）阿中民一终字第 120 号民事判决。

【法条链接】

《工伤保险条例》第十条第一款、第二款

用人单位应当按时缴纳工伤保险费。职工个人不缴纳工伤保险费。

用人单位缴纳工伤保险费的数额为本单位职工工资总额乘以单位缴费费率之积。

四、员工自愿放弃社保的法律风险

根据《劳动法》第七十二条的规定："社会保险基金按照保险类型确定资金来源，逐步实行社会统筹。用人单位和劳动者必须依法参加社会保险，缴纳社会保险费。"但有的用人单位出于节省用工成本的目的，会要求劳动者签订一个自愿放弃购买社保的说明，也有的劳动者出于各种目的主动要求不购买社保，将社保折算成工资。但无论哪种情况，因为社会保险是用人单位的强制性责任，一旦发生争议，自愿放弃购买社保是无效的，劳动者发生工伤时用人单位也要承担赔偿责任，这毫无疑问会增加用人单位的经济负担。

以案说法

44. 劳动者自愿放弃社保，法院判决用人单位按照社保标准为劳动者报销医疗费

基本案情

李某某于2014年3月25日入职军事科学院招待所任服务员，于2015年7月21日辞职。李某某为外地农业户口，军事科学院招待所为李某某缴纳有2014年5月至2014年8月医疗保险。李某某曾向军事科学院手写一个说明："本人李某某因一开始不知道家中有没有给上保险，所以选择先在单位上保险，现本人确定家中已上保险，所以申请不用在单位上保险（五险一金）。本人自愿退保险五险一金。李某某。"因此，军事科学院招待所并没有为李某某购买2014年9月后的社会保险。李某某曾因右肘关节损伤等疾病在309医院、空军总医院等处就医。双方确认李某某看病就医的医疗费金额总计19035.94元。经

社保部门审核，上述医疗费用中，符合2015年医疗费用医保报销范围内的金额为8872.78元。李某某申请劳动仲裁，要求军事科学院招待所报销医疗费用21000元。仲裁委经审理，裁决军事科学院招待所向李某某支付医疗费报销款8872.78元。军事科学院招待所不服该裁决，向法院提起诉讼。

法院判决

法院认为，**依据相关法律规定，用人单位负有为员工缴纳包含医疗保险在内的社会保险的法定义务。本案中，军事科学院招待所未为李某某缴纳2014年9月后的医疗保险，虽军事科学院招待所主张，李某某自愿放弃社保，但缴纳社会保险是法律赋予用人单位的法定义务，其目的是确保公民在疾病的情况下享有依法获得物质帮助的权利，故社会保险缴纳义务并不因双方约定而免除。鉴于此，军事科学院招待所以李某某自愿放弃社保为由抗辩，缺乏必要法律依据，本院不予支持。**遂判决：军事科学院招待所于本判决生效之日起七日内一次性向李某某支付2015年1月1日至2015年7月21日医疗费报销款人民币8872.78元。①

【法律风险防范】

无论是用人单位不给劳动者购买社保还是劳动者主动要求不购买社保，用人单位都会面临较大的法律风险。由上述案例可看出，劳动者签名的自愿放弃购买社保的说明是不具有法律效力的，在劳动者遇到工伤的时候用人单位仍要承担赔偿责任。

用人单位应当参加工伤保险而未参加的，由社会保险行政部门责令限期参加，补缴应当缴纳的工伤保险费，并自欠缴之日起，按日加收万分之五的滞纳金；逾期仍不缴纳的，处欠缴数额1倍以上3倍以下的罚款。所以用人单位在招录员工的时候要积极履行缴纳社保的义务，就算劳动者主动放弃购买社保也是不被允许的。

① 北京市第一中级人民法院（2016）京01民终3915号民事判决。

【法条链接】

《劳动法》第七十二条

社会保险基金按照保险类型确定资金来源，逐步实行社会统筹。用人单位和劳动者必须依法参加社会保险，缴纳社会保险费。

《劳动合同法》第三十八条

用人单位有下列情形之一的，劳动者可以解除劳动合同：

……

（三）未依法为劳动者缴纳社会保险费的；

……

《劳动合同法》第四十六条

有下列情形之一的，用人单位应当向劳动者支付经济补偿：

（一）劳动者依照本法第三十八条规定解除劳动合同的；

……

《工伤保险条例》第六十二条

用人单位依照本条例规定应当参加工伤保险而未参加的，由社会保险行政部门责令限期参加，补缴应当缴纳的工伤保险费，并自欠缴之日起，按日加收万分之五的滞纳金；逾期仍不缴纳的，处欠缴数额1倍以上3倍以下的罚款。

依照本条例规定应当参加工伤保险而未参加工伤保险的用人单位职工发生工伤的，由该用人单位按照本条例规定的工伤保险待遇项目和标准支付费用。

用人单位参加工伤保险并补缴应当缴纳的工伤保险费、滞纳金后，由工伤保险基金和用人单位依照本条例的规定支付新发生的费用。

五、约定“工伤责任自负”的法律风险

实践中，不少用人单位和劳动者在劳动合同中约定“劳动者自身过错造成的工伤责任自负”，或者“劳动者操作失误发生工伤事故的，自行承担责任，用人单位概不负责”等。根据《工伤保险条例》以及相关法律的规定，此类工伤责任自负的约定违反了国家的强制性规定，侵犯了劳动者的合法权益，因而是不具法律效力的，应当被认定为无效。所以，这样的无效条款不影响用人单位依法应向劳动者支付的工伤保险待遇。

以案说法

45. 用人单位为退休员工缴纳商业保险并约定“工伤自负”，法院判决约定无效

基本案情

2013年8月16日，任某某与青岛×××食品有限公司签订聘用退休人员协议书，约定青岛×××食品有限公司为任某某缴纳商业保险，用于任某某在为青岛×××食品有限公司工作期间发生意外伤害的补偿，保险公司不予赔偿的部分，由任某某自行负担（所享受的待遇均按照《保险法》及其所参加的商业保险合同约定的有关规定执行）。

2014年1月30日上午11点左右，任某某在青岛×××食品有限公司食堂做完饭后收拾锅台卫生，因地面湿滑，导致任某某从锅台下来时滑倒受伤，后入院治疗。2014年6月9日，任某某自行委托青岛正源司法鉴定所对所受伤害进行伤残鉴定，鉴定意见为任某某之伤致残程度为九级。

法院判决

法院认为，雇员在从事雇佣活动中遭受人身损害，雇主应当承担赔偿责任。具体到本案，青岛×××食品有限公司与任某某签订聘用退休人员协议书，双方约定青岛×××食品有限公司聘用已达到国家退休年龄的任某某从事食堂岗位工作，双方形成了劳务关系。任某某在工作中不慎滑倒在地，导致身体受到损害，其依据雇佣关系要求青岛×××食品有限公司承担民事赔偿责任，于法有据，应予以支持。青岛×××食品有限公司认为双方事前协议约定任某某自己承担受伤以后保险公司不予赔偿的部分损失，主张对任某某的损害不承担赔偿责任。**法院认为，《劳动合同法》规定，劳动合同中用人单位免除自己的法定责任、排除劳动者权利的相关内容无效。青岛×××食品有限公司对任某某因工作遭受损害承担的赔偿责任系法定责任，用人单位即青岛×××食品有限公司免除自己的法定责任、排除劳动者即任某某权利的事前约定的相关内容，违反了法律的强制性规定和保护劳动者合法权益的立法**

精神，该部分内容是无效的，因此青岛 ××× 食品有限公司的该项主张，于法无据，法院不予支持。遂判决：青岛 ××× 食品有限公司于本判决书生效之日起 10 日内赔偿任某某各项损失人民币 77103.34 元。①

【法律风险防范】

劳动者承诺自行承担工伤法律风险，无论是出于自愿，还是被用人单位所要求，都是没有法律效力的。因此，用人单位一定要掌握基础的法律风险知识，承担为劳动者缴纳社会保险的基本法律义务。如果真因为有劳动者的承诺而不为其缴纳社会保险，万一出了工伤事故，赔偿责任将全部由用人单位承担。原本可以由社保基金承担的法律风险，将完全由用人单位承担，可谓得不偿失。

【法条链接】

《劳动合同法》第二十六条第一款

下列劳动合同无效或者部分无效：

（一）以欺诈、胁迫的手段或者乘人之危，使对方在违背真实意思的情况下订立或者变更劳动合同的；

（二）用人单位免除自己的法定责任、排除劳动者权利的；

（三）违反法律、行政法规强制性规定的。

六、工伤私了的法律风险

发生工伤后，用人单位希望能够尽快解除工伤赔偿问题，劳动者也希望尽快得到赔偿金支付医药费，所以用人单位会与员工签订《工伤赔偿协议》之类的协议。不过，劳动者如果反悔而要求用人单位赔偿工伤保险待遇，用人单位能否依据签订的《工伤赔偿协议》拒绝赔偿呢？

① 山东省青岛市中级人民法院（2015）青民五终字第 868 号民事判决；山东省青岛市李沧区人民法院（2014）李民初字第 1991 号民事判决。

以案说法

46. 工伤私了协议赔偿金额过低，法院判决用人单位补足

基本案情

雷某（被告）于2012年6月14日入职陕西××有限公司（原告）从事设计工作，公司未为雷某缴纳社会保险。2012年12月18日下午，雷某在工作期间受伤，经西安市人力资源和社会保障局认定为工伤。2013年7月31日，陕西××有限公司与雷某签订了《工伤私了协议》，公司向雷某一次性支付了后续医疗费、工伤伤残补助金、护理费、伙食费、交通费、经济补偿等各项费用共计33600元，雷某收到该笔款项。2013年10月16日，经西安市劳动能力鉴定委员会鉴定雷某为九级伤残，部分丧失劳动能力。雷某支付了工伤鉴定费、检查费合计507元。

法院判决

法院认为，应当参加工伤保险而未参加工伤保险的用人单位职工发生工伤的，由该用人单位按照《工伤保险条例》规定的工伤保险待遇项目和标准支付费用。本案中，原告未给被告缴纳工伤保险费属实，故其应按照《工伤保险条例》规定的工伤保险待遇项目和标准向被告支付相关工伤待遇。被告经西安市人力资源和社会保障局确认为因工受伤，经西安市劳动能力鉴定中心评定伤残等级为九级，共花费鉴定费及检查费507元。停工留薪期为4个月（自2012年12月18日至2013年4月18日），且被告于2013年9月2日与原告解除劳动关系的事实清楚。据此，原告应当按照工伤保险有关法律规定向被告支付一次性伤残补助金18000元、一次性工伤医疗补助金34384.5元、一次性伤残就业补助金34384.5元以及劳动能力鉴定费及检查费507元。原告提出，原、被告双方已于2013年7月31日达成《工伤私了协议》，且已按协议支付被告33600元，故不应再承担相关工伤费用。**法院认为，该《工伤私了协议》是在劳动能力鉴定之前作出的，且该协议内容的赔偿结果与原告实际应承担的工伤赔付责任相差较大，因此核减原告已经支**

付的 33600 元，还应向被告支付 53676 元。遂判决：原告陕西 ×× 有限公司自本判决生效之日后十日内向原告雷某支付一次性伤残补助金 18000 元、一次性工伤医疗补助金 34384.5 元、一次性伤残就业补助金 34384.5 元以及劳动能力鉴定费及检查费 507 元。扣除原告已支付的 33600 元，合计支付 53676 元……[①]

【法律风险防范】

《最高人民法院关于审理劳动争议案件适用法律若干问题的解释（三）》第十条规定："劳动者与用人单位就解除或者终止劳动合同办理相关手续、支付工资报酬、加班费、经济补偿或者赔偿金等达成的协议，不违反法律、行政法规的强制性规定，且不存在欺诈、胁迫或者乘人之危情形的，应当认定有效。前款协议存在重大误解或者显失公平情形，当事人请求撤销的，人民法院应予支持。"该条关于劳动者与用人单位协商的项目并未包括工伤待遇，即使该条可以解释为包括工伤赔偿协议，如果存在重大误解或者显失公平的情形，劳动者也是可以请求撤销的。因此，《工伤赔偿协议》有可能会被认定为无效协议或者可能因劳动者的申请而撤销，上述案例中用人单位就算有协议，但也因为差额过大应该补足工伤保险待遇，所以用人单位在招聘员工时应该注意以下几点：

第一，用人单位应为劳动者缴纳社会保险，特别是工伤保险。案例中的用人单位如果为劳动者缴纳了工伤保险，涉及的费用大部分会由工伤保险基金负担。可见，用人单位每月为劳动者缴纳极少的工伤保险费用，最后却能为自身规避很大的经济法律风险。

第二，如果用人单位没有为劳动者缴纳工伤保险，一旦出现工伤，用人单位最好先请工伤认定部门进行认定。如果认定不是工伤，用人单位无须承担支付工伤待遇的法律责任；如果认定是工伤，用人单位要为劳动者做伤残等级鉴定，然后根据《工伤保险条例》的规定，给予劳动者相关的工伤待遇。

第三，用人单位最好不要与劳动者签订工伤私了协议。前已述及，用人

---

① 西安市碑林区人民法院（2014）碑民初字第 02151 号民事判决。

单位与劳动者经协商达成的工伤赔偿协议可能被认定为无效协议，也可能因劳动者的申请被撤销。

【法条链接】

《工伤保险条例》第二条第二款

中华人民共和国境内的企业、事业单位、社会团体、民办非企业单位、基金会、律师事务所、会计师事务所等组织的职工和个体工商户的雇工，均有依照本条例的规定享受工伤保险待遇的权利。

《最高人民法院关于审理劳动争议案件适用法律若干问题的解释（三）》第十条

劳动者与用人单位就解除或者终止劳动合同办理相关手续、支付工资报酬、加班费、经济补偿或者赔偿金等达成的协议，不违反法律、行政法规的强制性规定，且不存在欺诈、胁迫或者乘人之危情形的，应当认定有效。

前款协议存在重大误解或者显失公平情形，当事人请求撤销的，人民法院应予支持。

第六节　规章制度的法律风险控制

一、制定规章制度未经民主程序的法律风险

用人单位制定和实施规章制度是为了更好地行使管理权，可以对劳动者进行管理奖惩。若是没有规章制度，用人单位的管理会陷入混乱。根据《劳动合同法》第四条的规定，用人单位在制定、修改或者决定有关劳动报酬、工作时间、休息休假、劳动安全卫生、保险福利、职工培训、劳动纪律以及劳动定额管理等直接涉及劳动者切身利益的规章制度或者重大事项时，应当经职工代表大会或者全体职工讨论，提出方案和意见，与工会或者职工代表平等协商确定。用人单位应当将直接涉及劳动者切身利益的规章制度和重大事项决定公示，或者告知劳动者。这是法律规定的规章制度的民主制度程序，如果不遵守民主制度程序，用人单位的规章制度有可能被认定为无效。无效就意味着用人单位依照规章制度对劳动者作出的处罚，比如解除劳动合同，没有规章依据，会被认定为违法解除，从而须向劳动者支付赔偿金。

以案说法

47. 规章制度未经民主程序制定，法院判决不予采纳

基本案情

焦某某于2005年7月1日至××动力公司工作，后因××动力公司法定代表人发生变更，员工担心劳动权益受损故与××动力公司发生纠纷，2013年7月1日至7月2日，××动力公司发生员工堵门事件。2013年7月3日，××动力公司在单位内公示了与焦某某等七人解除劳动合同的《通知书》，并向焦某某邮寄了解除劳动合同通知。

法院判决

根据《劳动合同法》第四条的规定，用人单位在制定、修改或者决定有关劳动报酬、工作时间、休息休假、劳动安全卫生、保险福利、职工培训、劳动纪律以及劳动定额管理等直接涉及劳动者切身利益的规章制度或者重大事项时，应当经职工代表大会或者全体职工讨论，提出方案和意见，与工会或者职工代表平等协商确定。用人单位应当将直接涉及劳动者切身利益的规章制度和重大事项决定公示，或者告知劳动者。本案中，××动力公司未能提供证据证明其解除与焦某某之间劳动关系所依据的《员工手册》已经职工代表大会或者全体职工讨论通过，亦未提供充分证据证实已通过合法、明确的途径告知焦某某。故《员工手册》不能作为××动力公司对焦某某作出解除劳动关系处罚的依据。并且，现有证据亦不足以认定焦某某存在严重违反用人单位的规章制度的行为。因此，在焦某某的行为不符合用人单位可行使单方解除权的其他情形下，××动力公司依《员工手册》解除与焦某某之间劳动关系的行为违法。另外，关于××动力公司认为焦某某等人堵门行为属于违反《治安管理处罚法》的规定，××动力公司依此也可以解除劳动关系的主张，法院认为，××动力公司于一审中提供的《接处警登记表》显示，派出所将本案双方当事人之间的纠纷定性为劳资纠纷，且按民事纠纷进行调解，上述内容足以表明公安部门未将焦某某等人的堵门行为定性为违反《治

安管理处罚法》的行为，况且焦某某等人的行为定性与本案劳动争议的处理并无直接关联。因此，用人单位亦无法依此行使单方解除权。遂判决：×× 动力公司于判决生效之日起十日内给付焦某某解除劳动合同赔偿金 36160 元。[①]

【法律风险防范】

上述案例中用人单位败诉的原因就是《员工手册》的制定没有经职工代表大会或者全体职工讨论，没有与工会或者职工代表平等协商确定并进行公示或告知劳动者。这导致了依据《员工手册》开除员工被认定为违法解除劳动合同，所以用人单位需要支付赔偿金。

用人单位在制定规章制度的时候一定要经过这一整个流程：职工代表大会或者全体职工讨论—提出方案和意见—与工会或者职工代表平等协商确定—公示告知。并且在履行民主程序时，用人单位一定要留存制定规章制度时经过民主程序（如召开职工代表大会或者职工大会等）和公示告知员工的证据。

【法条链接】

《劳动合同法》第四条

用人单位应当依法建立和完善劳动规章制度，保障劳动者享有劳动权利、履行劳动义务。

用人单位在制定、修改或者决定有关劳动报酬、工作时间、休息休假、劳动安全卫生、保险福利、职工培训、劳动纪律以及劳动定额管理等直接涉及劳动者切身利益的规章制度或者重大事项时，应当经职工代表大会或者全体职工讨论，提出方案和意见，与工会或者职工代表平等协商确定。

在规章制度和重大事项决定实施过程中，工会或者职工认为不适当的，有权向用人单位提出，通过协商予以修改完善。

用人单位应当将直接涉及劳动者切身利益的规章制度和重大事项决定公示，或者告知劳动者。

---

① 扬州市中级人民法院（2014）扬民终字第 1027 号民事判决。

【相关知识】[①]

一、规章制度制定的注意事项

1. 规章制度的制定主体

对规章制度的制定主体，目前劳动法、公司法中均未明确规定，仅笼统地说明制定规章制度的主体是用人单位，但从《公司法》第三十七条、第四十六条规定来看，公司体制单位的规章制度的制定主体是股东会和董事会，即公司的意思机关是公司规章制度的合法主体。推而广之，非公司法人企业由其实际控制人制定规章制度，合伙企业由其合伙人协议制定，个人独资企业和个体工商户由出资人或者负责人制定。

2. 规章制度的生效

规章制度要用于实际管理，还必须履行一定的生效程序，即民主程序和公示程序。公示程序是指用人单位必须履行规章制度告知义务，满足员工对规章制度的知情权。但法律并未规定公示的方式，实务中单位可以采用告知确认书、规章制度培训、员工手册签收等方式履行告知义务，但一定要注意保留与告知相关的证据，防止因告知举证不能造成不必要的损失。

3. 规章制度的内容约束

《劳动合同法》第四条以不完全列举的方式概括了规章制度的内容，但规章制度的内容并非随意制定，而是受到三个方面的约束：首先是职工本人的约束，规章制度内容违反法律法规，侵犯职工利益时，职工可以据此解除劳动合同并要求单位支付经济补偿金；其次是劳动合同或集体合同的约束，企业管理中有三个层级，第一层是劳动合同管理职工个体，第二层是集体合同规定全体职工基本条件，第三层是规章制度统领管理，但三个层次有位阶顺序，规章制度的内容不能与劳动合同、集体合同相冲突，否则其内容不能得到认可；最后，规章制度的内容还受到工会的约束，工会如认为企业规章制度内容违反法律规定可以向企业提出建议要求修正。

4. 规章制度的违法救济

规章制度的违法救济沿袭《劳动法》规定的行政、司法两种救济手段。

① 部分内容改编自网络文章。

行政救济中，单位规章制度违法的，劳动行政部门有权依法予以责令改正并进行处罚。司法救济途径体现在规章制度对职工的约束力，如规章制度违法，在劳动争议处理中，法院或仲裁部门可以不将其作为审理劳动争议案件的依据，则企业依据规章制度作出的惩处措施也就不能得到认可。

5. 规章制度与违规解除

一般来说，用人单位单方解除劳动合同的行为中，依据《劳动合同法》第三十九条第二项“严重违反用人单位的规章制度”作出解除行为是比较常见的，也是用人单位解除行为中最简便的一项。但采用这种解除方式需要注意两点：一是“严重程度”的认定，用人单位可以在规章制度中将违反规章制度分为两个层次，即一般违反和严重违反，同时规定一般违反累计为严重违反，并就一般违反的类型和严重违反的类型予以明确化，从而防止因严重程度不明而导致用人单位违法解除；二是规章制度中多采用概括性约定、类型化约定的方式，企业管理中不能事无巨细均在规章制度中体现，故针对规章制度采用概括性、类型化规定，可以在一定程度上防止规章制度未能明确规定的行为，如约定“造成企业损失超过1000元的视为严重违反规章制度”，就是从损失数额的角度囊括各类损失行为。

二、规章制度中应包含的重要制度

1. 招录入职制度

招录入职是企业管理员工的第一道关口，招录入职的法律风险点在于以下三点：（1）防止招录广告出现就业歧视。目前司法实践中已经出现因就业歧视员工索赔的案件，因此用人单位制定招录广告时需要细加斟酌，防止出现年龄、身份、性别、地域、学历等就业歧视。（2）把好入职体检关。用人单位可以在招录公告中注明员工必须提交正规医院出具的体检报告，并将体检合格作为录取条件之一，防止因员工身体羸弱产生后续纠纷。（3）明确录用条件。录用条件是用人单位在试用期解除员工的重要依据，如录用条件不明则用人单位不能行使解除权，因此必须通过录用条件确认书或者录用条款等方式明确录用条件。

2. 劳动合同管理制度

劳动合同管理制度是企业规章制度的一个重点，劳动合同管理立足于劳动合同订立、变更、解除、终止、劳动合同监控五个方面。劳动合同管理最主要就是规范化，目前围绕劳动合同发生的争议包括双倍工资、无固定期限劳动合同、违法变更、不当解除和违法终止，因此用人单位一方面要注意劳动合同管理的合法合规性，另一方面要做好劳动合同的日常监测工作，对劳动合同管理中出现的法律风险及时发现、及时处理，避免矛盾的长期累积，造成对用人单位不利的后果。

3. 薪酬制度

薪酬制度的制定要注意薪酬的构成和薪酬的激励性两个要件。薪酬的构成可以采用“三结合”的模式，即短期薪酬与长期薪酬的结合、固定薪酬与浮动薪酬的结合、法定薪酬与约定薪酬的结合，一方面节省企业薪酬开支，另一方面利用薪酬激励员工工作。就薪 酬的激励性而言，要做好薪酬的市场调查和薪酬层次分配，市场调查立足于制定有行业、区域竞争力的薪酬数额，吸揽优秀人才。薪酬层次分配要着力于建立薪酬的内部竞争体系，激励员工上进心，保持企业发展活力。

4. 岗位制度

当前的岗位制度中，调岗是一大难题。用人单位可以采用岗位合同和竞聘上岗相结合的制度实现合法的岗位调动。这种制度的实行有一个前提，即绩效考核的明确和公开性，不论是岗位合同还是竞聘上岗，其所依据的都是职工绩效考核的结果，因此用人单位实行浮动岗位制度的前提是必须建立明确、透明的绩效考核制度。

5. 离职制度

当前用人单位的离职制度过多罗列法律条款，将劳动合同法中关于离职的规定罗列作为企业处理员工离职的依据，这种操作方式有失柔性，建议设立柔性离职操作模式:（1）建立离职谈话制度，针对离职员工由部门主管或者HR进行离职谈话，了解员工离职的心态和原因，多通过调解的方式化解员工矛盾。同时注意收集离职员工对企业的意见，针对共性意见改善企业管理方式。（2）建立离职员工信息登记制度。奉行“好马也吃回头草”的理念，将离职员工看作企业的资源，定期对离职员工进行回访，了解离职员工的状态，认识到离职员工对企业熟悉、工作熟悉的特点，把握好离职员工这一特殊的人力资源。（3）设立离职员工帮助制度，对离职员工的帮助包括提供再就业信息、办理社保档案转移等。通过帮助制度一方面可以缓和员工的冲突心理，便于协商解决双方纠纷；另一方面也可以使离职员工建立对企业的感情，方便员工后期的回归和商业合作。

【相关文书】

规章制度样板一

目　录

前　言

略。

第一章　总则

1.1　本着促进劳资关系和谐发展，维护工厂的正常生产经营运作，明确工作制度、劳动纪律及考核奖惩标准，依据我国《劳动法》《劳动合同法》及《劳动合同法实施条例》等有关法律、法规，结合本厂的具体情况，特制定本《员工手册》（以下简称手册），以资遵守执行。

1.2　员工任职后即与本厂形成合同约束关系，本手册为厂方与员工签订的劳动合同的有效附件。

1.3　遇国家有关法律法规与政策的变化，工厂将依据国家相关法律规定，修改本手册。

1.4 如对本手册内容的理解有歧义的，以厂方的解释为准。

1.5 本手册经与职工代表平等协商后，依法在厂内向全体员工公示。工厂以前的政策、规定及有关文件与本手册内容不一致的，按本手册内容执行。

第二章 企业愿景与企业文化

企业愿景

略。

企业文化

略。

第三章 聘用政策及劳动合同管理

3.1 聘用条件

所有员工之聘用，在遵循政府招工规定的前提下，只要具备适当的品德、能力、学历、经验，不管其性别、国籍、种族、信念、信仰及背景，均有平等机会获得在本厂工作和接受厂方提供良好的培训与发展。但所有申请人员必须事先经人力资源部审核，符合本厂以下手续及雇佣条件：

3.1.1 符合法定就业年龄，并具有正常民事行为能力。

3.1.2 ……

3.2 聘用程序

人力资源部根据职位空缺和需求发布招聘信息。员工可通过以下途径申请相关职位：

3.2.1 自荐：……

3.2.2 人才推荐及各招聘渠道候选人：……

3.3 聘用批准权限

雇员受聘须取得下列管理人员签署的入职申请：

3.3.1 工人：所在部门主管或经理。

3.3.2 职员：……

3.4 报到入职流程

3.4.1 新员工需在入职前办理相关报到手续，提交相关资料至人力资源部，详列如下：……

3.4.2 人力资源部为报到员工制作厂牌和考勤卡，并建立个人档案。

3.4.3　人力资源部实施新员工入职培训。

3.4.4　行政部安排新员工膳宿。

3.5　人事记录

3.5.1　雇员受聘前须如实填写个人资料并提交有关证件及证书的正本，以供查核。厂方会将雇员证件的复印件长期存放在人事档案中，但只会用于与雇佣有关事项、履行法律要求或审核用途。

3.5.2……

3.6　劳动合同

3.6.1　劳动合同，是根据国家和 ×× 省规定的劳动合同制度，旨在确立双方劳动关系，明确双方权利和义务而自愿协商签订的协议。

3.6.2　……

3.7　试用期

3.7.1　试用期依据相关法律规定执行，厂方按照不同工种或不同岗位的需要设定一个月至六个月的试用期，具体按所签订之劳动合同相关内容执行。

3.7.2　……

3.8　岗位调整

3.8.1　因生产和工作的需要，厂方可在劳动合同约定的岗位类型内调整员工的工作岗位，而不需要进行协商；如果在劳动合同约定的岗位类型外调整员工的工作岗位，则需要与员工进行协商达成一致意见后方可变更。

3.8.2　……

3.9　劳动合同的解除和终止

3.9.1　劳动合同解除

3.9.1.1　试用期内解除劳动合同

（1）……

3.9.1.2　合同期内提前解除劳动合同

（1）……

3.9.1.3　员工严重违纪解除劳动合同：厂方无须提前通知员工即可立即解除劳动合同，无须支付代通知金或任何经济补偿金，并依法追究其违纪行为对厂方造成的经济损失的赔偿责任。

（1）……

3.9.2　员工违约自动离职

……

3.9.3　劳动合同终止

……

3.9.4　其他情况按相关法律法规实施。

第四章　工作时间及考勤制度

4.1　工作时间

4.1.1　厂方根据生产经营的需要，对不同的部门及岗位分别实行标准工时工作制、不定时工作制、综合计算工时工作制。

4.1.2　……

4.2　考勤制度

员工所持考勤 IC 卡即为考勤卡，员工出勤记录将作为工资计算凭证。

4.2.1　……

4.3　加班制度

4.3.1　员工因在工作时间内不能完成任务而需要加班的，应向其上级主管递交加班申请书，经部门经理审核后方可加班。未经批准的，不属于加班。

4.3.2　……

4.4　请假制度

4.4.1　请假办理流程：填写《请假单》→直属上司审核→部门主管审批→部门经理审批→总经理批准（如适用）→《请假单》交人力资源部。

4.4.2　……

4.5　调休制度

4.5.1　厂方若因生产或工作需要而安排员工在休息日上班的，原则上应优先安排调休，确实因工作而不能调休的，按加班计算。

4.5.2　……

第五章　薪酬福利

5.1　薪资计算

5.1.1　薪资构成：详细请参阅工厂《员工薪酬制度》。

……

5.1.2　正常上班时间工资

……

5.1.3　加班工资

……

5.1.4　奖金及其他补贴：根据工厂颁布的相关管理办法执行。

5.1.5　相关扣减

……

5.2　薪资支付

5.2.1　薪资发放前，厂方向员工提供详细的工资清单，员工如发现工资有问题，应在三个工作日内持工资清单到部门文员处备案，说明薪资异常原因及金额，由部门文员呈人力资源部薪资核算人员查询，经核实后作相应补计手续。

5.2.2……

5.3　假期

5.3.1　法定节假日

……

5.3.2　年休假

……

5.3.3　婚假

……

5.3.4　产假

……

5.3.5　看护假

……

5.3.6　丧假

……

5.3.7　工伤假

……

5.3.8　病假

……

5.3.9　事假

……

5.4　社会保险

依据相关法规及当地政府、社会保障部门规定，厂方为所有员工购买社会保险，其中包括工伤保险、养老保险、基本医疗保险、生育保险和失业保险。

5.5　其他福利

5.5.1　娱乐设施：设有图书室、乒乓球、桌球、象棋、篮球等娱乐设施。

5.5.2　娱乐活动：如生日晚会、观看电影、大型节日庆典、各类比赛项目等。

第六章　培训与发展

员工入职时须自觉参加相关入职培训。

所有人员应自觉参加厂方组织的各种培训（含内训和外训）。

厂方依据自身的发展和员工的实际需要，向员工提供必要的专项培训。专项培训成本包含：培训费用、培训导师的工资成本、参加培训者的工资成本、培训期间所产生的相关交通及食宿成本，员工接受厂方安排的专项培训，应和厂方签订专项培训协议，并保证遵守。

员工须按照厂方规定和安排参加相关安全培训。

其他管理按照厂方《培训系统程序》执行。

第七章　奖励制度

7.1　对参加厂方活动、工作表现优秀、取得荣誉、为厂方节约成本、对厂方做出较大贡献或有维护厂方重大利益行为的员工，厂方都将视其程度和性质给予一定的奖励。包括通报表扬、调薪和晋升等，同时还可给予一定的奖金或奖品。

7.1.1　为厂方争得荣誉：

（1）……

7.1.2　工作表现突出的：

（1）……

7.1.3　特别贡献奖：

（1）……

7.2　对符合 7.1.1 及 7.1.2 条规定的，厂方予以通报表扬并视情况给予一定的奖励；7.1.3 条规定的奖金不封顶，视情况而定（其他规定上有奖励的，照标准执行，标准不同的以此为准）。

7.3　……

第八章　保密制度

8.1　员工应自觉遵守保密制度，不私自打听、传播、窃取厂方保密资料。

8.2　……

第九章　违纪处理制度

9.1　员工违反厂方操作规程、规章制度及各项管理制度，厂方将按其行为的严重性和引致的后果，给予相应的纪律处分，根据员工违纪情节严重性从轻至重分别为书面警告、严重书面警告和无偿解除劳动合同三种。

9.2　书面警告一年内累计两次计为一次严重书面警告；严重书面警告一年内累计二次者可给予无偿解除劳动合同处分，本条所述“一年内”之计算周期截止日期为最后统计日。

9.3　本章所列条文中如出现小额经济损失或较小经济损失是指损失金额在 500 元人民币以下，较大经济损失是指损失金额在 500 元人民币（不含）以上不超过 2000 元人民币，重大经济损失或严重经济损失是指损失金额在 2000 元人民币（不含）以上的。

9.4　违纪处分复印件都将记入员工人事档案，并作为日后人事变动的参考；原件由员工关系专员留档备案。员工主动承认错误并有悔改表现者，可视情形减轻处罚。

9.5　本章所列条文为本厂执行日常劳动纪律的依据，但所述内容并非完备，如有员工过失行为未列其中，部门主管经理、人力资源部经理、总经理有权根据过失的具体情况，决定过失性质并做出相应处理。

9.6　执行程序：

9.6.1　违纪事件发生后，部门主管责成当事人就事件作出书面陈述，或口述后由其主管制作笔录，并由当事人签名确认。

9.6.2　人力资源部对员工违纪事件应进行调查处理，并按情节轻重给予书面警告、严重书面警告和无偿解除劳动合同纪律处分。

9.6.3　如员工在工作中出现过失，由部门主管或经理视过失的严重性签发书面警告或严重书面警告，列明员工犯错的细节及处理意见交人力资源部审核后生效。

9.6.4　无偿解除劳动合同的处分由部门主管或经理提出，列明详细原因交人力资源部。人力资源部审核并交总经理审批后，会同部门主管或经理通知当事人无偿解除劳动合同事宜，并要求当事人签认。被无偿解除劳动合同的员工应实时办理有关离职手续并于当日结算工资离厂。

9.6.5　厂方发出的所有违纪处分记录应由被处罚的员工签收，如被处罚的员工拒绝签认的，将由违纪发生时二名以上在场员工证明，并在工厂内公告栏进行公告，视为违纪行为确认及违纪处理结果已送达。

9.7　员工有下列情况之一的，属于一般违反劳动纪律或工厂规章制度，厂方将作书面警告处理：

9.7.1　……

9.8　员工有下列情况之一的，属于严重违反劳动纪律或工厂规章制度，厂方将作严重书面警告处理：

9.8.1　……

9.9　员工有下列情况之一的，属于严重违反劳动纪律或企业规章制度，厂方可依法开除，并实时解除劳动合同，而不需支付任何的经济补偿金：

9.9.1　……

9.10　员工因严重失职、营私舞弊，对工厂利益造成重大损害的，厂方可以依法开除，实时解除劳动合同，并通报批评，而且有权追究赔偿责任；构成犯罪的，移交司法部门处理，而不需支付任何的经济补偿金。

9.11　管理人员廉洁自律管理规定：

9.11.1　……

9.12　员工因失职、过错或违反工厂规章制度，造成工厂直接经济损失的，员工应承担相应赔偿责任。

9.13　员工因违反规定或者违反劳动合同约定而解除劳动合同，造成工厂损失的，厂方有权要求员工赔偿相关损失。

9.14　以上列举之违章、违纪行为并不完全，员工如有类似上列有损工厂权益或信誉行为而未列入上述类别，厂方有权根据其过失的严重性和引致的后果，按上述原则给予相应的处罚。

9.15　申诉的处理：

9.15.1　员工因失职、过错违反工厂操作规程、规章制度等被厂方处罚后，认为厂方对违纪的认定与事实不符或者处罚不当的，应在2日内向厂方书面申诉。

9.15.2　厂方接到员工的申诉后，会以客观、公正的态度展开调查，并以事实为依据，以法律、法规及工厂的规章制度为准绳，重新衡量厂方所做出的处罚决定是否适当；厂方认为处罚适当的，维持原决定，认为处罚不适当的，应当及时改变或撤销原决定。

9.15.3　工厂的申诉负责人应将员工申诉的调查回馈和处理结果亲自告知员工；工厂申诉最高负责人为工厂总经理。

第十章　建议与投诉

10.1　工厂在各方面实行机会均等的原则，员工不因性别、年龄、婚姻状况、种族、宗教信仰、国籍等方面在工作上受到歧视。员工有建议向厂方提出或有问题需要申诉时，可通过正常程序进行反映。

10.2　员工投诉与建议程序请阅读人力资源部操作指引《员工投诉与建议制度》。

第十一章　实施细则

11.1　本手册自__________年______月______日起生效。

11.2　由于工厂的发展与经营环境不断变化，本手册中规定的政策也会随之作相应的修订，如果涉及员工的工资福利等重大变更事项时，需经职工代表大会重新审议讨论通过方可生效，如系部分非工资福利项目条款的变更，只需要由人力资源部将更改条款提前五个工作日在工厂内依法公示至少四个工作日，公示期内没有收到超过5%比例的员工提出书面反对或修改意见的，则变更条款视为依法经过民主程序可以公布生效实施。

11.3　本制度所提到之“员工”，指在本厂方任职的所有人员，包括职员及工人。

11.4　本手册的制定、更新和解释权归工厂人力资源部。

11.5　员工离职务必将本手册交回人力资源部。

二、规章制度越权设定义务的法律风险

用人单位规章制度是在本企业内部实施的，关于组织劳动过程和进行劳动管理的制度。用人单位以劳动者严重违反单位的规章制度为由解除劳动合同，劳动者提起相关诉讼的，法院应当依法审查该规章制度的合法性与合理性。如果用人单位的规章制度超越合理权限对劳动者设定义务，并据此解除劳动合同，属于违法解除，损害劳动者的合法权益，用人单位应当依法支付赔偿金。

以案说法

48. 用人单位以劳动者乘坐“黑车”为由解除劳动合同，法院判决支付赔偿金

基本案情

原告张某某于2007年11月5日进入被告京×公司工作。京×公司于2008年9月8日召开职工代表大会，通过“不允许乘坐黑车，违者以开除论处”的决议。2009年4月13日上午10点左右，张某某乘坐牌照为苏E8D×××的车辆前往京×公司宿舍区，2009年4月20日，京×公司向张某某发出离职通知单，以张某某乘坐非法营运车辆为由与张某某解除劳动合同。

法院判决

法院认为，用人单位的规章制度是用人单位制定的组织劳动过程和进行劳动管理的规则和制度，也称为企业内部劳动规则。规章制度既要符合法律、法规的规定，也要合理。被告京×公司有权通过制定规章制度进行正常生产经营活动的管理，但劳动者在劳动过程以及劳动管理范畴以外的行为，用人

单位适宜进行倡导性规定，对遵守规定的员工可给予奖励，但不宜进行禁止性规定，更不能对违反此规定的员工进行惩罚。京 × 公司以乘坐非法营运车辆存在潜在工伤危险为由，规定员工不允许乘坐黑车，违者开除，该规定已超出企业内部劳动规则范畴，且乘坐非法营运车辆行为应由行政机关依据法律或法规进行管理，用人单位无权对该行为进行处理。工伤认定系行政行为，工伤赔偿责任是用人单位应承担的法定责任，京 × 公司通过规章制度的设置来排除工伤责任，没有法律依据，因此亦属无效规定。故京 × 公司不得依据该规定对员工进行处理，该公司以原告张某某乘坐非法营运车辆为由解除劳动合同违反劳动合同法的规定，损害了劳动者的合法权益，依法应当向张某某支付赔偿金，张某某要求京 × 公司支付赔偿金 7800 元，未超过法律规定的赔偿金范围，法院予以支持。[①]

【法律风险防范】

用人单位规章制度相当于用人单位的内部法律，由用人单位通过民主程序制定，在用人单位内部实施。规章制度的内容一般包括劳动合同管理、员工奖惩、休息休假、工资发放、福利待遇等方面，是用人单位和劳动者在履行劳动合同过程中的行为准则。规章制度作为用人单位加强内部劳动管理，稳定、协调劳动关系，保证正常劳动生产秩序的一种管理工具，在维护日常的劳动秩序中确实发挥着重要作用。用人单位在制定规章制度的过程中，不但要切实遵守《劳动合同法》第四条的规定，要经过民主制度程序，规章制度的内容上也要符合法律和法规的规定，要具有合理性和可操作性，不能超越权限范围来制定规章制度的具体条款。

【法条链接】

《最高人民法院关于审理劳动争议案件适用法律若干问题的解释》第十九条

用人单位根据《劳动法》第四条之规定，通过民主程序制定的规章制度，不违反国家法律、行政法规及政策规定，并已向劳动者公示的，可以作为人民法院审理劳动争议案件

① 江苏苏州中院2010年3月25日“张某与某科技公司劳动争议案”，见《张建明诉京隆科技（苏州）公司支付赔偿金纠纷案》，载《最高人民法院公报·案例》2014年第7期（总第213期）。

的依据。

三、规章制度规定罚款条款的法律风险

用人单位的规章制度只要通过民主程序制定，不违反国家法律、行政法规及政策规定，并已向劳动者公示的，可以作为人民法院审理劳动争议案件的依据，但罚款剥夺了公民的财产权，属于财产处罚的范畴，依照立法法和行政处罚法的规定，对财产的处罚只能由法律、法规和规章设定。公司和企业是以营利为目的的经济组织，当然无权在规章制度中设定罚款条款，除非有相关法律法规的明确授权。

以案说法

49. 用人单位因劳动者不服从工作分配罚款200元引发纠纷，法院判决返还

基本案情

2011年11月1日朱某某到沈阳市××汽车零部件有限公司处工作，签订了固定期限劳动合同，双方约定合同期限为自2011年11月1日起至2014年10月6日止，试用期1个月，从事物流工作。2014年8月27日，沈阳市××汽车零部件有限公司以朱某某不服从工作分配，不执行上级指示为由，根据员工手册的规定，给予朱某某书面警告的处分，处罚200元。

法院判决

法院认为，用人单位对职工处予罚款没有法律依据，根据我国立法法和行政处罚法的规定，对财产的处罚只能由法律、法规和规章设定，公司是没有罚款的权力的。当然，公司可以制定规章制度，但必须合理合法，不能超越法律法规的权限。被告因原告违纪对其进行经济处罚，而该处分无论针对工资还是绩效奖金，都是劳动者合法收入，都是不可以的。被告处罚原告

200 元的行为显然没有法律依据，因此本院对原告要求被告撤销并返还罚款 200 元的诉讼请求予以支持。遂判决：撤销被告沈阳市 ×× 汽车零部件有限公司对原告处罚 200 元的决定，并将 200 元返还给原告。[①]

【法律风险防范】

根据上述案例可知，对财产的处罚只能由法律、法规和规章设定，用人单位是没有罚款的权力的。那么对于违反规章制度的员工，用人单位能不能以别的方式取代罚款以达到罚款的效果呢?

用人单位对劳动者的工资可以以多结构的形式发放，由基本工资、提成、绩效、奖金等部分组成。在工作过程中多对员工进行考核，如果劳动者不符合岗位要求就扣除对应的工资。当然，扣除工资要有理有据并保留相应的证据。

当劳动者因为违反规章制度给单位造成损失的时候，用人单位虽然不能罚款，但是可以要求员工承担损失赔偿责任。损失赔偿可以从劳动者的工资中扣除，但要注意每月扣除的部分不得超过劳动者当月工资的 20%。

用人单位也可以采取复合工资制，即多个组成部分的累加，有相对固定的，如岗位、职务、技能工资等，也有相对浮动的，如提成工资、绩效工资、各种奖金等，注重及时考核，强调对员工进行激励；对违规的员工进行罚款不妥，但可以不发给奖金，采取扣分、记过、警告等其他方式，往往更能达到管理的效果。

【法条链接】

《工资支付暂行规定》第十六条

因劳动者本人原因给用人单位造成经济损失的，用人单位可按照劳动合同的约定要求其赔偿经济损失。经济损失的赔偿，可从劳动者本人的工资中扣除。但每月扣除的部分不得超过劳动者当月工资的 20%。若扣除后的剩余工资部分低于当地月最低工资标准，则按最低工资标准支付。

---

① 沈阳市大东区人民法院（2015）大东民二初字第 723 号民事判决。

四、依规章制度解雇员工的法律风险

《劳动合同法》第三十九条规定，劳动者严重违反用人单位的规章制度，用人单位可以单方解除劳动合同，且不需要向劳动者支付经济补偿金。不少用人单位在使用该条解除与劳动者的劳动合同时，却遇到了很多他们不曾预料的困难。比如，规章制度未经过民主程序而被法院认定为无效，规章制度的条款违反法律的规定，引用了错误的规章制度条款来解除劳动合同，以及缺乏对劳动者处罚的客观证据或者证据不够充分。这些问题所引发的后果都是十分严重的，因为都会被认定为违法解除劳动合同，用人单位需要向劳动者支付赔偿金。

以案说法

50. 用人单位依规章制度解除劳动合同，仲裁庭以缺乏事实依据为由裁决用人单位支付赔偿金

基本案情

李某某因与宏某皮具公司发生劳动争议至劳动争议仲裁委员会申请仲裁，要求用人单位支付违法解除劳动关系赔偿金10万元，双方对下列事项无争议：一、入职时间及工作岗位：2002年2月28日入职，任裁床部组长一职。二、社会保险投保情况：已投保。三、离职前月平均工资：4406元。四、解除劳动关系时间：被申请人以申请人于2018年4月10日违反《员工手册》中第十一章第四节第70条第2点（10）的规定，于2018年4月16日向申请人出具《奖惩通知单》与申请人解除劳动关系。五、员工手册：申请人确认被申请人提交的《员工手册》，并确认已学习。《员工手册》中第十一章第四节第70条第2点（10）显示，因工作不负责而生产废品或返工品、损坏工具设备、浪费材料或资源致使公司利益受到损失在3000元（人民币）以上者，予以大过三次开除。

裁决结果

本案中，被申请人与申请人解除劳动关系的理由是因申请人于2018年4月10日违反《员工手册》中第十一章第四节第70条第2点（10）的规定，给予大过三次并开除，申请人确认《奖惩通知单》中签名是其所签，但庭审时表示其签名时认为被申请人会有赔偿，于是在该通知单中签名，并表示没有违反通知单中的事由。本庭认为，首先，被申请人提交的2018年4月10日《补料单》显示补料金额为8215元，补料原因为“开裁用错刀模，责任归属裁床”，可看出，该事件中是因用错刀模而导致被申请人损失，而双方均确认当时使用刀模的员工是廖某刚（非申请人）；且被申请人未能证明是申请人的原因致使廖某刚用错刀模。因此，被申请人未能证明是申请人的原因直接造成被申请人损失，应承担举证不利的责任。其次，被申请人在该事件中给予申请人的管理者梁某生记大过一次、开裁员工廖某刚记大过一次，均没有给予辞退处理。再次，申请人虽在2017年8月4日、2018年4月3日分别被记大过一次，但被申请人以申请人违反《员工手册》中第十一章第四节第70条第2点（10）的规定给予大过三次而解除劳动关系，并非以申请人一年累计记大过三次为由解除劳动关系，**因此，被申请人主张申请人一年累计记大过三次可解除劳动关系，缺乏事实依据，仲裁庭不予采信。综上，申请人虽在《奖惩通知单》中有签名，但被申请人未能证明申请人的原因直接对其造成损失，以佐证申请人违反《员工手册》中第十一章第四节第70条第2点（10）的规定，且被申请人对该事件中的另外两人均没有给予辞退处理，而直接给予申请人记大过三次开除，存在显失公平的情形。故，被申请人与申请人解除劳动关系，因缺乏事实依据，仲裁庭予以认定被申请人属于违法与申请人解除劳动关系。**遂裁决：由被申请人在本裁决书生效之日起五日内，通知并支付申请人违法解除劳动关系赔偿金100000元。①

【法律风险防范】

用人单位若引用《劳动合同法》第三十九条的规定，即认为劳动者严重

---

① 东莞市劳动人事争议仲裁院东城仲裁庭东劳人仲院东城庭案字（2018）38号仲裁裁决书。

违反用人单位的规章制度，来解除与劳动者的劳动合同，需要特别慎重，因为稍有不慎就会被认定为违法解除劳动合同，需要向劳动者支付赔偿金。

首先，用人单位应当依照民主程序来制定规章制度。《劳动合同法》第四条规定，用人单位应当依法建立和完善劳动规章制度，保障劳动者享有劳动权利、履行劳动义务。用人单位在制定、修改或者决定有关劳动报酬、工作时间、休息休假、劳动安全卫生、保险福利、职工培训、劳动纪律以及劳动定额管理等直接涉及劳动者切身利益的规章制度或者重大事项时，应当经职工代表大会或者全体职工讨论，提出方案和意见，与工会或者职工代表平等协商确定。在规章制度和重大事项决定实施过程中，工会或者职工认为不适当的，有权向用人单位提出，通过协商予以修改完善。用人单位应当将直接涉及劳动者切身利益的规章制度和重大事项决定公示或者告知劳动者。可见，规章制度的制定一定不是用人单位的单方行为，需要经职工代表大会或者全体职工讨论，并与工会或者职工代表平等协商确定。除此之外，规章制度的公示或者告知情况也是必经程序，不可缺少。

其次，用人单位引用规章制度的条款来处罚劳动者，一定不能发生错误。不能出现劳动者明明触犯的是 A 条款，用人单位在处罚单上写明的依据却是 B 条款。如果劳动者的行为同时触犯两个条款，最好全部罗列上去，比如劳动者的行为比较严重，违反一次就视为严重违反用人单位规章制度，但是他之前还因一次严重违纪行为被处罚过，而规章制度规定两次严重违纪也视为严重违反用人单位规章制度，那就应该把这两个条款全部列明，以免被仲裁庭或者法院认为劳动者的这种违纪行为严重程度不够，达不到可以解除劳动合同的地步。

再次，用人单位依照规章制度对劳动者进行处罚，一定要保留好客观证据。比如，劳动者因迟到而被处罚，需要保留考勤记录；若因串岗而被处罚，也应保留车间的视频。因为一旦发生纠纷，仲裁庭和法庭都是要求凭证据说话的。

最后，用人单位依照规章制度解除劳动合同一定要尽量保守。解除劳动合同毕竟是用人单位可以使用的对劳动者最严厉的处罚手段，但同时也是可能给自己招致严重法律后果的行为，要尽量保守。比如，规章制度规定 4 次迟到可以解除劳动合同，不妨等 6 次迟到再解除劳动合同；规章制度规定 2 次大过可以解除劳动合同，不妨等劳动者记 3 次大过后再进行处分。这样做的好处是不会让仲裁庭或者法院认为规章制度对劳动者来说过于苛严，从而认为对劳动者的处罚没有合理性。

【相关知识】如何依规章解雇员工

说明：这是我们在代理顾问单位一个劳动争议案件时提交的证据说明及证据，这个案子的内容就是劳动者认为用人单位违法解除劳动合同，而用人单位认为是因为劳动者严重违反规章制度才被解除劳动合同，通过这些证据，完全可以看出用人单位在引用规章制度条款解除劳动合同时要注意的事项，以及此前应做好哪些工作。

证据说明（一）

证据名称	员工档案表 员工入职登记表 劳动合同 职位说明书
证据来源	被诉人提供
证明对象	申请人与被诉人建立劳动合同关系的基本信息
证明内容	申请人与被诉人之间已经签订劳动合同，且申请人工作岗位所负的职责明确而具体。

提交证据人签名：　　　　　　　　　　　　　　　提交日期：

证据说明（二）

证据名称	员工手册制定过程中的相关文件 入职员工领取《员工手册》签收表 入职培训记录表
证据来源	被诉人提供
证明对象	被诉人的《员工手册》制度程序合法 申诉人已经知悉《员工手册》的内容
证明内容	被诉人规章制度经民主程序制定，申请人已经领取《员工手册》，知悉《员工手册》的内容。 被诉人已经对申请人进行《员工手册》知识的培训。

提交证据人签名：　　　　　　　　　　　　　　提交日期：

证据说明（三）

证据名称	违纪、违规事件调查处理报告书 考勤明细 考勤汇总 劳动合同解除通知书
证据来源	被诉人提供
证明对象	申诉人因严重违反被诉人公司规章制度被被诉人解除劳动合同关系的事实
证明内容	根据考勤记录显示，申请人迟到多达十余次，已被严重书面警告3次，被诉人根据《员工手册》的规定，解除与申请人的劳动关系。

提交证据人签名：　　　　　　　　　　　　　　提交日期：

【相关文书】

广州市 ×× 有限公司
违规、违纪事件调查处理报告书

日期 Date：　　　　　　　　　　　　　　　　　　入职日期 Hire date：

工号 No.	×××	姓名 Name	黎 ××	部门 Dept.	××	职位 Position	××

事件简述 Brief Description of the event：

多次迟到，5/7 迟到 13 分钟，5/15 迟到 8 分钟；5/17 迟到 11 分钟。

当事人：拒签　　　　　　　　　　　　　　提报人：×××

Person Concerned　　　　　　　　　　　　Reported by

证人或证物：

见证人：×××

Proved by

所属部门主管 / 经理意见 Dept Head's comment：

经考勤佐证，建议给予书面警告处分。

部门主管 / 经理：×××

Dept Head

人力资源部处理建议 HR Suggestion：

根据《员工手册》第 9.7.1 条予以书面警告处理。

经办人：×××

Handler

处罚类别：

☑ 书面警告　　　　☐严重书面警告　　　　☐解雇

人力资源经理意见 HR Manager's Comment：

人力资源经理：×××

HR Manager

申诉渠道：如对以上处理结果有异议，请在 2 个工作日内向厂方人力资源部进行书面申诉，否则将视为接受以上处分。

劳动合同解除通知书

卡号：＿＿＿＿＿＿姓名：＿＿＿＿＿部门：＿＿＿＿＿＿职务：＿＿＿＿＿＿

你因＿＿＿＿＿＿＿＿＿＿＿＿＿＿＿事由，根据工厂制度，作实时解除劳动合同。依劳动合同法，不需支付经济补偿金。

依据如下：

工厂《员工手册》条款第＿＿条；

《劳动合同法》第三十九条规定："劳动者有下列情形之一的，用人单位可以解除劳动合同：……（二）严重违反用人单位的规章制度的……"

因此本厂将按违反厂规制度作解除劳动合同处理。

备注：劳动者本人和用人单位双方明确就劳动合同解除没有争议，劳动者本人放弃申请劳动仲裁和民事诉讼的权利。

本人签名确认：＿＿＿＿＿＿＿＿＿＿＿＿＿＿＿＿＿＿＿

部门负责人签字确认：＿＿＿＿＿＿＿＿＿＿＿＿＿＿＿＿

人力资源部签字确认：＿＿＿＿＿＿＿＿＿＿＿＿＿＿＿＿

离职通知单

<table>
<tr><td colspan="2">部门 / 组别：</td><td></td><td>姓名：</td><td colspan="2"></td></tr>
<tr><td colspan="2">入职日期 / 职位：</td><td></td><td>卡号：</td><td colspan="2"></td></tr>
<tr><td colspan="6">您已获准于 ×××× 年 ×× 月 ×× 日离职（即最后工作日的次日），请于该日按下列事项办理相关离职。</td></tr>
<tr><td>手续：</td><td colspan="2"></td><td></td><td></td><td></td></tr>
<tr><td>序号</td><td colspan="2">应 办 事 项</td><td>经办部门 / 组别</td><td>经办人 / 签署</td><td>备注</td></tr>
<tr><td>1</td><td colspan="2">缴回工具、文具等用品</td><td></td><td></td><td>由员工部门或工具房确认</td></tr>
<tr><td>2</td><td colspan="2">完成工作交接</td><td></td><td></td><td>由员工直接上司确认</td></tr>
</table>

续表

3	办理退宿、借餐费用结果（借餐费：××元）			
	当月扣除费用：××× 元 当月津贴：××× 元			
	上月扣除费用：××× 元 上月津贴：××× 元			
4	办理工衣手续（扣除费用：××× 元）			
5	办理工厂图书、碗柜钥匙归还手续			
6	缴回笔记本电脑、删除电邮账号	IT 部		
7	缴回厂证、考勤卡、更新员工花名册	人力资源部		
8	计算及派发最后薪金			
9	派发离职证明、停止社保登记，退 / 转社保申请书			
经审核：该员工已完成上述离职手续的办理工作，准予正式离职。				
		人力资源部		
		×××× 年 ×× 月 ×× 日		

第三章

离职管理的法律风险控制

【概述】

员工离职同样是劳动争议比较集中的阶段，从用人单位的赔偿金额来看，也是法律风险最大的阶段。如果用人单位的解除行为被认定为违法解除，用人单位需要向劳动者支付赔偿金，这差不多已经是最严厉的处罚措施，因此，这个阶段的用工管理不可不慎重。

本章以五个小节来论述离职管理过程中的用工法律风险控制问题：

第一节为“协商解除劳动合同”，即用人单位与劳动者协商解除劳动合同时所隐藏的法律风险，比如解除主体不适格、协议内容不合法、少支付经济补偿金、劳动者放弃经济补偿金以及未签订书面解除协议的风险及其解决方法。

第二节为“劳动者解除劳动合同”，即劳动者单方解除劳动合同所带来的用工法律风险，比如劳动者以用人单位不提供劳动条件、变相降低工资或强制调岗等名目为由而解除劳动合同，用人单位所面临的风险及其控制方法。

第三节为“用人单位解除劳动合同”，即用人单位单方解除劳动合同所存在的法律风险，包括试用期解除合同、解除形式不合法、解雇证据不足，以及解雇了不能解雇的员工将面临的法律后果及其预防。

第四节为“劳动合同终止”，即在劳动合同终止情形下包含的法律风险，比如用人单位与连续工作 15 年且距退休不到 5 年的劳动者终止合同、用人单位终止合同未提前通知，或者依劳动合同的约定任意终止劳动合同的风险及解决方案。

第五节为“其他离职管理法律风险”，包括常见的末位淘汰问题、用人单位拒不出具解除或终止劳动合同证明以及拒发离职员工年终奖的风险及其控制。

本章内容还包括了离职过程中的常用合同模板、离职流程的常用表单，以及有关离职的劳动法基本知识，内容较为丰富，熟悉本章内容，可以防范常见的员工离职法律风险。

第一节　协商解除劳动合同

一、主体不合法的法律风险

用人单位在和劳动者协商解除劳动合同的时候，劳动者是否具有完全民事行为能力，是否为适格主体会影响签订的解除劳动合同协议的效力。如果劳动者在签订离职协议时是不具有完全民事行为能力的，该离职协议会被认定为无效协议，劳动者的监护人去申请仲裁或者起诉要求继续履行劳动合同，一般是会得到支持的，而且用人单位还需要对劳动者作出一定的补偿，比如给予病假期间的待遇等。

以案说法

51. 患精神病员工与用人单位解除劳动合同，法院判决该行为无效

基本案情

东风公司于1997年7月与冯某某建立劳动关系，并于2006年7月签订无固定期限劳动合同。2012年冯某某多次向东风公司提出辞职申请，经东风公司做工作后放弃。2013年2月5日，冯某某以“我已近不惑之年，如果不立即行动起来，恐怕有生之年就再也没有机会环游世界并实现自己的愿望了”为由，正式以书面形式向东风公司提出解除劳动合同。同年3月6日，冯某某再次向东风公司提出解除劳动合同的书面申请，要求解除劳动合同，东风公司遂同意其解除劳动合同的申请，双方劳动合同于2013年3月15日解除。后冯某某被发现精神不正常，冯某某父母据此向法院申请宣告冯某某为无民事行为能力人，并依法指定监护人。法院受理后，委托鉴定机构进行鉴定，

鉴定机构于2014年1月10日作出鉴定结论：冯某某心境障碍，目前为治疗康复期，2013年2月5日前后至治疗康复期结束应为无民事行为能力。法院于2014年1月13日判决宣告冯某某为无民事行为能力人，指定其父亲老冯为冯某某的监护人。

法院判决

法院认为，《民法通则》第十三条第一款、第五十八条第一项规定，不能辨认自己行为的精神病人是无民事行为能力人，由他的法定代理人代理民事活动；无民事行为能力的自然人实施的民事行为无效。判断冯某某解除劳动合同行为的效力应审查其作出该行为时是否为“不能辨认自己行为的精神病人”，根据《最高人民法院关于贯彻执行〈中华人民共和国民法通则〉若干问题的意见（试行）》第七条的规定，当事人是否患有精神病，应当根据司法精神病学鉴定或者参照医院的诊断、鉴定确定。本案中，冯某某经医学诊断患有精神分裂症，其父母和湖北省十堰市张湾区人民法院分别委托鉴定机构作出的鉴定意见，均为冯某某自2013年2月5日为无民事行为能力，东风公司并无证据推翻鉴定机构作出的鉴定意见，因此，认定冯某某解除劳动合同行为为无效的民事行为事实依据充分。遂判决：确认东风公司与冯某某解除劳动合同的行为无效。①

【法律风险防范】

签订解除劳动合同协议即使是劳动者先提出来的，但只要劳动者有证据证明其签订时是限制民事行为能力人的，公司还是要面对法律风险。如迫切需要解除劳动合同，应由限制民事行为能力员工的监护人来与公司签订解除劳动合同的协议，这样才是有效的协议。

【法条链接】

《民法总则》第二十一条第一款

不能辨认自己行为的成年人为无民事行为能力人，由其法定代理人代理实施民事法律

① 武汉市中级人民法院（2014）鄂武汉中民商终字第01547号民事判决。

行为。

《民法总则》第二十二条

不能完全辨认自己行为的成年人为限制民事行为能力人，实施民事法律行为由其法定代理人代理或者经其法定代理人同意、追认，但是可以独立实施纯获利益的民事法律行为或者与其智力、精神健康状况相适应的民事法律行为。

《民法总则》第一百四十四条

无民事行为能力人实施的民事法律行为无效。

《民法总则》第一百四十五条第一款

限制民事行为能力人实施的纯获利益的民事法律行为或者与其年龄、智力、精神健康状况相适应的民事法律行为有效；实施的其他民事法律行为经法定代理人同意或者追认后有效。

《劳动法》第二十九条

劳动者有下列情形之一的，用人单位不得依据本法第二十六条、第二十七条的规定解除劳动合同：

（一）患职业病或者因工负伤并被确认丧失或者部分丧失劳动能力的；

（二）患病或者负伤，在规定的医疗期内的；

……

二、解除劳动合同协议内容不合法的法律风险

用人单位在面对患有职业病或者需要支付经济补偿金的员工的离职问题时，为了避免支付伤残补助金、经济补偿金等费用，常常会在解除劳动关系协议上签订一些“一次性条款”。比如“本人同意公司支付经济补偿金 ××× 元，双方签订协议书后解除劳动关系，以后本人的一切与公司无关，本人不得再以任何理由向公司追究法律责任和要求经济补偿”之类的条款。用人单位可能认为这样的条款在将来发生劳动争议时可以成为自己的“武器”，使自己免于赔偿，甚至认为劳动者不再具有提起仲裁的权利，但是这种想法不一定会得到支持。如果劳动者申请劳动仲裁的话，用人单位并不会因为这个条款就免于赔偿。此外，用人单位也不能通过签订协议限制员工合法行使因本单位其他行为对员工造成损失的赔偿请求权。“本人不得再以任何理由向公司追究法律责任和要求经济补偿”的约定将不受法律保护。

以案说法

52. 用人单位与劳动者协议解除劳动合同，法院不予认可协议效力

基本案情

曾某某于2007年7月开始进入被告 ×× 煤业从事井下采煤工作，并担任代班长。2014年1月，×× 煤业口头通知曾某某不要去上班。2014年3月29日，双方经协商，由 ×× 煤业支付曾某某“离矿健康费补助”15000元，曾某某向 ×× 煤业出具收据领取了该15000元。随后，曾某某离开了 ×× 煤业。2014年8月18日，曾某某经娄底市疾病预防控制中心诊断为“煤工尘肺叁期”。2015年9月24日，曾某某所患疾病被冷水江市人力资源和社会保障局认定为工伤。2016年2月15日，娄底市劳动能力鉴定委员会对曾某某的工伤鉴定为三级伤残。

法院判决

法院认为，劳动者的权益依法受到法律保护。原告曾某某因患病被认定为工伤，并经娄底市劳动能力鉴定委员会鉴定为三级伤残，应依法享受相应的工伤保险待遇。**上诉人 ×× 煤业与被上诉人曾某某签订的《用工协议书》，明显违反法律规定，违背公平、诚实信用原则，其内容不合法，不能作为本案定案依据。遂根据曾某某与 ×× 煤业之间所存在的事实劳动关系、工伤状况、劳动能力鉴定意见和依据《劳动合同法》《工伤保险条例》《湖南省农民工参加工伤保险暂行办法》相关规定计算工伤保险待遇**，判决：由被告 ×× 煤业支付原告曾某某一次性伤残补助金72795元（3165元/月 ×23个月）；由被告 ×× 煤业支付原告曾某某一次性工伤保险长期待遇417780元（3165元/月 ×132个月）；由被告 ×× 煤业支付原告曾某某解除劳动合同经济补偿金22155元（3165元/月 ×7）；由被告 ×× 煤业支付原告曾某某诊断鉴定费1340元。以上四项合计514070元，核减被告 ×× 煤业已经支付的15000元，尚欠499070元。[①]

---

① 娄底市中级人民法院（2016）湘13民终1390号民事判决。

【法律风险防范】

上述案例中 ×× 煤业认为其支付了曾某某“离矿健康费补助”15000 元，曾某某就不能再对其工伤申请赔偿，并且他们在《用工协议书》中已经约定好一次性伤残补助、一次性工伤保险等待遇，故不可再主张。但这个说法并不能得到法院的支持，因为该《用工协议书》明显违反法律规定，违背公平、诚实信用原则，其内容不合法。法律对工伤的赔偿标准有着明确的规定，用人单位不可通过与劳动者的合同约定而免除自身义务。因此，用人单位在和劳动者签订解除劳动合同协议的时候要注重内容的合法性，不要违反法律的强制性规定。

【法条链接】

《工伤保险条例》第六十二条第二款

依照本条例规定应当参加工伤保险而未参加工伤保险的用人单位职工发生工伤的，由该用人单位按照本条例规定的工伤保险待遇项目和标准支付费用。

《劳动合同法》第四十六条

有下列情形之一的，用人单位应当向劳动者支付经济补偿：

（一）劳动者依照本法第三十八条规定解除劳动合同的；

（二）用人单位依照本法第三十六条规定向劳动者提出解除劳动合同并与劳动者协商一致解除劳动合同的；

（三）用人单位依照本法第四十条规定解除劳动合同的；

（四）用人单位依照本法第四十一条第一款规定解除劳动合同的；

（五）除用人单位维持或者提高劳动合同约定条件续订劳动合同，劳动者不同意续订的情形外，依照本法第四十四条第一项规定终止固定期限劳动合同的；

（六）依照本法第四十四条第四项、第五项规定终止劳动合同的；

（七）法律、行政法规规定的其他情形。

《劳动合同法》第四十七条

经济补偿按劳动者在本单位工作的年限，每满一年支付一个月工资的标准向劳动者支付。六个月以上不满一年的，按一年计算；不满六个月的，向劳动者支付半个月工资的经济补偿。

劳动者月工资高于用人单位所在直辖市、设区的市级人民政府公布的本地区上年度职工月平均工资三倍的，向其支付经济补偿的标准按职工月平均工资三倍的数额支付，向其支付经济补偿的年限最高不超过十二年。

本条所称月工资是指劳动者在劳动合同解除或者终止前十二个月的平均工资。

三、协商解除合同时少付经济补偿金的法律风险

法律对用人单位在解除与劳动者的劳动合同需支付经济补偿金的情形作出了明确的规定，在法定情形下用人单位对劳动者支付多少的赔偿金法律也有明确的标准。那么，如果解除劳动合同协议中约定的经济补偿金数额低于法定标准，该约定是否有效？劳动者如果依据法定标准向法院提起诉讼，法院是否会支持劳动者的主张？实践中来看，法院一般是会支持劳动者的诉求，判决用人单位补足经济补偿金或者赔偿金的。

以案说法

53. 用人单位解除劳动合同时少付经济补偿金，法院判决用人单位补足差额

基本案情

陈某自2011年9月5日到唐山×××设备有限公司从事钳工工作。2015年4月13日，唐山×××设备有限公司以陈某“工作期间消极怠工、量化考核排名均靠后，以各种理由请事假，截至上季度累计请假11天（公司统一调休除外），并多次编造更重理由拒绝出差，或自行选择出差地点，不服从领导，不接受工作安排，其本人对上述问题表示认可，其部分行为与企业文化相背离”为由，给予陈某降级处分。2015年9月5日，双方的劳动合同到期，公司不再续签劳动合同，双方劳动合同关系终止，公司向陈某支付了解除劳动合同经济补偿金人民币11200元。2015年9月7日，陈某向唐山高新技术产业开发区劳动人事争议调解仲裁委员会申请劳动仲裁，要求支付经济补偿金差额8843.15元及其他费用，仲裁委员会驳回陈某的仲裁请求，陈某不服诉至法院。

法院判决

法院认为，根据《劳动合同法》第四十七条、《劳动合同法实施条例》第

二十七条的规定，计算解除劳动合同经济补偿金的标准，应当按照劳动者在劳动合同解除前 12 个月的应得工资计算，其中包括计时工资或者计件工资以及奖金、津贴和补贴等货币性收入。本案中，原告 2014 年 9 月至 2015 年 8 月的应得工资，包括原告各月基本工资、基本奖金、加班费、年终奖、2015 年 8 月少发工资，合计为 44239.41 元，计算经济补偿金的月工资标准为 3686.62 元（44239.41 ÷ 12），原告在被告处工作共计 4 年，被告应支付给原告解除劳动合同经济补偿金 14746.48 元（3686.62 ×4），被告已支付原告经济补偿金 11200 元。故被告应向原告支付经济补偿金差额 3546.48 元（14746.48–11200）。遂判决：被告唐山 ××× 设备有限公司于判决生效后十日内向原告陈某支付终止劳动合同经济补偿金差额人民币 3546.48 元。①

【法律风险防范】

从上述案例可以看出，当劳动合同解除之时，用人单位若少支付了经济补偿金，是有可能需要补足的。原则上经济补偿金是不能低于法定标准的。那么用人单位在和员工签订解除劳动合同协议的时候，约定经济补偿金需要注意什么？一般来说，用人单位在与劳动者解除劳动合同时还是要按照法定标准支付经济补偿金的，这有利于企业的稳定和减少法律风险。但是，在双方协商一致，劳动者也同意不按法定标准领取经济补偿金的情况下，则可以低于法定标准。用人单位可以在协议中注明已明确告知劳动者相关法律法规的规定，明确告知劳动者法定补偿标准，劳动者若自愿放弃领取法定标准的经济补偿金并签订相关的协议，这时候，协议里关于经济补偿金的约定就可以发生法律效力。用人单位也可以依此减少自己的法律风险。

【法条链接】

《劳动合同法》第四十七条

经济补偿按劳动者在本单位工作的年限，每满一年支付一个月工资的标准向劳动者支付。六个月以上不满一年的，按一年计算；不满六个月的，向劳动者支付半个月工资的经济补偿。

劳动者月工资高于用人单位所在直辖市、设区的市级人民政府公布的本地区上年度职

① 唐山市中级人民法院（2016）冀 02 民终 2952 号民事判决。

工月平均工资三倍的，向其支付经济补偿的标准按职工月平均工资三倍的数额支付，向其支付经济补偿的年限最高不超过十二年。

本条所称月工资是指劳动者在劳动合同解除或者终止前十二个月的平均工资。

《劳动合同法实施条例》第二十七条

劳动合同法第四十七条规定的经济补偿月工资按照劳动者应得工资计算，包括计时工资或者计件工资以及奖金、津贴和补贴等货币性收入。劳动者在劳动合同解除或者终止前12个月的平均工资低于当地最低工资标准的，按照当地最低工资标准计算。劳动者工作不满12个月的，按实际工作的月数计算平均工资。

《劳动合同法》第八十五条

用人单位有下列情形之一的，由劳动行政部门责令限期支付劳动报酬、加班费或者经济补偿；劳动报酬低于当地最低工资标准的，应当支付其差额部分；逾期不支付的，责令用人单位按应付金额百分之五十以上百分之一百以下的标准向劳动者加付赔偿金：

（一）未按照劳动合同的约定或者国家规定及时足额支付劳动者劳动报酬的；

（二）低于当地最低工资标准支付劳动者工资的；

（三）安排加班不支付加班费的；

（四）解除或者终止劳动合同，未依照本法规定向劳动者支付经济补偿的。

四、协商离职时劳动者放弃经济补偿的法律风险

劳动者基于各种原因，在离职时可能会放弃原本可以获得的经济补偿金或者赔偿金，如果这种决定是出于劳动者的自愿，是可以得到法庭的支持的，但如果这种决定是因为受用人单位欺诈或者胁迫而作出，即使签订了放弃相关经济补偿权利的协议，这种协议也可能会被法庭认定为无效协议。劳动者依法可以获得的经济补偿金或者赔偿金，用人单位仍然应该支付。

以案说法

54. 用人单位胁迫劳动者放弃经济补偿，法院判决用人单位支付赔偿金

基本案情

2010年9月15日，原告谢某进入被告四川×××食品有限公司上班，2015

年1月22日，四川 ××× 食品有限公司因经营困难，决定裁减部分员工。在解除与谢某的劳动关系前，公司主要负责人与谢某等被裁减人员进行了谈话。谢某对谈话录音的内容主要为："公司：目前经营困难，进行裁员，要求谢某签订承诺书。谢某：该承诺书不合法，系霸王条款，侵犯了我的合法权利，与国家法律规定相违背，系无效，但为了未发放的工资，我愿意签，但保留对我的权益进行申诉的权利。公司：签了就把钱打给你，请理解公司的难处……"同日，谢某在打印的承诺书上签名，承诺书载明："……我自愿与公司终止或解除劳动关系，并自愿放弃终止或解除劳动关系后应享有的经济补偿等一切权益……"谢某在承诺书上签字后，四川 ××× 食品有限公司向其发放了2014年12月至2015年1月共3个月的工资。

法院判决

法院认为，该承诺书系谢某不愿签订的前提下，四川 ××× 食品有限公司明确表示签订承诺书后及时给付未发的3个月工资，谢某才签订承诺书。据此，应认定谢某在签订该承诺书时，受到了四川 ××× 食品有限公司的胁迫，承诺书的内容不是谢某真实意思表示；同时谢某在承诺书中表示"自愿与公司终止或解除劳动关系，并自愿放弃终止或解除劳动关系后应享有的经济补偿等一切权益，即不向公司主张终止或解除劳动关系依法应享有的权益"，该承诺内容明显剥夺了谢某作为劳动者的合法权益，免除了四川 ××× 食品有限公司作为用人单位的法定义务。依照《劳动合同法》第二十六条"下列劳动合同无效或者部分无效：（一）以欺诈、胁迫的手段或者乘人之危，使对方在违背真实意思的情况下订立或者变更劳动合同的；（二）用人单位免除自己的法定责任、排除劳动者权利的"之规定，应对谢某向四川 ××× 食品有限公司出具的承诺书确认为无效。遂判决：由被告四川 ××× 食品有限公司在本判决生效之日起十日内支付原告谢某因解除劳动合同所产生的经济补偿金、赔偿金共计13324.50元。①

【法律风险防范】

在离职的过程中，用人单位与劳动者经过充分协商，劳动者自愿放弃部

① 四川省资阳市中级人民法院（2015）资民终字第776号民事判决。

分或者全部经济补偿时，双方应签订书面协议，将协商的内容固定下来。一般情况下，只要这种协商是自愿的，放弃经济补偿是劳动者自由的意思表示，解除劳动合同关系协议的效力就会得到法庭的认可。

【法条链接】

《劳动合同法》第二十六条

下列劳动合同无效或部分无效：

（一）以欺诈、胁迫的手段或者乘人之危，使对方在违背真实意思的情况下订立或者变更劳动合同的；

（二）用人单位免除自己的法定责任、排除劳动者权利的。

……

五、未签订书面解除协议的法律风险

双方协商解除劳动合同的，不论是用人单位还是劳动者都可以提出，但如果是用人单位提出的，用人单位应向劳动者支付相应的经济补偿金；如果是劳动者提出的，用人单位则不需支付经济补偿金。但无论是哪方提出解除，用人单位都应签订劳动合同解除协议，用书面的形式将协商内容确定下来，一则规范用人单位人事管理程序，二则防止个别劳动者恶意仲裁（诉讼）。如果未签订书面解除协议，劳动者若提起仲裁，用人单位连双方劳动合同是否解除，何时解除可能都无法提供证据以证明，更遑论究竟是由哪一方提出解除劳动合同了，用人单位将因此面临较大的法律风险。

以案说法

55. 用人单位未及时与劳动者签订书面解除协议，法院判决支持劳动者的主张

基本案情

2005年9月李某某到郑州××股份有限公司超化煤矿工作，从事掘工。

2016 年 1 月，郑州 ×× 股份有限公司超化煤矿因生产经营形式发生变化，李某某不同意郑州 ×× 股份有限公司超化煤矿的分流转岗意见。2016 年 2 月 25 日，李某某提出协议解除劳动合同申请，并离开了郑州 ×× 股份有限公司超化煤矿。后李某某因不同意延期领取补偿金，向新密市劳动人事争议仲裁委员会申请劳动仲裁，要求郑州 ×× 股份有限公司超化煤矿立即支付补偿金。仲裁委员会支持李某某仲裁请求，郑州 ×× 股份有限公司不服裁决诉至法院。

法院判决

法院认为，被告虽然向原告提交了书面解除劳动合同申请，但是双方并没有签订解除劳动合同的书面协议，也没有履行解除劳动合同的相关手续，因此，原告所称的延期发放解除劳动合同经济补偿金对被告没有法律约束力。现被告要求与原告解除劳动关系，立即发放经济补偿金，法院予以支持。遂判决：一、原告郑州 ×× 股份有限公司超化煤矿与被告李某某解除劳动关系；二、原告郑州 ×× 股份有限公司超化煤矿向被告李某某支付经济补偿金 47176.5 元，限于判决生效后十日内履行完毕。[①]

【法律风险防范】

用人单位单方面提出解除劳动合同的，应当符合法定的程序与法定的情形。用人单位在和劳动者解除劳动合同的时候要保留证据证明已协商解除劳动关系，并且签订解除劳动合同的书面协议，并在协议书中注明劳动者的工资情况。这样在发生纠纷的时候，公司可以此协议来维护自己的合法权益。如果是劳动者一方提出解除劳动合同关系，用人单位最好在劳动合同关系解除协议中确认解除劳动合同是由劳动者本人率先提出的，这样用人单位就可以节省相应的经济补偿金。

【法条链接】

《劳动合同法》第四十三条

用人单位单方解除劳动合同，应当事先将理由通知工会。用人单位违反法律、行政法

---

① 新密市人民法院（2016）豫 0183 民初 2344 号民事判决。

规规定或者劳动合同约定的，工会有权要求用人单位纠正。用人单位应当研究工会的意见，并将处理结果书面通知工会。

《劳动合同法》第五十条

用人单位应当在解除或者终止劳动合同时出具解除或者终止劳动合同的证明，并在十五日内为劳动者办理档案和社会保险关系转移手续。

劳动者应当按照双方约定，办理工作交接。用人单位依照本法有关规定应当向劳动者支付经济补偿的，在办结工作交接时支付。

用人单位对已经解除或者终止的劳动合同的文本，至少保存二年备查。

第二节　劳动者解除劳动合同

一、不提供劳动条件迫使员工离职的法律风险

“劳动条件”是指劳动者在劳动过程中所必需的物质设备条件。依据《劳动合同法》第三十八条的规定，用人单位未按照劳动合同约定提供劳动保护或者劳动条件的，劳动者可以解除劳动合同。《劳动合同法》第四十六条规定，劳动者依照本法第三十八条规定解除劳动合同的，用人单位应当向劳动者支付经济补偿金。

以案说法

56. 用人单位强行调岗，法院认定为不提供劳动条件，判决支付经济补偿金

基本案情

沈某某于1998年3月入职昆山×××有限公司，从事操作工岗位工作。2013年6月3日、6月4日，昆山×××有限公司两次书面通知沈某某要求其到食堂工作，工资按新岗位核算，沈某某分别于通知当日签收。2013年6月24日，昆山×××有限公司再次书面通知沈某某，内容为：“你自2013年6月

18日起未至公司上班，希望你接到本通知函后，立即到公司上班，岗位另行协商。”2013年6月26日，沈某某与林某共同致信昆山×××有限公司，内容大致为要求调岗不降薪，按劳动合同法给予合理的经济补偿。之后，昆山×××有限公司再无回应。

法院判决

法院认为，原告方认为被告公司未能按照劳动合同提供劳动条件，且未足额支付劳动报酬，故要求被告支付经济补偿金40800元；被告公司抗辩认为已多次与原告协商，系原告一直未到公司上班，按照员工手册规定，对原告的行为可按自动离职或违纪辞退处理，不应支付经济补偿金。**法院认定原告解除与被告公司劳动合同的责任在于被告公司未能按照劳动合同约定为劳动者提供劳动条件。**综合上述事实，依据《劳动合同法》第三十八条“用人单位有下列情形之一的，劳动者可以解除劳动合同：（一）未按照劳动合同约定提供劳动保护或者劳动条件的；（二）未及时足额支付劳动报酬的……”及第四十六条“有下列情形之一的，用人单位应当向劳动者支付经济补偿：（一）劳动者依照本法第三十八条规定解除劳动合同的……”之规定，被告公司应当向原告支付经济补偿金。至于经济补偿金的数额，原告主张为40800元，依据《劳动合同法》第四十七条“经济补偿按劳动者在本单位工作的年限，每满一年支付一个月工资的标准向劳动者支付。六个月以上不满一年的，按一年计算；不满六个月的，向劳动者支付半个月工资的经济补偿……本条所称月工资是指劳动者在劳动合同解除或者终止前十二个月的平均工资”之规定，原告自1998年3月入职至最后工作日2013年6月19日，在被告公司工作已满15年未满15.5年，故被告公司应当支付原告相当于15.5个月工资的经济补偿金。因原告系在2013年7月30日仲裁庭审时提出解除与被告公司的劳动关系，故依据其2013年7月之前的12个月工资计算平均工资核算，原告的月平均工资为2221.44元。综上，法院认定被告公司应当支付原告的经济补偿金为34432.32元（2221.44×15.5）。遂判决：被告昆山×××有限公司于本判决生效之日起五日内一次性支付原告沈某某经济补偿金34432.32元。[①]

① 昆山市人民法院（2013）昆巴民初字第0457号民事判决。

【法律风险防范】

《劳动合同法》第十七条规定："劳动合同应当具备以下条款：（一）用人单位的名称、住所和法定代表人或者主要负责人；（二）劳动者的姓名、住址和居民身份证或者其他有效身份证件号码；（三）劳动合同期限；（四）工作内容和工作地点；（五）工作时间和休息休假；（六）劳动报酬；（七）社会保险；（八）劳动保护、劳动条件和职业危害防护；（九）法律、法规规定应当纳入劳动合同的其他事项……"由此可知，劳动保护、劳动条件是用人单位必须提供给劳动者的，如果用人单位未能按照劳动合同约定为劳动者提供劳动条件是违法的，劳动者若以此为由单方解除劳动合同，用人单位应支付经济补偿金。

【法条链接】

《劳动合同法》第三十八条

用人单位有下列情形之一的，劳动者可以解除劳动合同：

（一）未按照劳动合同约定提供劳动保护或者劳动条件的；

（二）未及时足额支付劳动报酬的；

（三）未依法为劳动者缴纳社会保险费的；

（四）用人单位的规章制度违反法律、法规的规定，损害劳动者权益的；

（五）因本法第二十六条第一款规定的情形致使劳动合同无效的；

（六）法律、行政法规规定劳动者可以解除劳动合同的其他情形。

用人单位以暴力、威胁或者非法限制人身自由的手段强迫劳动者劳动的，或者用人单位违章指挥、强令冒险作业危及劳动者人身安全的，劳动者可以立即解除劳动合同，不需事先告知用人单位。

《劳动合同法》第四十六条

有下列情形之一的，用人单位应当向劳动者支付经济补偿：

（一）劳动者依照本法第三十八条规定解除劳动合同的；

（二）用人单位依照本法第三十六条规定向劳动者提出解除劳动合同并与劳动者协商一致解除劳动合同的；

（三）用人单位依照本法第四十条规定解除劳动合同的；

（四）用人单位依照本法第四十一条第一款规定解除劳动合同的；

（五）除用人单位维持或者提高劳动合同约定条件续订劳动合同，劳动者不同意续订的情形外，依照本法第四十四条第一项规定终止固定期限劳动合同的；

（六）依照本法第四十四条第四项、第五项规定终止劳动合同的；

（七）法律、行政法规规定的其他情形。

二、变相降低工资迫使劳动者离职的法律风险

实践中，用人单位为了避免支付较高的经济补偿金会采取某些手段迫使劳动者自动离职，比如说调动工作岗位，将劳动者调换到非自身专业领域的岗位，通过其工作内容、工作时间的变动，变相降低劳动者工资，使劳动者接受不了工作安排自动辞职，或者直接降低劳动者的工资，使劳动者无法忍受低薪水而自行离职。这两种做法是很不可取的，不但会给用人单位的管理带来负面影响，也会带来较大的法律风险。

随意调岗或降薪不仅对公司、对员工的管理有着极大的负面影响，会导致人心惶惶，劳动者对公司的信任度和归属感大大减弱，公司还会面临违法解除劳动合同应该支付经济补偿金的法律风险。这不会因为劳动者是自动离职就可以不支付的，因为劳动者离职是用人单位的不合法行为导致的，用人单位要为此承担相应的法律责任。

以案说法

57. 变相降低工资迫使劳动者离职，法院判决用人单位支付经济补偿金

基本案情

黄某某就职于东莞市豪豪电子配件有限公司、东莞市琪琪电子配件有限公司（同一家公司以两个公司名称对外经营），任职课长。工作期间公司认为黄某某违背了自己的工作职责，严重不负责任导致公司重大损失，把黄某某调整为师傅。黄某某不满意该岗位调动申请离职，离职后向东莞市第三人民法院起诉，要求公司支付经济补偿金。

法院判决

中院认为，**豪豪公司、琪琪公司主张黄某某工作严重失职，导致公司重**

大损失。但豪豪公司和琪琪公司所提交的会议记录、联络单、试修模通知单、记录表等证据不足以证实其主张。而电话录音显示，琪琪公司总经理欧阳某某明确黄某某降职为师傅后，日工作时间延长两小时，但工资待遇不变。故原审法院认定豪豪公司、琪琪公司免除黄某某工模课长一职不具合法依据，而延长工作时间工资待遇不发生变化，属变相降低工资待遇，黄某某据此解除劳动合同，豪豪公司、琪琪公司应向其支付解除劳动合同的经济补偿金。遂判决：限豪豪公司、琪琪公司于判决发生法律效力之日起三日内向黄某某支付解除劳动合同经济补偿金 54803.07 元。[①]

【法律风险防范】

用人单位无论以任何手段或形式变相降低员工工资，虽然从短期的工资支出来看为企业节省了成本，但是这种行为埋下的隐患是无穷大的，不利于公司的发展。被逼走的员工会对公司心存怨恨，一般都会通过法律手段去维护自己的合法权益，在上述案例中，劳动者以用人单位变相降薪为由单方解除劳动合同，法院判决用人单位向其支付经济补偿金。用人单位不但需要花费时间和精力去参与诉讼，而且这种行为还会导致公司的形象受损。留在公司的员工则会人心惶惶，随时担心下一个被逼走的人会不会是自己，对工作的态度和对公司的印象就会很消极和负面，从长远来看这是很不利于公司的发展的。

用人单位如果担心劳动者入职后不满足公司的要求，则需要在招聘的时候注重专业技能的考察，在工作期间加强技能的培训、建立完善的考察机制，不可以通过不合理、不合法的手段逼迫公司不想要的劳动者离职。

【法条链接】

《劳动合同法》第三十八条

用人单位有下列情形之一的，劳动者可以解除劳动合同：

（一）未按照劳动合同约定提供劳动保护或者劳动条件的；

（二）未及时足额支付劳动报酬的；

---

① 东莞市中级人民法院（2016）粤 19 民终 3929 号民事判决。

（三）未依法为劳动者缴纳社会保险费的；

（四）用人单位的规章制度违反法律、法规的规定，损害劳动者权益的；

（五）因本法第二十六条第一款规定的情形致使劳动合同无效的；

（六）法律、行政法规规定劳动者可以解除劳动合同的其他情形。

用人单位以暴力、威胁或者非法限制人身自由的手段强迫劳动者劳动的，或者用人单位违章指挥、强令冒险作业危及劳动者人身安全的，劳动者可以立即解除劳动合同，不需事先告知用人单位。

《劳动合同法》第四十六条

有下列情形之一的，用人单位应当向劳动者支付经济补偿：

（一）劳动者依照本法第三十八条规定解除劳动合同的；

（二）用人单位依照本法第三十六条规定向劳动者提出解除劳动合同并与劳动者协商一致解除劳动合同的；

（三）用人单位依照本法第四十条规定解除劳动合同的；

（四）用人单位依照本法第四十一条第一款规定解除劳动合同的；

（五）除用人单位维持或者提高劳动合同约定条件续订劳动合同，劳动者不同意续订的情形外，依照本法第四十四条第一项规定终止固定期限劳动合同的；

（六）依照本法第四十四条第四项、第五项规定终止劳动合同的；

（七）法律、行政法规规定的其他情形。

三、强制调岗迫使劳动者离职的法律风险

《劳动合同法》第三十五条规定，用人单位与劳动者协商一致，可以变更劳动合同约定的内容。根据《劳动合同法》的规定，调岗属于劳动合同内容的变更，所以用人单位是需要和劳动者协商一致的。虽然在一些地方的劳动法规中，用人单位因为生产经营的需要，可以对劳动者进行调岗，但也应该满足一定的条件，不可随意为之。在实践中，存在一些用人单位未经劳动者同意就对劳动者强制调岗的现象，这时候劳动者觉得无法接受新安排的工作岗位，而又与用人单位协商无果的情况下大多数会选择离职。这种情况下用人单位要承担法律风险，根据《劳动合同法》第四十六条的规定，用人单位应当向劳动者支付经济补偿。

以案说法

58. 用人单位强制调岗引发纠纷，法院判决用人单位支付经济补偿金

基本案情

蒋某某于1997年11月5日入职东莞××电子有限公司任厂务部课长，负责生产管理，双方已签订劳动合同。2016年1月初，东莞××电子有限公司多次要求将蒋某某从厂务部课长调至还未成立的工程部，蒋某某不同意调岗。但当月15日，东莞××电子有限公司强行将蒋某某从生产一线调至公司前栋4楼一个空置的安装了摄像监视的办公室上班，但未为蒋某某提供劳动条件，平均工资由原来的6300元/月降为4900元/月，蒋某某多次投诉无果。2016年1月23日，蒋某某以东莞××电子有限公司“强行调岗，且带有侮辱性、惩罚性，未提供劳动条件”为由离职。

法院判决

法院认为，原告蒋某某入职被告“东莞××电子有限公司”工作，双方签订了劳动合同，建立了劳动合同关系，所产生的劳动争议纠纷适用劳动法的规定进行处理：原告2016年1月23日离职，故确认双方的劳动合同关系于离职日解除；关于原告离职问题，原告主张，被告2016年1月初多次要求将其从厂务部课长调至还未成立的工程部，原告不同意，被告则在当月15日强行将原告从生产一线调至公司前栋4楼一个空置的安装了摄像监视的办公室上班，且未为原告提供劳动条件，平均工资由原来的6300元/月降为4900元/月，原告在多次投诉无果后被迫离职；被告则主张，2016年1月初，经协商，被告将原告从原来的厂务部课长调至同栋4楼工作性质一样的办公室上班，原告仍是任课长，工作性质和工资无变化；由于原告提供了《工作证》、公告栏照片、《东莞××电子有限公司联络单》、工作场所照片、光盘及文字说明、《东莞市人力资源局樟木头分局来访人员登记表》《律师函》及《快递单》等证据构成的证据链证实了其主张，而被告未充分举证证明其主张，因此，法院采信原告的主张，故原告以被告“强行调岗，且

带有污辱性、惩罚性，未提供劳动条件”为由离职属被迫。根据《劳动合同法》第三十八条“用人单位有下列情形之一的，劳动者可以解除劳动合同：（一）未按照劳动合同约定提供劳动保护或者劳动条件的”，第四十六条“有下列情形之一的，用人单位应当向劳动者支付经济补偿：（一）劳动者依照本法第三十八条规定解除劳动合同的”，以及第四十七条“经济补偿按劳动者在本单位工作的年限，每满一年支付一个月工资的标准向劳动者支付。六个月以上不满一年的，按一年计算；不满六个月的，向劳动者支付半个月工资的经济补偿”的规定，被告应向原告支付解除劳动合同关系经济补偿金114700元［即6200元/月（原告月平均工资）×18.5个月］。遂判决：限被告东莞××电子有限公司于本判决发生法律效力之日起五日内支付原告蒋某某解除劳动合同关系的经济补偿金114700元。[1]

【法律风险防范】

如果地方法规对于调岗没有更为明确的规定，根据《劳动合同法》第三十五条的规定，调动工作岗位，必须经用人单位和劳动者协商一致方可进行。

对于有地方规定的地区，用人单位在对劳动者进行调岗时也应严格按照地方法规的规定进行操作。以广东省为例，《广东省高级人民法院、广东省劳动人事争议仲裁委员会关于审理劳动人事争议案件若干问题的座谈会纪要》第二十二条规定，用人单位调整劳动者工作岗位，同时符合以下情形的，视为用人单位合法行使用工自主权，劳动者以用人单位擅自调整其工作岗位为由要求解除劳动合同并请求用人单位支付经济补偿的，不予支持：（1）调整劳动者工作岗位是用人单位生产经营的需要；（2）调整工作岗位后劳动者的工资水平与原岗位基本相当；（3）不具有侮辱性和惩罚性；（4）无其他违反法律法规的情形。根据该条规定，如果调岗是用人单位生产经营的需要，调整岗位后劳动者的工资水平与原岗位基本相当，且调岗行为不具有侮辱性和惩罚性，调岗可以视为用人单位合法行使用工自主权，劳动者即便单方解除劳动合同，

---

① 东莞市第三人民法院（2016）粤1973民初5253号民事判决。

用人单位也不需要向其支付经济补偿金。因此，用人单位应以该条的规定来规范对劳动者的调岗行为。

【法条链接】

《劳动合同法》第三十五条

用人单位与劳动者协商一致，可以变更劳动合同约定的内容。变更劳动合同，应当采用书面形式。

变更后的劳动合同文本由用人单位和劳动者各执一份。

《劳动合同法》第三十八条

用人单位有下列情形之一的，劳动者可以解除劳动合同：

（一）未按照劳动合同约定提供劳动保护或者劳动条件的；

（二）未及时足额支付劳动报酬的；

（三）未依法为劳动者缴纳社会保险费的；

（四）用人单位的规章制度违反法律、法规的规定，损害劳动者权益的；

（五）因本法第二十六条第一款规定的情形致使劳动合同无效的；

（六）法律、行政法规规定劳动者可以解除劳动合同的其他情形。

用人单位以暴力、威胁或者非法限制人身自由的手段强迫劳动者劳动的，或者用人单位违章指挥、强令冒险作业危及劳动者人身安全的，劳动者可以立即解除劳动合同，不需事先告知用人单位。

《劳动合同法》第四十六条

有下列情形之一的，用人单位应当向劳动者支付经济补偿：

（一）劳动者依照本法第三十八条规定解除劳动合同的；

（二）用人单位依照本法第三十六条规定向劳动者提出解除劳动合同并与劳动者协商一致解除劳动合同的；

（三）用人单位依照本法第四十条规定解除劳动合同的；

（四）用人单位依照本法第四十一条第一款规定解除劳动合同的；

（五）除用人单位维持或者提高劳动合同约定条件续订劳动合同，劳动者不同意续订的情形外，依照本法第四十四条第一项规定终止固定期限劳动合同的；

（六）依照本法第四十四条第四项、第五项规定终止劳动合同的；

（七）法律、行政法规规定的其他情形。

第三节　用人单位解除劳动合同

一、试用期内无正当理由解除劳动合同的法律风险

试用期是指包括在劳动合同期限内，用人单位对劳动者是否合格进行考核，劳动者对用人单位是否符合自己要求也进行考核的期限，这是一段双方双向选择的期间。劳动者在试用期内是可以随时和用人单位解除劳动合同的，但是用人单位想要和劳动者解除劳动合同必须是在符合法律规定的情形下。《劳动合同法》第二十一条规定，在试用期中，除劳动者在试用期间被证明不符合录用条件的，在规定的医疗期满后不能从事原工作，也不能从事由用人单位另行安排的工作的，经过培训或者调整工作岗位，仍不能胜任工作的之外，用人单位不得解除劳动合同。

用人单位如果在试用期内无正当理由解除劳动合同，劳动者要求继续履行劳动合同的，用人单位应当继续履行；劳动者不要求继续履行劳动合同或者劳动合同已经不能继续履行的，用人单位应当依法支付赔偿金。

以案说法

59. 用人单位试用期无正当理由解除劳动合同，法院认定为违法解除判决支付赔偿金

基本案情

广州×××市场研究有限公司北京市场调查分公司（以下简称×××公司）与东某某于2015年7月1日签订固定期限劳动合同，约定合同期限自2015年7月1日起至2018年6月30日止，其中2015年7月1日至2015年12月31日为试用期，东某某在×××公司处数据采集部门担任数据处理员职务。双方在上述劳动合同中就试用期满的录用条件未作出任何约定。2015年11月

2日，××× 公司向东某某发出试用期劳动合同终止通知书，并说明东某某在试用期内不符合录用条件的理由，双方劳动合同关系于2015年11月6日正式解除（解除日）。

法院判决

法院认为，根据《劳动合同法》第二十一条规定，在试用期中，除劳动者有本法第三十九条和第四十条第一项、第二项规定的情形外，用人单位不得解除劳动合同。用人单位在试用期解除劳动合同的，应当向劳动者说明理由。劳动者在试用期间被证明不符合录用条件的，用人单位可以解除劳动合同，但应当符合法定的条件和程序。录用条件一般是指法律法规规定的基本录用条件和用人单位在招聘时规定的知识文化、技术水平、身体状况、思想品质等条件，录用条件应当是双方签订劳动合同前明确约定，并告知劳动者知晓的条件。本案中，原告举证的其招聘外勤数据采集员的任职要求可认定为劳动合同法意义上的录用条件。现原告并未举证证明被告不符合其单位外勤数据采集员的任职要求，原告所主张的被告不符合录用条件的三项内容，其并未提供培训记录、考核记录等相关证据予以证明，且原告所列被告不符合录用条件的三项内容均属于工作职责范畴，而非录用条件，故原告以此为由与被告解除劳动合同的行为属违法解除行为。依据《劳动合同法》第八十七条之规定，用人单位违反本法规定解除或者终止劳动合同的，应当依照本法第四十七条规定的经济补偿标准的二倍向劳动者支付赔偿金。遂判决：自本判决发生法律效力之日起十日内，原告广州 ××× 市场研究有限公司北京市场调查分公司向被告东某某支付违法解除劳动合同赔偿金人民币2500元。[①]

【法律风险防范】

用人单位在试用期内以“劳动者不符合录用条件”为由解除劳动合同必须注意以下几个问题：

第一，要有明确的录用条件。这个“录用条件”必须是用人单位已经告知劳动者的，不能“暗箱操作”“内部控制”。否则，劳动者可以不了解

① 大连市中级人民法院（2016）辽02民终4558号民事判决。

该规定为由而否定用人单位的解除理由。如果用人单位未特别告知劳动者录用条件的，司法实践中常把招聘广告的内容作为录用条件。若用人单位对劳动者的业绩能力十分看重，若不达标则不想录用，那就必须严格设定业绩目标计划，比如对于一些有明确工作产量、数量指标的工作岗位，用人单位可以与劳动者约定试用期内的产量、数量等工作业绩目标作为录用条件。

第二，要对劳动者在试用期的工作进行考核，以此确认是否符合用人单位的录用条件。用人单位须建立完善的试用期绩效考核评估制度。实践中，试用期考核的方式是多种多样的。有的用人单位会为进入试用期的劳动者设定指导人，由指导人给新进劳动者安排试用期工作计划，并最终打分或写评语。也有的单位会集中安排试用期的新进劳动者进行培训，并通过有组织的笔试或日常绩效评估等方式对试用期的劳动者进行考核。还有的单位会综合新进劳动者的指导人的评估及所在部门的绩效评估，以及新进劳动者的内部、外部各类客户的综合评价与反馈，形成最终的考核成绩。

第三，要有严格的时间限制。对于考核成绩不合格的劳动者，用人单位如果想解除劳动合同，必须是在试用期内提出。如果超过试用期就不能再以此理由与劳动者解除劳动合同了。

第四，用人单位一定要注意对相关证据的保留工作。由于劳动法就劳动合同解除对用人单位设置了严格的责任义务，所以，用人单位需要特别注意自己的行为规范。在试用期无论出现何种情况，用人单位都应该做好记录并及时让当事人签字确认。

【法条链接】

《劳动合同法》第二十一条

在试用期中，除劳动者有本法第三十九条和第四十条第一项、第二项规定的情形外，用人单位不得解除劳动合同。用人单位在试用期解除劳动合同的，应当向劳动者说明理由。

《劳动合同法》第三十九条

劳动者有下列情形之一的，用人单位可以解除劳动合同：

（一）在试用期间被证明不符合录用条件的；

（二）严重违反用人单位的规章制度的；

（三）严重失职，营私舞弊，给用人单位造成重大损害的；

（四）劳动者同时与其他用人单位建立劳动关系，对完成本单位的工作任务造成严重影响，或者经用人单位提出，拒不改正的；

（五）因本法第二十六条第一款第一项规定的情形致使劳动合同无效的；

（六）被依法追究刑事责任的。

《劳动合同法》第四十条

有下列情形之一的，用人单位提前三十日以书面形式通知劳动者本人或者额外支付劳动者一个月工资后，可以解除劳动合同：

（一）劳动者患病或者非因工负伤，在规定的医疗期满后不能从事原工作，也不能从事由用人单位另行安排的工作的；

（二）劳动者不能胜任工作，经过培训或者调整工作岗位，仍不能胜任工作的；

（三）劳动合同订立时所依据的客观情况发生重大变化，致使劳动合同无法履行，经用人单位与劳动者协商，未能就变更劳动合同内容达成协议的。

《劳动合同法》第四十八条

用人单位违反本法规定解除或者终止劳动合同，劳动者要求继续履行劳动合同的，用人单位应当继续履行；劳动者不要求继续履行劳动合同或者劳动合同已经不能继续履行的，用人单位应当依照本法第八十七条规定支付赔偿金。

二、超过试用期解除劳动合同的法律风险

根据《劳动合同法》的规定，用人单位如果想要以试用期不合格为由与劳动者解除劳动合同，应该在试用期内通知。如果超过试用期再以试用期不合格的理由解除劳动合同，属于违法解除劳动合同，应向劳动者支付赔偿金。

以案说法

60. 用人单位在试用期后违法解除劳动合同，法院判决用人单位支付赔偿金

基本案情

2014年10月20日，阮某入职武汉×××科技有限公司（以下简称×××公

司），从事销售工作。双方签订了一份试用期劳动协议，约定期限为2014年10月20日至2015年4月20日，试用期工资标准为每月3500元，销售提成按照销售回款金额的4%核算，每月工资通过银行转账方式发放。试用期满后，双方未签订劳动合同。2016年1月15日，×××公司以阮某不能胜任工作为由通知阮某离职。

法院判决

中院认为，根据《劳动合同法》第二十一条规定："在试用期中，除劳动者有本法第三十九条和第四十条第一项、第二项规定的情形外，用人单位不得解除劳动合同。用人单位在试用期解除劳动合同的，应当向劳动者说明理由。"据此，**用人单位在试用期内解除劳动合同，必须提供证据证明劳动者没有达到工作要求、不符合录用条件的事实，同时必须是在试用期内通知劳动者并与其解除劳动关系。而本案中，×××公司是在阮某的六个月试用期满后，未为其办理转正手续，仍然以阮某还处在试用期、不符合录用条件且在职期间不能胜任工作为由解除劳动关系，但其并未提供实质性证据，故×××公司此举违反法律规定，于法无据。**×××公司诉称其与阮某解除劳动关系经过了双方协商，但从其提交的证据看，并不足以证明其所称的该节事实，故×××公司应支付阮某解除劳动关系的经济赔偿金。遂判决：×××公司于判决生效之日起十日内向阮某支付解除劳动关系的经济赔偿金10591.68元。[①]

【法律风险防范】

用人单位在试用期内如果对于劳动者考核不满意想要与劳动者解除劳动合同，应当在试用期内向劳动者说明理由。为了避免出现纠纷，说明理由最好采用书面形式。之后用人单位需制作《解除劳动合同通知书》送达给劳动者，同时向劳动者出具解除或者终止劳动合同的证明，并在十五日内为劳动者办理档案和社会保险关系转移手续。

《劳动合同法》第三十九条规定的试用期解除劳动合同的唯一条件是在试用期间被证明不符合录用条件，这条的适用必须是在法定期限内做出是否符合录

① 武汉市中级人民法院（2016）鄂01民终8072号民事判决。

用条件的决定，超过法定试用期就不能以员工不符合录用条件为由与劳动者解除劳动合同。一旦试用期届满，用人单位就不能再以劳动者不符合录用条件为由要求与劳动者解除劳动合同。用人单位也应该规范试用期的时限管理，避免因员工过多而试用期不一致导致试用期结束后才要求解除劳动合同的情况出现。

【法条链接】

《劳动合同法》第二十一条

在试用期中，除劳动者有本法第三十九条和第四十条第一项、第二项规定的情形外，用人单位不得解除劳动合同。用人单位在试用期解除劳动合同的，应当向劳动者说明理由。

《劳动合同法》第三十九条

劳动者有下列情形之一的，用人单位可以解除劳动合同：

（一）在试用期间被证明不符合录用条件的；

……

《劳动合同法》第四十条

有下列情形之一的，用人单位提前三十日以书面形式通知劳动者本人或者额外支付劳动者一个月工资后，可以解除劳动合同：

（一）劳动者患病或者非因工负伤，在规定的医疗期满后不能从事原工作，也不能从事由用人单位另行安排的工作的；

（二）劳动者不能胜任工作，经过培训或者调整工作岗位，仍不能胜任工作的；

……

《劳动合同法》第四十八条

用人单位违反本法规定解除或者终止劳动合同，劳动者要求继续履行劳动合同的，用人单位应当继续履行；劳动者不要求继续履行劳动合同或者劳动合同已经不能继续履行的，用人单位应当依照本法第八十七条规定支付赔偿金。

《劳动合同法》第八十二条第一款

用人单位自用工之日起超过一个月不满一年未与劳动者订立书面劳动合同的，应当向劳动者每月支付二倍的工资。

三、解雇通知未写明解雇原因的法律风险

用人单位在与劳动者解除劳动关系的时候，应当出具解除或者终止劳动合同的证明。实践中，用人单位有时会因为疏忽或者因解除劳动合同的离职证明书写不规范导致没有写明解聘原因。而用人单位若不能证明自己的解除

劳动合同行为是合法的，则需要支付违法解除劳动合同的赔偿金或者经济补偿金，而这些赔偿原本是可以避免的。

以案说法

61. 用人单位解雇员工未能提供充足证据，法院判决支付赔偿金

基本案情

祁某于2007年10月15日入职某驻京联络处，月工资3500元，双方签有期限为2009年10月15日至2012年10月14日的劳动合同，其中约定：如祁某严重违反劳动纪律，影响生产、工作秩序，某驻京联络处可以解除劳动合同。2010年4月15日，某驻京联络处向祁某送达解聘通知书，与祁某解除劳动合同，解聘通知书中未写明解聘理由。

法院判决

法院认为，**某驻京联络处主张因祁某违反了单位规章制度，故对祁某予以解聘，并提交了两名单位员工的书面证明，但祁某并不认可书面证明内容的真实性，故某驻京联络处解除与祁某的劳动合同，不符合双方的约定，亦不足以证明祁某存在严重违反劳动纪律，影响生产、工作秩序的行为。根据《最高人民法院关于民事诉讼证据的若干规定》规定，当事人对自己提出的诉讼请求所依据的事实或者反驳对方诉讼请求所依据的事实有责任提供证据加以证明。没有证据或者证据不足以证明当事人的事实主张的，由负有举证责任的当事人承担不利后果。某驻京联络处未举证证明祁某违反单位规章制度，亦未举证证明与祁某解除劳动合同的合同依据及法律依据，故其与祁某解除劳动合同应属违法解除。**某驻京联络处要求不支付经济赔偿金，无法律依据，难以支持。遂判决：某驻京联络处于判决生效后七日内给付祁某违法解除劳动合同经济赔偿金21000元。[①]

---

① 北京市第二中级人民法院（2011）二中民终字第×××26号民事判决。

【法律风险防范】

用人单位在劳动者离职的环节中应该注重规范操作并保留证据，以规避法律风险。

第一，劳动者主动辞职的，应该要求劳动者提交一份书面的辞职声明，声明上写明辞职的原因、时间。也可由用人单位提供规范的辞职文本，由每个离职的劳动者填写。这些辞职声明应该保存下来，若发生争议就是证据。

第二，用人单位应该在解除或者终止劳动合同时出具写明劳动合同期限、解除或者终止劳动合同的日期、工作岗位、在本单位的工作年限的解除或者终止劳动合同的证明，并在十五日内为劳动者办理档案和社会保险关系转移手续。

【法条链接】

《劳动合同法》第四十八条

用人单位违反本法规定解除或者终止劳动合同，劳动者要求继续履行劳动合同的，用人单位应当继续履行；劳动者不要求继续履行劳动合同或者劳动合同已经不能继续履行的，用人单位应当依照本法第八十七条规定支付赔偿金。

《劳动合同法》第八十七条

用人单位违反本法规定解除或者终止劳动合同的，应当依照本法第四十七条规定的经济补偿标准的二倍向劳动者支付赔偿金。

《劳动合同法》第五十条第一款

用人单位应当在解除或者终止劳动合同时出具解除或者终止劳动合同的证明，并在十五日内为劳动者办理档案和社会保险关系转移手续。

《劳动合同法实施条例》第二十四条

用人单位出具的解除、终止劳动合同的证明，应当写明劳动合同期限、解除或者终止劳动合同的日期、工作岗位、在本单位的工作年限。

四、解雇员工未通知工会的法律风险

实践中，经常出现用人单位单方解除劳动合同时，没有事先将解除理由通知工会或者征求工会意见的情况，在这种情况下，用人单位的单方解除行为是否合法呢？最高人民法院认为，为了充分发挥工会的作用，缓解矛盾，减少劳动争议的发生，用人单位凡是单方解除劳动合同的，都必须将解除理由通知工会，工会对用人单位解除劳动合同享有知情权。用人单位违反法律规定解除或终止劳动合同的，应依照经济补偿标准的二倍向劳动者支付赔偿金。劳动者若要求继续履行合同，也会获得法院的支持。

以案说法

62. 用人单位解雇员工未通知工会，法院判决双方继续履行合同并赔偿工资损失

基本案情

2009 年 8 月 1 日，史某进入 ×× 公司担任财务部经理一职，双方签订了劳动合同，办理了社会保险，最后一期劳动合同是自 2012 年 5 月 24 日起的无固定期限劳动合同。2013 年 1 月起，史某每月工资 17000 元。2014 年 9 月 24 日，×× 公司向史某出具了《解除劳动合同通知书》，载明："由于公司现状，经公司领导研究决定，提前解除劳动合同。请于 2014 年 9 月 26 日前做好相关财务移交工作。我司将按照《劳动合同法》依法支付薪金和补偿金。"

法院判决

法院认为，用人单位与劳动者解除劳动合同，应当符合法律规定。本案中，×× 公司以经营困难，效益下滑，且史某与其公司之间的矛盾久拖未决为由作出解除劳动合同的决定，显然不是法定理由，且 ×× 公司主张史某已经不适应工作岗位要求，也未提供证据证实，加之 ×× 公司在作出解除劳动合同的决定后，并未按《劳动合同法》第四十三条"用人单位单方解除劳动合同，应当事先将理由通知工会"的规定通知工会，违反了解除劳动合同的法定程序。综上，×× 公司解除与史某之间的劳动合同属于违法解除。史某要求撤销 ×× 公司作出的解除劳动合同决定，继续履行劳动合同的请求，符合法律规定，应予支持。×× 公司称其公司财务经理岗位已有他人接替，已无继续履行劳动合同的可能性，故不同意恢复劳动关系的意见，并非法律上的客观不能，该意见的理由不当，原审法院不予采信。因 ×× 公司违法解除劳动合同，给劳动者造成的工资损失，依法应予赔偿。遂判决：一、撤销 ×× 公司

于2014年9月24日作出的与史某解除劳动合同的决定，双方继续履行劳动合同。二、××公司赔偿史某2014年9月26日（不包含26日在内）至2015年10月31日工资损失计222563元，于判决发生法律效力之日起十日内付清。[①]

【法律风险防范】

对于劳动者严重违反劳动纪律或者用人单位规章制度的，用人单位可以行使单方解除权。但是，为避免用人单位滥用权力导致对劳动者权利的侵害，法律法规亦对用人单位行使单方解除权作出了较高的实体和程序要求。《劳动合同法》规定用人单位单方解除劳动合同，应当事先将理由通知工会，这不仅是单位解除劳动合同时应当履行的法定程序，亦是对职工劳动权利、生存权利的保障，故即使用人单位尚未建立基层工会，也建议通过告知并听取职工代表意见的方式或者向当地行业工会等组织征求意见的变通方式来履行告知义务这一法定程序。

【法条链接】

《劳动合同法》第四十三条

用人单位单方解除劳动合同，应当事先将理由通知工会。用人单位违反法律、行政法规规定或者劳动合同约定的，工会有权要求用人单位纠正。用人单位应当研究工会的意见，并将处理结果书面通知工会。

《最高人民法院关于审理劳动争议案件适用法律若干问题的解释（四）》第十二条

建立了工会组织的用人单位解除劳动合同符合劳动合同法第三十九条、第四十条规定，但未按照劳动合同法第四十三条规定事先通知工会，劳动者以用人单位违法解除劳动合同为由请求用人单位支付赔偿金的，人民法院应予支持，但起诉前用人单位已经补正有关程序的除外。

五、未送达解除劳动合同通知的法律风险

用人单位作出解除或者终止劳动合同关系的决定后，应将该决定送达劳动者后才能发生法律效力。在实践中，经常会有劳动者拒绝签收解除劳动合同关系的通知，对于这种情况，用人单位的处理方式各有不同。有些单位仅口头宣布通知给劳动者、有些会有见证人签名、有些采用公告栏的方式公告，

---

① 南京市中级人民法院（2015）宁民终字第7826号民事判决。

有些则使用邮寄方式送达解除劳动合同通知。虽然用人单位采用的方式多样，但如果没有有效送达解除通知，就会面临较大的法律风险。

以案说法

63. 用人单位辞退退休员工但未办理相关手续，法院判决支付赔偿金

基本案情

2014 年 1 月 1 日，原告盛某与被告石油公司签订一份《临时性劳务协议》，约定被告石油公司聘用原告盛某从事锅炉操作、院内绿化、保洁、门卫等劳务承包工作，期限自 2014 年 1 月 1 日起至 2014 年 12 月 31 日止，合计全年劳务费 45000 元。承包期间被告石油公司不承担原告盛某一切的工伤事故责任和社会保险费用（包括养老、医疗、工伤、失业、公积金等），由原告盛某自行承担，被告石油公司只负责按照完成的劳务工作量支付原告报酬。《临时性劳务协议》到期后，原告盛某接到被告石油公司口头通知，被告石油公司以原告盛某达到退休年龄为由拒绝原告盛某上班，且未办理相关退休手续及相关补偿。

法院判决

法院认为，劳动者依法享有社会保险待遇。《临时性劳务协议》到期后，原告盛某接到被告石油公司口头通知，被告石油公司以原告盛某达到退休年龄为由拒绝原告盛某上班，且未办理相关退休手续及相关补偿，**根据《劳动合同法》第五十条第一款“用人单位应当在解除或者终止劳动合同时出具解除或者终止劳动合同的证明，并在十五日内为劳动者办理档案和社会保险关系转移手续”的规定，及第八十九条“用人单位违反本法规定未向劳动者出具解除或者终止劳动合同的书面证明，由劳动行政部门责令改正；给劳动者造成损害的，应当承担赔偿责任”的规定，原告盛某要求被告石油公司支付解除劳动合同的经济赔偿金诉讼请求成立，本院予以支持。**对于经济赔偿金的计算方式，根据《劳动合同法》第八十七条“用人单位违反本法规定解除或者终止劳动合同的，应当依照本法第四十七条规定的经济补偿标

准的二倍向劳动者支付赔偿金”的规定，原告盛某每月平均工资2300元，即2300元 ×12个月 ×2倍 =55200元。遂判决：被告石油公司支付原告盛某经济赔偿金55200元，于判决书生效之日起七日内付清。[①]

【法律风险防范】

从解除程序来看，用人单位解除劳动合同，应将解除事由告知劳动者，同时用人单位应将解除劳动合同通知采取有效的方式送达劳动者。如果解除通知作出的程序违法，将直接导致违法解除的后果。同样，解除通知送达的程序若存在瑕疵，将致使解除不发生法律效力。上述案例中用人单位只是口头通知了劳动者被辞退这一事实，也没有为劳动者办理相关退休手续及相关补偿，所以用人单位属于违法解除劳动合同，需要支付经济赔偿金，可见未有效送达的法律后果是比较严重的。

因此，用人单位应根据不同的情况采取不同的送达方式。应从解除的原因、事前的沟通及同事的反馈等情形来判断劳动者是否会存在抵触情绪，如果劳动者对解除或终止合同的原因可以接受，可以采取直接送达的方式让其签收，否则就需要采用其他送达方式。

如果劳动者可能拒签解除通知，用人单位可以在书面送达通知的同时，准备录音设备，采用录音的方式取证，以固定已经向其送达通知的事实。在送达时建议宣读通知的内容，这样即使劳动者拒收，也已经知晓决定内容，其拒绝签收不会影响送达的效力。

上面提到的以邮寄的方式送达解除劳动合同通知，如果在劳动合同书中，劳动者已经书面确认了联系地址，在此情况下，用人单位仍私自向劳动者的其他地址邮寄送达相关手续，在劳动者本人未签收的情况下，则邮寄的文件对劳动者不会发生效力，也就导致解除行为对劳动者不发生法律效力。用人单位向劳动者确认的通信地址寄出解除劳动合同通知书，劳动者或其成年家属签收均视为有效送达。

---

① 格尔木市人民法院（2015）格民初字第1264号民事判决。

【法条链接】

《劳动合同法》第五十条第一款

用人单位应当在解除或者终止劳动合同时出具解除或者终止劳动合同的证明，并在十五日内为劳动者办理档案和社会保险关系转移手续。

《劳动合同法》第八十九条

用人单位违反本法规定未向劳动者出具解除或者终止劳动合同的书面证明，由劳动行政部门责令改正；给劳动者造成损害的，应当承担赔偿责任。

六、解雇证据不足的法律风险

法律上规定了用人单位无需承担赔偿责任解除劳动合同的情形，用人单位在以存在法定情形为由解雇劳动者的时候必须有足够证据证明解除劳动合同的合法性。否则，用人单位违反劳动法规定解除或者终止劳动合同，劳动者要求继续履行劳动合同的，用人单位应当继续履行；劳动者不要求继续履行劳动合同或者劳动合同已经不能继续履行的，用人单位应当依照《劳动合同法》第八十七条规定支付赔偿金。实践中，很多用人单位在诉讼中就是因为拿不出合法解除劳动合同的证据而承担了败诉的法律风险。

以案说法

64. 用人单位解雇员工引发纠纷，法院以解雇证据不足为由判决支付赔偿金

基本案情

2013 年 1 月 19 日，董某与沈阳 ××× 有限公司铁西分公司签订了劳动合同，合同有效期至 2016 年 1 月 18 日，董某为沈阳 ××× 有限公司铁西分公司前厅工作人员。2013 年 7 月 9 日，沈阳 ××× 有限公司铁西分公司以董某明知钱款是假币的情况下将假币退还给客人，给酒店造成了严重的负面影响，存在严重过失，辞退了董某。

法院判决

法院认为，关于原告沈阳 ××× 有限公司铁西分公司解除与被告的劳动合同是否违法，要审查原告所主张的被告明知钱款是假币的情况下将假币退还给客人的情况是否存在，审查原告为证明被告存在故意使用假币行为所提供的证据材料。一、原告提供了监控录像，但监控录像中显示了被告是从原告沈阳 ××× 有限公司铁西分公司前台钱柜中找给客人钱，无法显示被告当时找给客人钱时明知是假币；二、关于原告提供的前厅经理文某给李某打电话的电话录音、总经理礼某跟李某谈话的电话录音，本院认为事发时在场的人员除被告外就是李某和另一工作人员于某，而李某又是当初收取假币的人员，也是案件的关键证人，但李某和于某均未到庭，其录音内容不予采信；三、关于总经理礼某找被告董某的谈话录音，该录音并不完整，且被告在录音中也未承认明知是假币而找给顾客；四、关于原告单位工作人员文某、马某的证言，文某、马某并不是事发时在场人员，证言内容中陈述被告使用假币一事的信息，一是从李某处获得，二是主张在与被告谈话中被告承认，法院认为，鉴于证人的身份，更为重要的是仅有证人证言而没有其他证据材料相佐证，其不足以证明被告存在故意使用假币的事实；五、关于李某在公安机关的询问笔录，其内容并未表明被告找客人钱时明知是假币，另外，询问笔录中李某陈述假币是从其手中给被告的，但根据本案庭审证据材料显示，假币是被告从钱柜中找给客人的，二者有矛盾之处。综上，原告单位主张的被告存在故意使用假币的违法事实证据不足。原告单位对钱币收支也未尽到监管职责，在证据不足以证明被告存在故意使用假币的情况下解除劳动关系应系违法，原告沈阳 ××× 有限公司铁西分公司应向被告支付违法解除劳动合同赔偿金。遂判决：原告沈阳 ××× 有限公司铁西分公司于本判决生效后十日内给付被告董某解除劳动合同赔偿金 16053.44 元（被告离职前十二个月的平均工资 2006.68 元 / 月 ×4 个月 ×2 倍）。[①]

【法律风险防范】

解雇环节是最容易发生劳动争议的，用人单位解除劳动合同必须慎重，

① 沈阳市中级人民法院（2015）沈中民五终字第 1106 号民事判决。

证据不足或程序违法均会被认定为违法解雇。因此，对于用人单位来说，辞退员工一定要注重“合法性”。这里面包括了理由合法、程序合法、证据合法。用人单位必须要有足够的证据来证明自己的辞退依据合法，然后通过合法的程序来辞退员工才不会留下“后患”。

在诉讼过程中，证明辞退合法的举证责任是在用人单位这一方，所以用人单位应该确保自己证据确凿。而支撑“证据”的依据就是相关法律依据和经过合法程序制定的规章制度。用人单位要在规章制度中详细具体规定解除劳动合同的情形和标准。

用人单位在实体上做到了合法，在程序上也要千万注意。比如，法律上规定的需要提前告知的情形、书面通知的形式、事先告知工会并经过工会同意等情形，用人单位都应该一一注意，严格按照法律要求进行，才可做到“后顾无忧”。

【法条链接】

《劳动合同法》第四十八条

用人单位违反本法规定解除或者终止劳动合同，劳动者要求继续履行劳动合同的，用人单位应当继续履行；劳动者不要求继续履行劳动合同或者劳动合同已经不能继续履行的，用人单位应当依照本法第八十七条规定支付赔偿金。

《劳动合同法》第八十七条

用人单位违反本法规定解除或者终止劳动合同的，应当依照本法第四十七条规定的经济补偿标准的二倍向劳动者支付赔偿金。

《劳动合同法实施条例》第二十七条

劳动合同法第四十七条规定的经济补偿的月工资按照劳动者应得工资计算，包括计时工资或者计件工资以及奖金、津贴和补贴等货币性收入。劳动者在劳动合同解除或者终止前12个月的平均工资低于当地最低工资标准的，按照当地最低工资标准计算。劳动者工作不满12个月的，按实际工作的月数计算平均工资。

七、引用“缺陷”规章制度解除劳动合同的法律风险

用人单位为了更好地管理劳动者，保障企业运作，一般都会有自己的规章制度。好的规章制度能够充分调动员工的工作积极性，为公司的发展注入活力，但是有缺陷的规章制度则会损害员工的权益，长期下来是不利于公司

的发展的。那么什么是有“缺陷”的规章制度呢?《劳动合同法》第四条规定：“……用人单位在制定、修改或者决定有关劳动报酬、工作时间、休息休假、劳动安全卫生、保险福利、职工培训、劳动纪律以及劳动定额管理等直接涉及劳动者切身利益的规章制度或者重大事项时，应当经职工代表大会或者全体职工讨论，提出方案和意见，与工会或者职工代表平等协商确定……用人单位应当将直接涉及劳动者切身利益的规章制度和重大事项决定公示，或者告知劳动者。”没有经过法定程序制定的规章制度就是有“缺陷”的规章制度。但是不是经过法定程序制定的规章制度就一定没有缺陷呢?也不一定。规章制度的内容必须是合法合理的，不能违背国家的法律规定。无论是规章制度制定程序不符合民主程序，还是规章制度的内容不合法合理，用人单位在引用这样的规章制度来解除与劳动者的劳动合同关系时，都会带来很大的法律风险，极易被认定为违法解除劳动合同。

以案说法

65. 用人单位规章制度过于严苛，法院不予作为裁判依据

基本案情

2014 年 4 月 1 日，朱某某进入东博公司担任研发工程师。2014 年 10 月 27 日，东博公司出具《关于开除朱某某的通知》称：朱某某私自借公司其他员工的工作胸牌，利用同里镇的相关优惠政策，用于他人作为免除门票的凭据，并将本人和其他员工的胸牌丢失，违反了《员工手册》第十一章第 5 条的规定，属于重大行为过失；朱某某入职两个月后即打听、泄露公司他人（本人）的薪资，违反了《员工手册》第十一章第 4 条的规定，属于行为过失；公司领导多次与朱某某商谈岗位及工作职责调整问题，朱某某拒不服从，当面顶撞领导，严重影响了公司秩序，并于 2014 年 10 月 27 日上午擅自离岗超过 1 小时，属于行为过失。鉴于朱某某严重违反公司管理制度及法律规定，东博公司决定从即日起与朱某某解除劳动合同。

法院判决

法院认为：用人单位的规章制度经过民主程序制定，且经过公示或告知劳动者后，可以成为人民法院审理劳动争议时的依据。本案中，东博公司依据《员工手册》单方解除与朱某某的劳动合同，但东博公司并未提供有效证据证明《员工手册》已经过公示或告知了朱某某本人。原审出庭证人叶某、徐某系东博公司员工，与东博公司存在利害关系，并不能证明朱某某阅读过《员工手册》。至于朱某某填写的入职承诺书，能证明朱某某入职时所作出的承诺，并不能当然证明东博公司已将《员工手册》内容告知朱某某，故《员工手册》并不能成为法院审理本案的依据。即使《员工手册》已公示或告知朱某某，人民法院在审理劳动争议案件过程中，对于《员工手册》内容的合法性和合理性有权作出审查判断，就《员工手册》中对严重违纪行为的规定不符合公平合理原则的，人民法院有权予以否定。开除是用人单位对劳动者最严厉的处罚，如劳动者在从事劳动过程中存在一般过错行为，首先采用其他方式对劳动者进行惩戒，一般不宜轻易对劳动者作出开除处理决定。综观东博公司开除朱某某所依据的三项事实理由，尤其对朱某某丢失两块工作胸牌并要求重新制作及打听、泄露他人薪资的事由是否成立，双方存有争议。即使成立，但并非在同一时间段发生，东博公司并未逐一对朱某某上述行为进行相应违纪处理，亦未给予朱某某申辩机会。东博公司开除通知上所陈列的三项事由本身并不属于严重违反规章制度或严重失职、营私舞弊，给其造成重大损失的行为，东博公司对朱某某作出开除决定，过于严苛，应认定东博公司开除朱某某违法，理应支付朱某某违法解除劳动合同赔偿金。遂判决：被告东博公司于判决生效后十日内支付原告朱某某工资 2076.11 元，解除劳动合同经济赔偿金 10515 元，共计 12591.11 元。[①]

【法律风险防范】

用人单位在引用规章制度来解除与劳动者的劳动合同时，要从以下几个方面来防范法律风险：

---

① 苏州市中级人民法院（2015）苏中民终字第 02882 号民事判决。

第一，要制定完善的规章制度。司法实务中，我们发现有些用人单位过于任性，根本就没有相关规章制度或规章制度中没有写明解雇特定员工的条件，这里的法律风险是极大的，以劳动者严重违反公司规章制度为由解除劳动合同将缺乏规章制度作为依据。

第二，制定过程要经过民主程序。在制定、修改或者决定有关劳动报酬、工作时间、休息休假、劳动安全卫生、保险福利、职工培训、劳动纪律以及劳动定额管理等直接涉及劳动者切身利益的规章制度或者重大事项时，应当经职工代表大会或者全体职工讨论，提出方案和意见，与工会或者职工代表平等协商确定。

第三，要将规章制度公示。《劳动合同法》第四条规定，用人单位应当将直接涉及劳动者切身利益的规章制度和重大事项决定公示，或者告知劳动者。这也是程序合法的要求。

第四，用人单位制定规章制度时要注意规章制度内容的合法性，内容违法的规章制度会被法院认定为无效。比如，规定员工之间相互透露工资，用人单位可以汇密为由解除劳动合同，这种规定侵犯了劳动者的言论自由，对劳动者过于严苛，应属无效的规定；规定同事之间谈恋爱用人单位可以解除劳动合同，这种规定侵犯未婚员工的婚姻自主权，故对劳动者没有法律上的约束力。

第五，要有劳动者严重违反规章制度的证据。《最高人民法院关于审理劳动争议案件适用法律若干问题的解释》第十三条规定，因用人单位作出的开除、除名、辞退、解除劳动合同、减少劳动报酬、计算劳动者工作年限等决定而发生的劳动争议，用人单位负举证责任。因此，如果用人单位解雇员工的事实依据缺乏或不能足以证明的，则会被认定为违法解除劳动合同。

第六，要将解除通知送达劳动者。用人单位解除劳动合同的决定必须送达劳动者，否则，就意味着用人单位解除劳动合同的意思表示没有让劳动者知道，相应地，双方之间的劳动关系就还没有解除。

第七，应通知工会。《劳动合同法》第四十三条规定，用人单位单方解除劳动合同，应当事先将理由通知工会。用人单位违反法律、行政法规规定或者劳动合同约定的，工会有权要求用人单位纠正。用人单位应当研究工会的意见，并将处理结果书面通知工会。否则，根据《最高人民法院关于审理劳动争议案件适用法律若干问题的解释（四）》第十二条规定，建立了工会组织的用人单位解除劳动合同符合《劳动合同法》第三十九条、第四十条规定，但未按照《劳动合同法》第四十三条规定事先通知工会，劳动者以用人单位违法解除劳动合同为由请求用人单位支付赔偿金的，人民法院应予支持，但起诉前用人单位已经补正有关程序的除外。因此，用人单位单方解除劳动合同，应当事先将理由通知工会。

【法条链接】

《劳动合同法》第四条第二款、第四款

用人单位在制定、修改或者决定有关劳动报酬、工作时间、休息休假、劳动安全卫生、保险福利、职工培训、劳动纪律以及劳动定额管理等直接涉及劳动者切身利益的规章制度或者重大事项时，应当经职工代表大会或者全体职工讨论，提出方案和意见，与工会或者职工代表平等协商确定。

用人单位应当将直接涉及劳动者切身利益的规章制度和重大事项决定公示，或者告知劳动者。

八、歧视性解除劳动合同的法律风险

我国《劳动法》和《就业促进法》等都明确禁止基于民族、种族、性别、宗教信仰、年龄、身体残疾等作出的就业歧视。用人单位没有合法依据，对潜在的就业人员擅自作出各种各样的限制，这样就剥夺了劳动者对相关职位的就业权，构成就业歧视。用人单位对于已经建立劳动关系的劳动者，如果进行同样的歧视，任意解除劳动合同，会面临较大的法律风险，不但需要支付经济赔偿金，还可能支付精神损害抚慰金。

以案说法

66. 用人单位歧视性解除劳动合同引发纠纷，法院判决支付精神抚慰金及赔礼道歉

基本案情

2010年6月10日，原告谌某入职被告某公司，任职汽车维修师傅。2010

年 6 月 13 日，谌某经某公司的安排至宝安中医院进行入职体检，该体检项目中包含了对乙肝病毒血清指标的检验。经检查，谌某的乙肝表面抗原、乙肝 e 抗原以及乙肝核心抗体 IgG 呈阳性，属于乙肝表面抗原携带者。后公司要求解除合同，但对于解除劳动关系的时间和原因存在争议。谌某称 2010 年 6 月 23 日，因某公司认为其属于乙肝表面抗原携带者，故通过车间主管徐某通知其解除劳动关系，办理相关离职手续。而某公司则称早在 2010 年 6 月 17 日就通过人事部陈经理电话通知谌某解除劳动关系，因为发现谌某提交的入职资料存在造假情况。

法院判决

法院认为：谌某提交的录音资料经某公司证实确实是发生在与该公司的车间主管以及人事等管理工作人员之间，其中的内容清晰可辨，无论从谈话内容还是谈话方式上看，均在客观上反映了当时的事实，徐某在谈话中明确表示经向公司领导侧面了解，解除劳动关系的原因是谌某经体检是乙肝病原携带者。故法院认为，应当采信上述录音资料的证明力。此外，对于某公司所主张的解除劳动关系的原因，其并未提交证据证明曾向谌某提出过其入职资料中存在造假的情形，也没有提交证据证明因此向谌某送达了辞退书，因此，法院对某公司的主张不予采信。本案应当认定为某公司因为乙肝病毒携带就业歧视而解除与谌某的劳动关系。

劳动和社会保障部作出的《关于维护乙肝表面抗原携带者就业权利的意见》中明确规定用人单位在招工、用工的过程中，除国家法律、行政法规和卫生部规定禁止从事的工作外，不得强行将乙肝病毒血清指标作为体检标准；用人单位不得以劳动者携带乙肝表面抗原为由拒绝招用或者辞退。某公司为谌某提供的汽车维修师傅岗位并不属于上述意见规定的“除外”工作范围，故该公司以谌某体检项目不合格为由解除与之建立的劳动关系违反了该意见的相关规定，谌某据此主张某公司赔偿其精神损害抚慰金，合法合理，法院酌定该项损失数额为人民币 4000 元。遂判决：一、被告某公司应在本判决生效之日起三日内向原告谌某支付精神损害抚慰金人民币 4000 元；二、被告某公司应在本判决生效之日起三日内向原告谌某赔礼道歉。[①]

【法律风险防范】

用人单位不能带有歧视性目的解除与劳动者的劳动关系，为了避免此类法律风险，不但应从源头防范，也应在管理中做到合法合规，重点要注意以下三点：

第一，招聘广告不能存在歧视性内容。

用人单位在发布招聘广告时，应当注意其内容，要保证不含有任何歧视条款。除国家法律另有规定外，不得设置性别要求，不得以身体、婚姻、生育状况等为理由拒绝招录某一类人或者提高某一类人的招录标准，违反这一规定，可能会招致人力资源和社会保障部门的行政处罚。当然，如果根据性别比例平衡指导意见以及有关法律、法规的规定对某一性别采取优先、优待措施的，不受此限。

第二，明确工作岗位对劳动者的要求。

不要进行就业歧视，并不是说用人单位无条件妥协，如果是该工作岗位的内在需要，就不属于就业歧视。比如，招一个送外卖的，这个时候提出不要残疾人，那么不会被认定为就业歧视。但如果招一个办公室文员，他的腿有问题也可以完全胜任该份工作，这个时候不录用就有可能构成就业歧视。因此，在招聘时要明确各个岗位的职责和要求。

第三，不能歧视性解除劳动合同。

用人单位在管理中同样不能因劳动者的性别、婚姻、生育状况或者其他原因对劳动者进行歧视性对待，更不能以此为由与其解除劳动合同，否则将面临比违法解除劳动合同更为严重的法律后果，用人单位的商誉也会因此而受损。

【法条链接】

《就业促进法》第三条第一款

劳动者依法享有平等就业和自主择业的权利。

---

① 深圳市宝安区人民法院（2011）深宝法民一初字第2828号民事判决。

《侵权责任法》第十五条

承担侵权责任的方式主要有：

（一）停止侵害；

（二）排除妨碍；

（三）消除危险；

（四）返还财产；

（五）恢复原状；

（六）赔偿损失；

（七）赔礼道歉；

（八）消除影响、恢复名誉。

以上承担侵权责任的方式，可以单独适用，也可以合并适用。

《最高人民法院关于确定民事侵权精神损害赔偿责任若干问题的解释》第八条

因侵权致人精神损害，但未造成严重后果，受害人请求赔偿精神损害的，一般不予支持，人民法院可以根据情形判令侵权人停止侵害、恢复名誉、消除影响、赔礼道歉。

因侵权致人精神损害，造成严重后果的，人民法院除判令侵权人承担停止侵害、恢复名誉、消除影响、赔礼道歉等民事责任外，可以根据受害人一方的请求判令其赔偿相应的精神损害抚慰金。

九、对因劳动者过错解除合同情形举证不能的法律风险

劳动法规定了用人单位解除劳动合同无需向劳动者支付经济补偿金的情形，总共12种情形：（1）劳动者提出解除劳动合同，并与用人单位协商一致而解除的；（2）劳动者在试用期被证明不符合录用条件而解除的；（3）劳动者严重违反用人单位的规章制度而解除的；（4）劳动者严重失职，营私舞弊，给用人单位造成重大损害而解除的；（5）劳动者同时与其他用人单位建立劳动关系，对完成本单位的工作任务造成严重影响，或者经用人单位提出，拒不改正而解除的；（6）因劳动者的过错，致使劳动合同无效而解除的；（7）劳动者被依法追究刑事责任而解除的；（8）固定期限劳动合同期满终止，用人单位维持或者提高劳动合同约定条件续订劳动合同，而劳动者不同意续订的；（9）非全日制用工劳动合同的解除或终止；（10）自用工之日起一个月内，经用人单位书面通知后，劳动者不与用人单位订立书面劳动合同，用人单位依法与劳动者终止劳动关系的；（11）用人单位违反劳动合同法的规定解除或者终止劳

动合同，依法支付了赔偿金的，不再支付经济补偿；（12）劳动者开始依法享受基本养老保险待遇而终止劳动合同的。

以上这12种情形下，用人单位解除与劳动者的劳动合同，均无需支付经济补偿金，但是用人单位必须举证证明解除劳动合同的情形符合上述12种情形中的某种或数种。用人单位若无法提供证据证明解除劳动合同符合以上情形的，会面临相应的法律风险。

以案说法

67. 因劳动者过错解除劳动合同但未提供充足证据，法院判决用人单位支付赔偿金

基本案情

宋某于1993年10月3日进入某公司配料课工作。2009年10月23日，某公司发布公告，将宋某等配料课8名员工调至NBR车间承担机动支援工作。宋某未到NBR车间报到，仍留在PVC车间配料课。同年11月16日，某公司发布人事通知书，将宋某调至管理部后勤组任组长，宋某未至管理部后勤组报到，仍留在PVC车间配料课。2009年11月27日，某公司发布通告，内容为："2009年10月6日起，由于生产原料环节出现问题，导致生产出大量不良品及二级品。宋某作为相关部门干部，没有尽到管理责任，造成公司严重损失，预估合计人民币三万元，根据《员工手册》第三十七条第二十一项和第二十三项之规定，给予大过二次之处理。"同日，某公司再次发布通告，内容为："截至2009年11月27日，宋某本年度已累计二次大过，根据《员工手册》第四十一条第二十三项之规定，给予解除劳动合同之处理。即日起生效。"次日起，宋某未再到某公司上班。

法院判决

法院审理后认为：根据规定，劳动者严重失职，营私舞弊，给用人单位造成重大损害的，用人单位可以解除劳动合同。本案中，某公司所生产

的手套中出现质量问题是事实，关键是该质量问题是否是宋某严重失职或营私舞弊所造成。根据双方当事人的陈述，PVC 车间生产手套过程涉及原料环节、配料环节、车间制造环节等，在车间制造环节有诸多工艺要求和生产流程。某公司未能提供充分证据证明宋某在任职期间存在严重失职或营私舞弊等行为造成产品质量问题并导致某公司重大损失，且宋某在某公司对其发出调动工作岗位的公告和人事通知书后，仍留在某公司 PVC 车间配料课，直至 2009 年 11 月 27 日，故某公司据此对宋某给予大过二次进而解除劳动合同的处罚缺乏事实依据。根据规定，用人单位违法解除或者终止劳动合同的，应当依照经济补偿标准的二倍向劳动者支付赔偿金。对某公司要求不支付宋某解除劳动合同赔偿金的诉讼请求，不予支持。遂判决：某公司于判决生效之日起十日内支付宋某违法解除劳动合同赔偿金人民币 90277.49 元。①

【法律风险防范】

上述案例中的用人单位主张劳动者工作严重失职，给用人单位造成严重经济损失，而且劳动者又不服从工作调动，故用人单位只能对劳动者作出解除劳动合同的处理。法院认为，劳动者虽担任该公司 PVC 配料课课长，但该公司 PVC 车间生产手套过程涉及原料环节、配料环节、车间制造环节等，在车间制造环节有诸多工艺要求和生产流程，用人单位提供的证据不足以证明劳动者在任职期间存在严重失职，营私舞弊，对该公司利益造成重大损害，且劳动者在该公司对其发出调动工作岗位的公告和人事通知书后，仍留在该公司 PVC 车间配料课，故该公司据此对宋某给予大过二次之处理进而解除劳动合同缺乏事实依据，对用人单位的该项主张，法院不予采信。可见，若是用人单位无过错解除与劳动者的劳动合同，用人单位应该保留相应证据以便发生争议时可以拿来证明其解除合同是合法且无需支付赔偿金或经济补偿金的，以避免不必要的损失。

① 上海市第一中级人民法院（2010）沪一中民三（民）终字第 2588 号民事判决。

【法条链接】

《劳动合同法》第四十条

有下列情形之一的，用人单位提前三十日以书面形式通知劳动者本人或者额外支付劳动者一个月工资后，可以解除劳动合同：

（一）劳动者患病或者非因工负伤，在规定的医疗期满后不能从事原工作，也不能从事由用人单位另行安排的工作的；

（二）劳动者不能胜任工作，经过培训或者调整工作岗位，仍不能胜任工作的；

（三）劳动合同订立时所依据的客观情况发生重大变化，致使劳动合同无法履行，经用人单位与劳动者协商，未能就变更劳动合同内容达成协议的。

十、未作离职体检解除职业病患者劳动合同的法律风险

根据《职业病防治法》第三十五条的规定，对从事接触职业病危害的作业的劳动者，用人单位应当按照国务院卫生行政部门的规定组织上岗前、在岗期间和离岗时的职业健康检查，并将检查结果书面告知劳动者。

由此可知，给要离职的从事接触职业病危害作业的劳动者做体检是用人单位的法定义务。实践中，用人单位基于各种原因没有给从事接触职业病危害作业的劳动者做离职体检是不合法的，若因此发生劳动争议，用人单位往往要承担较大的法律风险。

以案说法

68. 用人单位辞退员工未安排离职体检，法院认定为违法解除，判决支付赔偿金

基本案情

白某于2004年8月2日进入×××公司工作，任农乳车间操作工。2013年8月31日，×××公司向该公司工会提交关于不再与白某续签劳动合同的请示。2013年9月12日，×××公司书面通知白某终止劳动关系。×××公司向白某送达终止劳动合同通知前，未安排白某进行离岗前职业健康检查，

白某于2013年9月16日收到该通知，之后离职。2013年10月31日，×××公司工会通过关于审议“九名同志拒签劳动合同的处理意见”会议纪要，原则同意×××公司终止与白某的劳动合同关系，但希望再给白某一次续签合同的机会。嗣后，双方发生争议。

法院判决

法院认为：根据《最高人民法院关于审理劳动争议案件适用法律若干问题的解释》第十六条规定，劳动合同期满后，劳动者仍在原用人单位工作，原用人单位未表示异议的，视为双方同意以原条件继续履行劳动合同。一方提出终止劳动关系的，人民法院应当支持。但是，《劳动合同法》第四十五条规定，劳动合同期满，从事接触职业病危害作业的劳动者未进行离岗前职业健康检查，或者疑似职业病人在诊断或者医学观察期间的，劳动合同应当续延至相应的情形消失时终止。《职业病防治法》第三十六条（现为第三十五条）第二款规定，用人单位对未进行离岗前职业健康检查的劳动者不得解除或者终止与其订立的劳动合同。本案中，双方劳动合同于2013年8月1日到期后，白某仍在×××公司处工作，后因双方未就续签劳动合同事宜达成一致意见，白某于2013年9月16日收到×××公司发出的终止劳动合同通知。根据白某提供的南京市有害作业人员职业健康监护报告，可以证实白某系从事接触职业病危害的劳动者。×××公司向白某送达终止劳动合同前，未安排白某进行离岗前职业健康检查，故白某主张×××公司违法解除劳动关系，法院予以支持。白某系从事接触职业病危害作业的劳动者，双方终止劳动合同之前，未安排白某进行离岗前职业健康检查，属违法终止劳动合同，白某向×××公司主张赔偿金，法院予以支持。遂判决：×××公司于判决生效之日起十日内向白某支付赔偿金85253元（4487元×9.5×2）。[①]

【法律风险防范】

用人单位在用工的过程中，要自始至终地重视职业病给企业和劳动者带来的负担。与普通的疾病相比，职业病往往更难治愈，对人的身体健康伤害

① 南京市中级人民法院（2015）宁民终字第1725号民事判决。

更大，而用人单位要承担的责任也就更大，所以用人单位要注重从根源防治，也要注重员工的在职体检和离职体检。

第一，对于从事接触职业病危害作业的劳动者，用人单位必须采用有效的职业病防护措施，并为劳动者提供个人使用的职业病防护用品。用人单位应当对劳动者进行上岗前的职业卫生培训和在岗期间的定期职业卫生培训，普及职业卫生知识，督促劳动者遵守职业病防治法律、法规、规章和操作规程，指导劳动者正确使用职业病防护设备和个人使用的职业病防护用品。劳动者应当学习和掌握相关的职业卫生知识，增强职业病防范意识，遵守职业病防治法律、法规、规章和操作规程，正确使用、维护职业病防护设备和个人使用的职业病防护用品，发现职业病危害事故隐患应当及时报告。

第二，对从事接触职业病危害作业的劳动者，用人单位应当按照国务院卫生行政部门的规定组织上岗前、在岗期间和离岗时的职业健康检查，并将检查结果书面告知劳动者。用人单位应当为劳动者建立职业健康监护档案，并按照规定的期限妥善保存。

第三，如果存在劳动者不愿意做在职体检或者离职体检的情况，用人单位应该尽量说服劳动者进行体检。若是沟通无效应该保存劳动者主动放弃做体检的证据，以便发生争议的时候举证证明。

【法条链接】

《劳动合同法》第四十二条

劳动者有下列情形之一的，用人单位不得依照本法第四十条、第四十一条的规定解除劳动合同：

（一）从事接触职业病危害作业的劳动者未进行离岗前职业健康检查，或者疑似职业病病人在诊断或者医学观察期间的；

（二）在本单位患职业病或者因工负伤并被确认丧失或者部分丧失劳动能力的；

（三）患病或者非因工负伤，在规定的医疗期内的；

（四）女职工在孕期、产期、哺乳期的；

（五）在本单位连续工作满十五年，且距法定退休年龄不足五年的；

（六）法律、行政法规规定的其他情形。

《劳动合同法》第四十五条

劳动合同期满，有本法第四十二条规定情形之一的，劳动合同应当续延至相应的情形消失时终止。但是，本法第四十二条第二项规定丧失或者部分丧失劳动能力劳动者的劳动合同的终止，按照国家有关工伤保险的规定执行。

《职业病防治法》第三十五条第一款、第二款

对从事接触职业病危害的作业的劳动者，用人单位应当按照国务院卫生行政部门的规定组织上岗前、在岗期间和离岗时的职业健康检查，并将检查结果书面告知劳动者。职业健康检查费用由用人单位承担。

用人单位不得安排未经上岗前职业健康检查的劳动者从事接触职业病危害的作业；不得安排有职业禁忌的劳动者从事其所禁忌的作业；对在职业健康检查中发现有与所从事的职业相关的健康损害的劳动者，应当调离原工作岗位，并妥善安置；对未进行离岗前职业健康检查的劳动者不得解除或者终止与其订立的劳动合同。

十一、解雇不同意调岗劳动者的法律风险

用人单位在企业管理过程中会经常遇到调岗的问题，调岗的原因多样，如双方协商调岗、员工不胜任工作的调岗、用人单位因生产经营需要的调岗以及客观情况发生重大变化的调岗。法律在调岗方面也有诸多规定，特别是对员工不能胜任工作的调岗，企业在调岗过程中要特别注意法律的适用，不然也有可能与劳动者产生劳动争议。一般来说，调动岗位必须与劳动者协商一致，若强行调动岗位而员工又不服从的话，非常容易产生劳动纠纷。如果用人单位以劳动者不服从管理为由解除劳动合同，则可能面临支付赔偿金的法律风险。

以案说法

69. 解除不同意调岗的劳动者但未提供充足证据，法院判决支付赔偿金

基本案情

被告金某于2014年12月31日到原告×××实业有限公司工作，双方签订了期限为2014年12月31日至2015年12月30日的劳动合同，合同约定被告工作内容为在生产部承担生产主管工作。2015年9月6日，原告出具通告

一份，认为金某工作能力不符合主管岗位又不接受其他岗位，公司只好提前一个月通知与其解除劳动合同。后双方发生争议。

法院判决

法院认为，根据民事诉讼证据规定，当事人对自己提出的诉讼请求所依据的事实或者反驳对方诉讼请求所依据的事实有责任提供证据加以证明，没有证据或者证据不足以证明当事人的事实主张的，由负有举证责任的当事人承担不利后果。在劳动争议纠纷案件中，因用人单位作出解除劳动合同等决定而发生劳动争议的，由用人单位负举证责任。另据《劳动合同法》的规定，劳动者不能胜任工作，经过培训或者调整工作岗位，仍不能胜任工作的，用人单位提前三十日以书面形式通知劳动者本人或者额外支付劳动者一个月工资后，可以解除劳动合同。本案中，原告以被告不能胜任生产主管岗位，又拒绝从事调岗后新岗位工作为由，解除与被告的劳动合同，是否合法有效？**首先，原告提供的证据不足以证明被告职责不明、组织与协调能力差，不符合主管岗位工作的事实；其次，原告也未提供证据证明其就调岗事宜与被告存在协商过程以及被告拒绝从事新岗位的事实。因此，原告以被告不能胜任工作又不服从调岗安排为由，对被告作出解除劳动合同处理的理由尚不成立。**故原告要求不予支付被告违法解除劳动合同赔偿金的请求，法院难以支持。遂判决：原告 ××× 实业有限公司应于本判决生效之日起十日内支付被告金某违法解除劳动合同赔偿金人民币 8400 元。[①]

【法律风险防范】

上述案例中，用人单位以劳动者不能胜任工作岗位为由对劳动者进行调岗遭到劳动者拒绝，然后单方解除了与劳动者的劳动合同，法院认为企业提供的证据不足以证明被告职责不明、组织与协调能力差，不符合主管岗位工作，判决用人单位败诉。这说明用人单位在调岗过程中以不能胜任工作岗位为由解除劳动合同，要承担证明劳动者不能胜任工作岗位的责任。为避免纠纷，用人单位可以从以下几个方面来防范：

---

① 上海市嘉定区人民法院（2015）嘉民四（民）初字第 1099 号民事判决。

第一，用人单位应该建立一套完善的考核制度，该制度的制定应该经过民主程序并向员工进行公示。在考核制度中作出考核的具体规定，让劳动者知道有这些考核。每一个阶段可以进行一次考核总结测评，依据一个季度或者一个年度的考核结果对劳动者能否胜任其工作岗位作出判断。

第二，对考核的依据、材料和考核结果应保留原始证据，与劳动者保持良好的沟通，尽量让其对该考核材料予以签名确认。如果劳动者对该结果有异议，应该让劳动者有申辩的机会和渠道。

第三，在确认劳动者确实不能胜任该工作岗位时要进行调岗工作安排，可向劳动者发出书面通知，也可制作《工作岗位异动表》《调动通知单》等，书面通知劳动者因不能胜任工作，公司决定将其从原工作岗位调整至某某工作岗位，调岗通知需送达劳动者，并由劳动者确认签名。

《劳动合同法》第四十条规定："有下列情形之一的，用人单位提前三十日以书面形式通知劳动者本人或者额外支付劳动者一个月工资后，可以解除劳动合同：……（二）劳动者不能胜任工作，经过培训或者调整工作岗位，仍不能胜任工作的……"这实际上也是对劳动者不能胜任工作时用人单位变更工作岗位作出了回应，即用人单位可对劳动者进行相应的技能培训，或者对劳动者的工作岗位进行适当的变更。在劳动者不能胜任工作的情况下，《劳动部办公厅关于职工因岗位变更与企业发生争议等有关问题的复函》（劳办发〔1996〕100号）规定，按照《劳动法》第十七条、第二十六条、第三十一条的规定精神，因劳动合同订立时所依据的客观情况发生重大变化，致使原劳动合同无法履行而变更劳动合同，须经双方当事人协商一致，若不能达成协议，则可按法定程序解除劳动合同；因劳动者不能胜任工作而变更、调整职工工作岗位，则属于用人单位的自主权。对于因劳动者岗位变更引起的争议应依据上述规定精神处理。由此可见，劳动者不能胜任工作，用人单位适当调整劳动者工作岗位的，不属于双方协商一致变更劳动合同的范畴，用人单位可单方作出调整，这是用人单位的用工自主权，劳动者也不能以未经变更程序为由拒绝调整，但同时需要注意的是，用人单位对劳动者调整岗位应具备合理性（如将经理岗位调整为清洁工岗位，则明显不具备合理性），否则将构成对劳动合同的违法变更。

【法条链接】

《劳动法》第十七条第一款

订立和变更劳动合同，应当遵循平等自愿、协商一致的原则，不得违反法律、行政法规的规定。

《劳动法》第二十六条

有下列情形之一的，用人单位可以解除劳动合同，但是应当提前三十日以书面形式通知劳动者本人：

……

（二）劳动者不能胜任工作，经过培训或者调整工作岗位，仍不能胜任工作的；

……

《劳动合同法》第三十五条第一款

用人单位与劳动者协商一致，可以变更劳动合同约定的内容。变更劳动合同，应当采取书面形式。

《劳动合同法》第四十条

有下列情形之一的，用人单位提前三十日以书面形式通知劳动者本人或者额外支付劳动者一个月工资后，可以解除劳动合同：

……

（二）劳动者不能胜任工作，经过培训或者调整工作岗位，仍不能胜任工作的；

……

《劳动部办公厅关于职工因岗位变更与企业发生争议等有关问题的复函》

按照《劳动法》第十七条、第二十六条、第三十一条的规定精神，因劳动合同订立时所依据的客观情况发生重大变化，致使原劳动合同无法履行而变更劳动合同，须经双方当事人协商一致，若不能达成协议，则可按法定程序解除劳动合同；因劳动者不能胜任工作而变更、调整职工工作岗位，则属于用人单位的自主权。对于因劳动者岗位变更引起的争议应依据上述规定精神处理。

《广东省高级人民法院、广东省劳动人事争议仲裁委员会关于审理劳动人事争议案件若干问题的座谈会纪要》

22. 用人单位调整劳动者工作岗位，同时符合以下情形的，视为用人单位合法行使用工自主权，劳动者以用人单位擅自调整其工作岗位为由要求解除劳动合同并请求用人单位支付经济补偿的，不予支持：

（1）调整劳动者工作岗位是用人单位生产经营的需要；

（2）调整工作岗位后劳动者的工资水平与原岗位基本相当；

（3）不具有侮辱性和惩罚性；

（4）无其他违反法律法规的情形。

……

十二、解雇严重失职员工的法律风险

《劳动合同法》第三十九条第三项规定，劳动者严重失职，营私舞弊，给用人单位造成重大损害的，用人单位可以解除劳动合同。该规定明确并非只要劳动者给用人单位造成重大损害，用人单位即有权解除劳动合同，而是同时要求劳动者存在严重失职，营私舞弊的行为。严重失职与重大损害两个方面的内容是不同的，不能以劳动者造成了用人单位重大损害，就认定劳动者存在严重失职，营私舞弊的行为。因为一般情况下，劳动者造成用人单位重大损失可能存在多种原因，除了劳动者的严重失职，还包括用人单位的选任和监督失当等。

因为对该条款的理解不够充分，用人单位往往会在劳动者存在严重失职或营私舞弊的情形下，或者在劳动者造成用人单位重大损害的情形下，与劳动者解除劳动合同关系，而不是这两种情形同时具备，如此一来，用人单位常常因此而被判违法解除劳动合同就不难想象了。

以案说法

70. 解雇严重失职员工但未提供充分证据，法院判决用人单位支付赔偿金

基本案情

刘某就职于东莞 ××× 有限公司，公司员工手册中规定，“二个中过等于一个大过，处理方式为视情节转为立即无偿（解除或终止合同）；二个大过等于极度严重，处理方式为立即无偿（解除或终止合同）”。后公司称刘某上班期间睡觉、三次违纪事件擅离职守、上晚班期间未向领导报备和请假而擅离职守、违规操作等，遂根据《员工手册》解除了与刘某的劳动合同。

法院判决

法院认为，首先，依据东莞 ××× 有限公司的员工手册，可知累积过错处理方式为“二个中过等于一个大过”，其处理方式为“视情节转为立即无偿（解除或终止合同）”；“二个大过等于极度严重”，其处理方式为“立即无偿（解除或终止合同）”。其次，东莞 ××× 有限公司庭审期间主张刘某应当被解雇的理由是刘某存在四次记中过的违纪行为，四次记中过达到二个记大过的违纪程度，可以被解雇。后又主张即使四个记中过行为不能成立，只要刘某其中两个记中过行为成立，即可根据两个记中过等于一个记大过，并视情节立即解除劳动合同。可见东莞 ××× 有限公司前后主张不一致，对刘某的解雇依据不明确。再次，刘某四次记中过行为能否成立的问题。对于案涉首次违纪行为，即 2014 年 11 月 25 日的上班时间睡觉事件，法院认为该次记中过仅依据证人梁某和证人龚某两位证人的证言不足以认定刘某存在上班睡觉行为。综上，法院认定东莞 ××× 有限公司解除与刘某的劳动合同关系依据不足，属违法解雇，东莞 ××× 有限公司应当支付刘某赔偿金，遂判决：东莞 ××× 有限公司应在判决发生法律效力之日起三日内向刘某支付违法解除劳动合同的赔偿金 151400 元。[①]

【法律风险防范】

《劳动合同法》第三十九条第三项规定，劳动者严重失职，营私舞弊，给用人单位的利益造成重大损害的，用人单位可以解除劳动合同。该规定明确并非只要劳动者给用人单位造成重大损害，用人单位即有权解除劳动合同，而是同时要求劳动者存在严重失职、营私舞弊的行为。因此，上述案例中法院认为用人单位证明劳动者严重失职的依据不明确，且无法对造成严重损失提供证明，所以判决用人单位属于违法解除劳动合同，需要支付赔偿金。

法律上对于“严重失职、重大损害”并无明确的认定，各地劳动仲裁机构、司法部门也无统一的裁审标准可供参考。只有原劳动部办公厅《关于〈劳动法〉

① 东莞市中级人民法院（2016）粤 19 民终 2204 号民事判决。

若干条文的说明》(劳办发〔1994〕289号)第二十五条第三款规定："本条中的'重大损害'由企业内部规章来规定。因为企业类型各有不同，对重大损害的界定也千差万别，故不便对重大损害作统一解释。若由此发生劳动争议，可以通过劳动争议仲裁委员会对其规章规定的重大损害进行认定。"所以用人单位要在规章制度里合理制定"严重失职、重大损失"的标准，要定义什么叫"重大损害"。用人单位应当根据本单位的实际情况，如企业规模、资产净值、效益状况、当地经济发展状况、劳动者所在岗位的法律风险大小等来确定。"重大损害"不仅包括直接经济利益损失，亦包括企业商誉受损、潜在或现有客户流失等利益损失。对于可量化的损害，规定经济损失达到一定数额即为"重大损害"，如造成3000元以上的损失，避免因损害程度之争而导致法律风险。对于不可量化的损害，如工作进度延误、安全质量事故、企业名誉受到影响等，可以确定一个损害范围。

对于劳动者，要明确其工作职责，确定其符合工作职责的标准，才能据此确定造成损失的行为是否属于劳动者工作职责范围，并由此来判断其是否存在严重失职的行为。如果用人单位未制定具体的岗位职责并对其进行详尽描述，那么即使劳动者在工作上存在过错，导致了一定的经济损失，也很难认定是否存在严重失职。对于劳动者在工作过程中不符合工作职责的行为应该及时调查事实，确认责任归属，并由劳动者签名确认事实。

【法条链接】

《劳动合同法》第三十九条

劳动者有下列情形之一的，用人单位可以解除劳动合同：

(一)在试用期间被证明不符合录用条件的；

(二)严重违反用人单位的规章制度的；

(三)严重失职，营私舞弊，给用人单位造成重大损害的；

(四)劳动者同时与其他用人单位建立劳动关系，对完成本单位的工作任务造成严重影响，或者经用人单位提出，拒不改正的；

(五)因本法第二十六条第一款第一项规定的情形致使劳动合同无效的；

(六)被依法追究刑事责任的。

《关于〈劳动法〉若干条文的说明》第二十五条第三款

本条中的"重大损害"由企业内部规章来规定。因为企业类型各有不同，对重大损害的界定也千差万别，故不便对重大损害作统一解释。若由此发生劳动争议，可以通过劳动争议仲裁委员会对其规章规定的重大损害进行认定。

十三、解雇不能胜任工作员工的法律风险

根据《劳动合同法》第四十条第二项的规定，劳动者不能胜任工作，经过培训或者调整工作岗位，仍不能胜任工作的，用人单位提前三十日以书面形式通知劳动者本人或者额外支付劳动者一个月工资后，可以解除劳动合同。因为有该条规定的存在，在实践中，用人单位经常会以“员工不能胜任工作”为由要解雇员工，殊不知，“不能胜任工作”的证明责任在用人单位，而用人单位的规章制度、证据保存以及实际操作中难免会存在各种问题，这使得依据该条解除劳动合同也存在较大的法律风险，用人单位为此支付赔偿金的不在少数。

以案说法

71. 用人单位直接解雇经培训仍不能胜任工作的员工，法院判决双方继续履行劳动合同

基本案情

2013年9月23日，原告×××钢铁有限公司与被告关某某签订劳动合同，合同约定为无固定期限劳动合同，从2013年9月23日起至法定解除或者终止劳动合同条件出现时止；公司按岗位标准经考核、考评确认被告不能胜任本岗位工作，可以调换被告的岗位工作，合同履行期间原告根据生产经营变化或者工作需要，经双方协商一致，可以变更新的岗位工作。合同签订后，双方依约定履行。2014年11月3日，×××钢铁有限公司以关某某在原岗位考核不合格为由将关某某调离原岗位到本单位培训中心培训，时间从2014年11月3日至2014年12月3日，随后×××钢铁有限公司以关某某在培训中心考试不合格为由直接与其解除劳动关系。

法院判决

法院认为，××× 钢铁有限公司与关某某之间签订的劳动合同系双方真实的意思表示，合法有效。劳动者不能胜任工作，经过培训或者调整工作岗位，仍不能胜任工作的，用人单位提前三十日以书面形式通知劳动者本人或者额外支付劳动者一个月工资后，可以解除劳动合同。××× 钢铁有限公司现以关某某不能胜任工作且经培训为不合格为由直接与关某某解除劳动合同的行为，不符合法律规定，且对于关某某的培训考核系由 ××× 钢铁有限公司单方作出，用人单位的行为违反了《劳动合同法》解除或者终止劳动合同的相关规定。现劳动者要求继续履行劳动合同，用人单位应当继续履行。××× 钢铁有限公司提出双方劳动关系因 ××× 钢铁有限公司的生产经营状况已经无法继续履行，对此法院认为，生产经营发生严重困难的，需要裁减人员二十人以上或者裁减不足二十人但占企业职工总数百分之十以上的，用人单位提前三十日向工会或者全体职工说明情况，听取工会或者职工的意见后，裁减人员方案经向劳动行政部门报告，可以裁减人员。××× 钢铁有限公司未事先将裁减理由通知工会，听取工会或职工的意见，单方解除劳动合同，违反法律规定，且其未提供证据证明劳动合同已经不能继续履行，现关某某要求继续履行劳动合同应予以支持。遂判决：原告 ××× 钢铁有限公司与被告关某某继续履行劳动合同。①

【法律风险防范】

《劳动合同法》第四十条第二项规定，劳动者不能胜任工作，经过培训或者调整工作岗位，仍不能胜任工作的，用人单位提前三十日以书面形式通知劳动者本人或者额外支付劳动者一个月工资后，可以解除劳动合同。此外，根据原劳动部办公厅《关于〈劳动法〉若干条文的说明》，“不能胜任工作”，是指不能按要求完成劳动合同中约定的任务或者同工种，同岗位人员的工作量。用人单位不得故意提高定额标准，使劳动者无法完成。根据法律规定，仲裁机构、司法部门认定“不能胜任工作”解除劳动合同需要具备以下条件：

---

① 营口市中级人民法院（2016）辽 08 民终 1295 号民事判决。

首先，用人单位要证明劳动者不能完成劳动合同约定的工作任务或同工种同岗位人员的工作量，应提供充足的证据予以证明。其次，要证明对劳动者经过培训或调整工作岗位，或者对劳动者进行工作技能培训，或适当调整工作岗位。最后，经过培训或调岗后，用人单位还需证明劳动者仍不能胜任原岗位工作内容或调整后的岗位工作内容。

从操作层面来看，用人单位也要分步骤进行。首先，用人单位应证明劳动者不能胜任工作，要通过公正的考核程序，并依照规章制度中确定的考核标准，并提供充分的证据以证明劳动者不能胜任工作。其次，用人单位要有对劳动者进行调岗或者培训的动作。最后，用人单位在对不能胜任工作的劳动者进行调岗或者再次培训之后，还需要对劳动者进行业绩和工作能力考核。如果考核成绩是合格的，不能解雇，需要留在新岗位。若考核成绩仍不合格，方可进入辞退程序。

【法条链接】

《劳动合同法》第四十条

有下列情形之一的，用人单位提前三十日以书面形式通知劳动者本人或者额外支付劳动者一个月工资后，可以解除劳动合同：

……

（二）劳动者不能胜任工作，经过培训或者调整工作岗位，仍不能胜任工作的；

……

十四、解雇孕期缺勤劳动者的法律风险

根据《劳动合同法》第四十二条第四项的规定，女职工孕期，除非本人具有《劳动合同法》第三十九条第二项至第六项规定的过错，用人单位不得解除劳动合同；劳动合同期满，顺延至哺乳期满或者流产假期满。因此，若在孕期解雇女员工，用人单位将面临较大的法律风险。

以案说法

72. 解雇孕期缺勤劳动者，法院判决用人单位支付违法解除劳动合同赔偿金

基本案情

姚某于2003年6月18日至××公司工作。2011年6月13日，双方签订一份期限为2011年7月1日至2013年12月31日的劳动合同，2012年7月，姚某怀孕。之后，××公司知道姚某怀孕之事。2012年9月3日至2012年11月16日期间，姚某因为先兆流产等孕情多次向公司请了事假和病假。2012年11月16日姚某在××公司上班，并打卡考勤。从2012年11月19日（星期一）开始，姚某未再去××公司上班。2012年11月30日，××公司以姚某旷工为由，解除了与姚某之间的劳动合同。

法院判决

法院认为，我国现行劳动法律均规定对女职工在孕期、产期和哺乳期内实行特殊劳动保护。从本案现有证据及查明的事实可见，在姚某怀孕伊始，××公司考虑到姚某身体欠佳，又系高龄产妇，确实对姚某予以了照顾，对其请假做了人性化的处理，包括姚某请假方式随意，未严格按照员工手册中的规定予以处理其请假等。此后，按姚某所称，因其亲属在本溪市病危，故不得不赶赴本溪市，也属事出有因。此时，姚某若能多打一个电话，或委托家人、朋友代为履行请假手续，告知××公司家中情况以及自己的身体情况，主动和单位沟通，以期取得单位人性化的考虑，更为妥当。反观，××公司虽有权在法律规定的范围内行使用人单位的自主权，但姚某已在××公司工作近十年，该公司也已明知姚某怀有身孕，且系高龄产妇，再加之双方在此之前已对请假方式达成一致，故××公司在解除劳动合同之际更应审慎行使，多方核查。从本案现有证据可见，××公司在2012年11月初存有与姚某联系之事实，在姚某2012年11月14日及16日仍有上班的情况下，却未再核实，径行于2012年11月30日解除劳动关系，确实不当。遂判决：××公

司应于判决生效之日起十日内支付姚某违法解除劳动合同的赔偿金51889元。[①]

【法律风险防范】

以上案例中，劳动者由于怀孕无法严格按照公司的请假流程进行请假，公司更为恰当的做法应该是允许劳动者在请假障碍消除后进行解释并且补充请假，在听取劳动者的解释后再酌情依照规章制度对劳动者进行处分等，在女员工的特殊时期应该给予女员工一定的"宽容"。

我国的劳动法律法规都对女性员工予以特别保护，对于孕期的女性更是有特殊的法律规定，用人单位若是没有按照法律规定而擅自开除女性职工会面临法律风险。总之，用人单位应该更人性地对待女性员工的特殊时期（孕期、产期、哺乳期）。

【法条链接】

《劳动合同法》第四十二条

劳动者有下列情形之一的，用人单位不得依照本法第四十条、第四十一条的规定解除劳动合同：

（一）从事接触职业病危害作业的劳动者未进行离岗前职业健康检查，或者疑似职业病病人在诊断或者医学观察期间的；

（二）在本单位患职业病或者因工负伤并被确认丧失或者部分丧失劳动能力的；

（三）患病或者非因工负伤，在规定的医疗期内的；

（四）女职工在孕期、产期、哺乳期的；

（五）在本单位连续工作满十五年，且距法定退休年龄不足五年的；

（六）法律、行政法规规定的其他情形。

《劳动合同法》第四十五条

劳动合同期满，有本法第四十二条规定情形之一的，劳动合同应当续延至相应的情形消失时终止。但是，本法第四十二条第二项规定丧失或者部分丧失劳动能力劳动者的劳动合同的终止，按照国家有关工伤保险的规定执行。

《劳动合同法》第四十八条

用人单位违反本法规定解除或者终止劳动合同，劳动者要求继续履行劳动合同的，用人单位应当继续履行；劳动者不要求继续履行劳动合同或者劳动合同已经不能继续履行的，

---

① 上海市第二中级人民法院（2013）沪二中民三（民）终字第1307号民事判决。

用人单位应当依照本法第八十七条规定支付赔偿金。

《劳动合同法》第八十七条

用人单位违反本法规定解除或者终止劳动合同的，应当依照本法第四十七条规定的经济补偿标准的二倍向劳动者支付赔偿金。

十五、解雇未婚先孕女工的法律风险

《劳动法》及《劳动合同法》中均有女职工在孕期、产期、哺乳期内不得解除劳动合同的规定，该规定并未将未婚女职工排除在保护范围之外，但是用人单位若以劳动者违反计划生育相关法律为由，解除与未婚先孕劳动者的劳动关系，仍然需要承担较大的法律风险。法院很可能会认定用人单位的行为属于违法解除劳动合同，从而需要向劳动者支付经济赔偿金。

以案说法

73. 以未婚先孕为由解雇员工，法院判决用人单位支付赔偿金

基本案情

王某某于2010年7月与×××劳务派遣有限公司订立劳动合同，并被派遣到××日报从事96110热线坐席员岗位工作。2013年3月，王某某怀孕。2013年7月1日，××日报以王某某违反《山东省人口与计划生育条例》为由，将其退回×××劳务派遣有限公司。×××劳务派遣有限公司于2013年7月1日作出《关于与王某某解除劳动合同的处理决定》，以王某某违反国家计划生育法规，严重违反用工单位规章制度为由，决定于2013年7月1日与王某某解除劳动合同，并向王某某邮寄送达处理决定，王某某于2013年7月12日收到该处理决定。

法院判决

法院认为，×××劳务派遣有限公司于2013年7月1日以王某某违反国家计划生育法规、严重违反用人单位规章制度为由决定与王某某解除劳动合同，并于2013年7月12日向王某某送达了处理决定的事实清楚。王某某于

2013 年 3 月怀孕，在 ××× 劳务派遣有限公司没有证据证实王某某严重违反单位规章制度的情况下，××× 劳务派遣有限公司在王某某怀孕期间解除与其之间的劳动合同显属违法；王某某虽然存在未婚先孕的情况，但 ××× 劳务派遣有限公司并不能以此作为其有权解除劳动合同的理由，××× 劳务派遣有限公司以此为由解除劳动合同亦不符合法律规定，根据《劳动合同法》第八十七条的规定，××× 劳务派遣有限公司应当向王某某支付违法解除劳动合同赔偿金。×× 日报以王某某违反《山东省人口与计划生育条例》为由将王某某退回 ××× 劳务派遣有限公司处，导致 ××× 劳务派遣有限公司与其解除劳动合同，×× 日报存在过错，根据《劳动合同法》第九十二条的规定，×× 日报应与 ××× 劳务派遣有限公司承担连带赔偿责任。遂判决：限 ××× 劳务派遣有限公司于本判决生效后 10 日内支付王某某违法解除劳动合同赔偿金 11004 元，由 ×× 日报承担连带给付责任。[①]

【法律风险防范】

根据《劳动合同法》第四十二条的规定，女职工在孕期、产期、哺乳期内，用人单位不能以《劳动合同法》的相关规定解除劳动合同。本案中用人单位以王某某违反《山东省人口与计划生育条例》为由，与其解除劳动合同。由于《劳动合同法》第三十九条规定，劳动者被依法追究刑事责任的，用人单位可解除劳动合同。王某某的行为虽然违反了《山东省人口与计划生育条例》的规定，但是并未达到被追究刑事责任的程度。因此，单位不能仅以违法生育为由与王某某解除劳动合同，即使该用人单位的规章制度中规定违法生育等违反计划生育规定的行为构成严重违反规章制度，这样的规定通常也会被认定为无效。因为这种规定违背了对于“三期”女职工、对于新生儿童特殊保护的法律精神和立法原则。用人单位也很难以严重违反规章制度为由解除与王某的劳动合同。

单位以“未婚先孕”为由辞退女职工，其实是一种错误的做法。劳动者虽然违反了《婚姻法》和计划生育相关规定，但这与解除劳动关系不构成因果关系，因此用人单位不具备对“未婚先孕”员工进行处理的权力。相反，

① 烟台市中级人民法院（2015）烟民一终字第 125 号民事判决。

即使有女职工未婚先孕，她与其他婚后怀孕的女职工一样，同样依法享有各项权利，同样受到《劳动法》等法律法规的保护。因此，用人单位不能以“未婚先孕”为由随意解除与女职工的劳动合同。

【法条链接】

《劳动合同法》第四十二条

劳动者有下列情形之一的，用人单位不得依照本法第四十条、第四十一条的规定解除劳动合同：

（一）从事接触职业病危害作业的劳动者未进行离岗前职业健康检查，或者疑似职业病病人在诊断或者医学观察期间的；

（二）在本单位患职业病或者因工负伤并被确认丧失或者部分丧失劳动能力的；

（三）患病或者非因工负伤，在规定的医疗期内的；

（四）女职工在孕期、产期、哺乳期的；

（五）在本单位连续工作满十五年，且距法定退休年龄不足五年的；

（六）法律、行政法规规定的其他情形。

十六、解雇隐婚入职女职工的法律风险

现在许多用人单位在招聘员工的时候一般不会在招聘条件中写明拒绝女性或者已婚已孕者应聘，但是可能在面试环节如果知道女性已婚怀孕会以其他原因拒绝她的求职。所以有些劳动者在应聘的时候会隐瞒自己的真实婚姻状况，这时候，如果用人单位在已经和劳动者确认劳动关系后才知悉其真实婚姻状况，因此与劳动者解除劳动关系的，就隐藏着较大的法律风险。

以案说法

74. 用人单位解雇隐婚入职的怀孕女工，法院判决继续履行劳动合同

基本案情

邱某于2013年2月18日入职××互动公司，双方签订了期限自当日起

至2015年2月17日止的劳动合同，约定邱某在人力资源部从事薪酬主管工作。2013年6月3日，××互动公司向邱某出具《员工辞退通知确认函》一份，载明："邱某女士：我公司与您在2013年2月18日签订了劳动合同，双方建立了劳动关系。但在劳动合同履行过程中，公司发现您的入职资料中隐瞒个人已婚已孕事实。在试用期中处于孕期，并没有及时告知公司，同时，在职期间不能胜任所在岗位的工作……公司特此通知，决定终止与您的劳动关系，解除劳动合同，请您于2013年6月3日前，到公司相关部门办理离职手续……"

法院判决

法院认为，**本案的争议焦点是××互动公司与邱某解除劳动合同是否合法。首先，根据邱某自认的结婚登记时间，虽然其在××互动公司职位申请表、员工入职基本资料表中填写的婚姻状况不属实，但邱某所应聘的工作岗位对其是否已婚并没有直接具体的要求，且是否已婚并非用人单位录用员工的决定因素，用人单位规章制度中的隐瞒、提供虚假信息通常针对的是学历、工作经历等，而劳动者的婚姻状况不能作为解除劳动关系的约定条件，且婚姻状况属于个人隐私，故××互动公司不能依据邱某在职位申请表、员工入职基本资料表中没有如实填写婚姻状况而与其解除劳动合同。其次，邱某于2013年4月11日检查得知怀孕9周，根据常理，邱某在2013年2月18日入职时，无法知晓自己已经怀孕。再次，××互动公司未就员工辞退通知确认函中记载的邱某在职期间不能胜任所在岗位的工作，对公司经营业务工作情况不能准确了解，并且不能独立开展工作；不能及时完成本职工作；离职面谈后，向公司在职员工恶意宣扬不实情况，破坏公司团结，煽动在职员工情绪的违纪事实提交相应证据予以证明。综上，××互动公司于2013年6月3日作出的员工辞退决定缺乏相应的法律依据，显属违法解除劳动合同行为，应予撤销，双方继续履行劳动合同。**遂判决：撤销××互动公司对邱某作出的《员工辞退通知确认函》，双方继续履行劳动合同。[①]

① 北京市第一中级人民法院（2013）一中民终字第14477号民事判决。

【法律风险防范】

上述案例中的劳动者属于隐婚入职，用人单位以此为由解除劳动合同并没有得到法官的支持。劳动者的婚姻情况与其工作并不直接相关，因此她没有向单位告知的义务，公司要求其提供婚姻信息这一非劳动合同直接相关情况缺乏法律的依据。

就算用人单位的规章制度与员工手册规定“员工入职时应当如实填写入职登记表，不得有任何隐瞒，否则公司有权解除劳动合同”，尽管劳动者在入职时未如实告知自己的婚姻状况，但实践中司法机关往往会结合案情对规章制度作合法合理性的审查，如果违法或者明显不合理，则会判定具体涉及条款无效而不适用。用人单位根据无效的规章制度解除与劳动者的劳动合同，很容易被法院认定为违法解除劳动合同。

【法条链接】

《劳动合同法》第四十二条

劳动者有下列情形之一的，用人单位不得依照本法第四十条、第四十一条的规定解除劳动合同：

……

（四）女职工在孕期、产期、哺乳期的；

……

《女职工劳动保护特别规定》第五条

用人单位不得因女职工怀孕、生育、哺乳降低其工资、予以辞退、与其解除劳动或者聘用合同。

《妇女权益保障法》第二十七条第一款

任何单位不得因结婚、怀孕、产假、哺乳等情形，降低女职工的工资，辞退女职工，单方解除劳动（聘用）合同或者服务协议。但是，女职工要求终止劳动（聘用）合同或者服务协议的除外。

十七、解雇违反计划生育政策女职工的法律风险

对于违反计划生育政策的女职工的解雇问题，实践中存在不同的观点。一种观点认为计划生育是我国的基本国策，每个人都必须遵守，所以劳动者违反了计划生育政策用人单位就可以行使解除权，单方面解除劳动合同。另

一种观点则认为违反计划生育政策是属于行政违法行为，用人单位不能以此来解除劳动合同，《劳动合同法》规定了用人单位可以解除劳动合同的各种情形，但并未将劳动者违反计划生育政策列入其中。因此，在实践中，用人单位若以此为由解除与劳动者的劳动合同，仍然存在被认为违法解除的法律风险。

以案说法

75. 用人单位以违法生育为由解雇员工，法院判决继续履行合同

基本案情

2006 年 6 月 20 日，被告李某和原告 ××× 型钢有限公司签订劳动合同书一份，合同期限自 2006 年 6 月 20 日起至 2016 年 9 月 30 日止。2012 年 2 月 16 日，李某与赵某某再婚，李某向 ××× 型钢有限公司提交二胎生育申请材料，申请生育二胎。2014 年 2 月 23 日，李某在 ××× 型钢有限公司医院生育一对孪生婴儿。××× 型钢有限公司认为李某在提交二胎生育材料时存在伪造的行为，存在违反计划生育政策超生事实，根据劳动法、劳动合同法、××× 型钢有限公司职工违规违纪处理管理办法及劳动合同管理有关规定，经研究并征求工会意见，同意与李某解除劳动合同。

法院判决

法院认为，根据劳动合同法规定，劳动者严重违反用人单位的规章制度的，用人单位可以与其解除劳动合同，原告主张与被告解除劳动合同的依据是原告认为被告存在违法生育二胎的行为，违反了公司的规章制度，原告也提供了 ××× 型钢有限公司人口和计划生育管理办法及职工违规违纪处理暂行规定，均载明了违反计划生育政策生育可解除劳动合同。但被告提供了生育证，证实其虽然生育了二胎，但符合法律规定。原告亦陈述该生育证是职工向其提供二胎生育申请材料，经审核后由钢城区人口和计划生育局发放，由原告计生部门加盖公章后发放给职工，原告亦认可被告持有的生育证并未经 ××× 型钢有限公司撤销，也未经钢城区计生局撤销。虽然原告主张被告

在提交二胎生育材料时存在伪造的行为，并提交了莱芜市钢城区卫生和计划生育局对李某发出的社会抚养费征收告知书，但告知书中载明了拟对其征收社会抚养费，并非李某违法生育的定性结论，且李某持有的生育证未被撤销，在李某持有的生育证未被撤销的情况下，原告无充分的依据认定李某存在违法生育的行为并以此与其解除劳动合同。因此，原告的诉讼请求应不予支持。遂判决：驳回原告 ××× 型钢有限公司的诉讼请求，原告 ××× 型钢有限公司继续履行与被告李某签订的劳动合同。[①]

【法律风险防范】

上述案例中法院认为，《劳动合同法》第三十九条、第四十条、第四十一条规定了用人单位可以解除劳动合同的各种情形，但并未将劳动者违反计划生育政策列入。可见，劳动者违反计划生育政策并非用人单位可以单方解除劳动合同的法定理由。计划生育是国家的一项基本国策，是公法上的义务，违反这一义务的后果是不得享受生育津贴等权利，另外还要承担支付社会抚养费等义务，这些均是公法上的法律后果，与劳动法下的劳动者享有或承担的私法上的权利义务并不直接关联。

虽然说女职工违反计划生育政策本身是一种违法行为，但是，违反计划生育政策是属于行政违法的范畴，应承担的是行政责任，这与劳动关系是两个不同的法律关系。而且《劳动法》《劳动合同法》《妇女权益保障法》等法律法规都对怀孕的妇女进行了特殊的保护，规定了任何单位不得因结婚、怀孕、产假、哺乳等情形，降低女职工的工资，辞退女职工，单方解除劳动（聘用）合同或者服务协议。如果用人单位以女职工违反计划生育政策为由解除劳动合同则违反了这一系列法律的规定，即使用人单位依法制定的规章制度有这样的规定，这样的规定也因违反法律的规定而无效。

【法条链接】

《劳动法》第二十九条

劳动者有下列情形之一的，用人单位不得依据本法第二十六条、第二十七条的规定解

① 莱芜市中级人民法院（2016）鲁12民终1号民事判决。

除劳动合同：

（一）患职业病或者因工负伤并被确认丧失或者部分丧失劳动能力的；

（二）患病或者负伤，在规定的医疗期内的；

（三）女职工在孕期、产期、哺乳期内的；

（四）法律、行政法规规定的其他情形。

《劳动合同法》第三十九条

劳动者有下列情形之一的，用人单位可以解除劳动合同：

（一）在试用期间被证明不符合录用条件的；

（二）严重违反用人单位的规章制度的；

（三）严重失职，营私舞弊，给用人单位造成重大损害的；

（四）劳动者同时与其他用人单位建立劳动关系，对完成本单位的工作任务造成严重影响，或者经用人单位提出，拒不改正的；

（五）因本法第二十六条第一款第一项规定的情形致使劳动合同无效的；

（六）被依法追究刑事责任的。

《劳动合同法》第四十条

有下列情形之一的，用人单位提前三十日以书面形式通知劳动者本人或者额外支付劳动者一个月工资后，可以解除劳动合同：

（一）劳动者患病或者非因工负伤，在规定的医疗期满后不能从事原工作，也不能从事由用人单位另行安排的工作的；

（二）劳动者不能胜任工作，经过培训或者调整工作岗位，仍不能胜任工作的；

（三）劳动合同订立时所依据的客观情况发生重大变化，致使劳动合同无法履行，经用人单位与劳动者协商，未能就变更劳动合同内容达成协议的。

《劳动合同法》第四十一条第一款

有下列情形之一，需要裁减人员二十人以上或者裁减不足二十人但占企业职工总数百分之十以上的，用人单位提前三十日向工会或者全体职工说明情况，听取工会或者职工的意见后，裁减人员方案经向劳动行政部门报告，可以裁减人员：

（一）依照企业破产法规定进行重整的；

（二）生产经营发生严重困难的；

（三）企业转产、重大技术革新或者经营方式调整，经变更劳动合同后，仍需裁减人员的；

（四）其他因劳动合同订立时所依据的客观经济情况发生重大变化，致使劳动合同无法履行的。

《劳动合同法》第四十二条

劳动者有下列情形之一的，用人单位不得依照本法第四十条、第四十一条的规定解除劳动合同：

（一）从事接触职业病危害作业的劳动者未进行离岗前职业健康检查，或者疑似职业病病人在诊断或者医学观察期间的；

（二）在本单位患职业病或者因工负伤并被确认丧失或者部分丧失劳动能力的；

（三）患病或者非因工负伤，在规定的医疗期内的；

（四）女职工在孕期、产期、哺乳期的；

（五）在本单位连续工作满十五年，且距法定退休年龄不足五年的；

（六）法律、行政法规规定的其他情形。

《妇女权益保障法》第二十七条第一款

任何单位不得因结婚、怀孕、产假、哺乳等情形，降低女职工的工资，辞退女职工，单方解除劳动（聘用）合同或者服务协议。但是，女职工要求终止劳动（聘用）合同或者服务协议的除外。

十八、解雇职业病病人的法律风险

《劳动法》第二十九条及《劳动合同法》第四十二条均规定，对于患职业病或者因工负伤被确认丧失或者部分丧失劳动能力的劳动者，或者从事接触职业病危害作业的劳动者未进行离岗前职业健康检查，或者是疑似职业病病人在诊断或者医学观察期间的劳动者，用人单位不得依照《劳动法》或者《劳动合同法》的相关规定与其解除劳动合同。因此，若用人单位无视这些法律规定的存在，解除与职业病病人的劳动合同关系将面临较大的法律风险。

以案说法

76. 用人单位解雇疑似职业病员工，法院认定劳动关系存续

基本案情

李某某于2011年6月进入×××煤炭有限公司工作至2012年3月。2012年3月×××煤炭有限公司因“3.28”煤矿井下安全事故被省煤监局责令停产

整顿，停产期间李某某没在公司工作，也未办理相应的离职手续。2013 年 6 月恢复生产后，李某某又在 ××× 煤炭有限公司从事煤矿井下安全管理工作，担任李某某公司边区长至 2014 年 1 月。2014 年 ××× 煤炭有限公司与员工签订 2014 年劳动合同时，要求员工体检后上岗，2014 年 4 月 22 日公司因李某某在鹤峰县疾病预防控制中心体检时发现可疑职业病而未与其签订劳动合同，因而引发劳动争议。

法院判决

法院认为，《劳动法》第二十九条规定："劳动者有下列情形之一的，用人单位不得依据本法第二十六条、第二十七条的规定解除劳动合同：（一）患职业病或者因工负伤被确认丧失或者部分丧失劳动能力的……"《劳动合同法》第四十二条规定："劳动者有下列情形之一的，用人单位不得依照本法第四十条、第四十一条的规定解除劳动合同：（一）从事接触职业病危害作业的劳动者未进行离岗前职业健康检查，或者疑似职业病病人在诊断或者医学观察期间的……"被告李某某于 2011 年 6 月至 2012 年 3 月在原告公司从事煤矿井下安全管理，2012 年 3 月 28 日原告公司因较大煤与瓦斯突出事故被停产整顿，其间李某某没在原告公司上班而在其他地方打工，责任不在被告，公司亦没有与其办理相关解除劳动关系的手续，原告公司恢复生产时被告又于 2013 年 6 月到公司上班，工资发放至 2014 年 1 月，因此这期间原、被告间一直存在劳动关系。2014 年 4 月公司因被告在体检时有疑似病症而未与其签订劳动合同，违反了《中华人民共和国劳动法》及《中华人民共和国劳动合同法》的相关规定，原告要求确认双方存在劳动关系的期间为 2011 年 6 月至 2012 年 3 月以及 2013 年 6 月至 2014 年 1 月的请求，法院不予支持。遂判决：原告自 2011 年 6 月起至 2014 年 1 月止与被告存在劳动关系。①

【法律风险防范】

《劳动法》第二十六条规定："有下列情形之一的，用人单位可以解除劳动合同，但是应当提前三十日以书面形式通知劳动者本人：（一）劳动者患病或

① 湖北省高级人民法院（2014）鄂鹤峰民初字第 00725 号民事判决。

者非因工负伤，医疗期满后，不能从事原工作也不能从事由用人单位另行安排的工作的；（二）劳动者不能胜任工作，经过培训或者调整工作岗位，仍不能胜任工作的；（三）劳动合同订立时所依据的客观情况发生重大变化，致使原劳动合同无法履行，经当事人协商不能就变更劳动合同达成协议的。”

《劳动法》第二十七条规定：“用人单位濒临破产进行法定整顿期间或者生产经营状况发生严重困难，确需裁减人员的，应当提前三十日向工会或者全体职工说明情况，听取工会或者职工的意见，经向劳动行政部门报告后，可以裁减人员。用人单位依据本条规定裁减人员，在六个月内录用人员的，应当优先录用被裁减的人员。”

在以上四种情形下，用人单位可以提前三十天以书面形式通知劳动者解除劳动合同关系，但是根据《劳动法》第二十九条的规定，对于患职业病的劳动者，用人单位不能适用《劳动法》第二十六条和第二十七条的规定解除劳动合同关系，用人单位需要特别注意。

【法条链接】

《劳动法》第二十九条

劳动者有下列情形之一的，用人单位不得依据本法第二十六条、第二十七条的规定解除劳动合同：

（一）患职业病或者因工负伤并被确认丧失或者部分丧失劳动能力的；

（二）患病或者负伤，在规定的医疗期内的；

（三）女职工在孕期、产期、哺乳期内的；

（四）法律、行政法规规定的其他情形。

《劳动合同法》第四十二条

劳动者有下列情形之一的，用人单位不得依照本法第四十条、第四十一条的规定解除劳动合同：

（一）从事接触职业病危害作业的劳动者未进行离岗前职业健康检查，或者疑似职业病病人在诊断或者医学观察期间的；

（二）在本单位患职业病或者因工负伤并被确认丧失或者部分丧失劳动能力的；

（三）患病或者非因工负伤，在规定的医疗期内的；

（四）女职工在孕期、产期、哺乳期的；

（五）在本单位连续工作满十五年，且距法定退休年龄不足五年的；

（六）法律、行政法规规定的其他情形。

十九、解雇孕妇、产妇和哺乳期女工的法律风险

孕妇、产妇和哺乳期女职工是受到法律特殊保护的，《妇女权益保障法》第二十七条规定，任何单位不得以结婚、怀孕、产假、哺乳等为由，辞退女职工或者单方解除劳动合同。《女职工劳动保护特别规定》第五条规定，用人单位不得因女职工怀孕、生育、哺乳降低其工资、予以辞退、与其解除劳动或者聘用合同。在实践中很多用人单位会因为女职工怀孕、生育、哺乳不能工作但仍然要支付劳动报酬等一系列支出而以各种理由开除孕妇、产妇和哺乳期女职工，这种做法是违法的，用人单位极有可能会被认定为违法解除劳动合同，劳动者可以要求继续履行合同，或者要求用人单位支付赔偿金。

以案说法

77. 用人单位解雇“三期”女工，法院判决恢复劳动关系并支付相关费用

基本案情

2009年7月13日印某某入职××通信公司，从事通信工程师设计工作，双方签订了三年固定期限劳动合同，××通信公司为印某某缴纳了社会保险。2012年4月5日，南京市玄武医院诊断印某某为先兆早产，建议休两周，××通信公司予以许可。2012年4月19日，南京市玄武医院为印某某开具病假条建议休两周，××通信公司不予认可。2012年5月15日，××通信公司以印某某无故旷工为由解除与印某某之间的劳动关系，并于次月停止为印某某缴纳社会保险。2012年6月6日，印某某因即将生产入住南京市玄武医院，次日经剖宫产手术产下一女，因单位停缴社会保险，故印某某自费负担了在南京市玄武医院的4920.7元医疗费及2012年6月17日在南京市妇幼保健院的105元化验费，合计5025.7元。

法院判决

法院认为，本案中，印某某是在就医时发现无法使用医保卡，才知道自

己被解除劳动关系。×× 通信公司称是以邮寄的方式将解除劳动合同通知寄送给印某某，但 ×× 通信公司未在法院指定的时间内提供寄送的地址及寄送的证据，印某某当庭明确表示没有收到该份通知，并且在此期间 ×× 通信公司知晓印某某系因怀孕不适在家休病假。此外，南京市中级人民法院生效判决也认定南京市玄武医院为印某某出具的病假条不存在违规的情况。故 ×× 通信公司解除与印某某之间的劳动关系，缺乏事实和法律依据。据此，法院对印某某要求 ×× 通信公司撤销除名决定，恢复劳动关系的诉讼请求，予以支持，因双方劳动合同于 2012 年 7 月 12 日到期，而印某某怀孕生产，劳动合同期限应自动延续至哺乳期满为止。印某某于 2012 年 6 月 7 日生产，劳动合同期限自动延续至哺乳期结束即 2013 年 6 月 6 日。因 ×× 通信公司明确表示不同意与印某某续签劳动合同。故法院认定，印某某的劳动关系自 2012 年 5 月 15 日恢复，至 2013 年 6 月 6 日终止。针对印某某要求 ×× 通信公司为其补缴社会保险的诉讼请求，因依法不属于人民法院受理范围，故法院对此不予理涉。

关于印某某要求 ×× 通信公司报销检查、医疗、生育费用 5025.70 元的诉讼请求。因 ×× 通信公司违法解除与印某某之间的劳动关系，造成印某某无法享受生育、医疗保险，因此造成的损失应当由 ×× 通信公司承担，×× 通信公司应与印某某一同到南京市生育保险部门核准报销标准，×× 通信公司按核准后的数额支付给印某某，非因印某某原因逾期不能报销的，由 ×× 通信公司全额支付印某某生育费用 5025.70 元。

关于印某某要求 ×× 通信公司支付生育营养费 810 元的诉讼请求。依照国家规定，对于符合国家规定享受 3 个月及 3 个月以上产假的生育女职工，发给一次性营养补助费，其费用由生育保险基金支付，标准为本市上年度职工平均工资的 2%。因 ×× 通信公司停止为印某某缴纳社会保险，导致印某某无法享受生育营养费造成的损失，应当由 ×× 通信公司承担，故对印某某的此项诉讼请求，予以支持。

遂判决：一、×× 通信公司与印某某的劳动合同自 2012 年 5 月 15 日恢复，至 2013 年 6 月 6 日期满终止；二、×× 通信公司于判决生效之日起 30 日内，由印某某提供生育费报销凭证及病历等原件，与 ×× 通信公司一同到南京市生育保险部门核准报销标准，×× 通信公司按核准后的数额支付给印某某；非印某某原因逾期未能报销的，由 ×× 通信公司全额支付印某某生育费 5025.70 元；三、×× 通信公司于判决生效之日起 5 日内，一次性支付印某某 69609.51 元，其中：2011 年 10 月半个月工资 884.33 元、2012 年 3 月工资差额部分 920.84 元、2012 年 4 月工资差额部分 365.37 元、2012 年 5 月 1 日至 5 月 22 日病假工资 628.97 元、2012 年 5 月 23 日至 2012 年 10 月 6 日产假工资 18000 元、2012 年 10 月 7 日至 2013 年 6 月 6 日哺乳期工资 32000 元、生育营养费 810 元、解除劳动合同补偿金 16000 元。①

【法律风险防范】

用人单位解除与孕妇、产妇及哺乳期妇女的劳动合同往往源于对法律的错误理解，《劳动合同法》第四十二条规定："劳动者有下列情形之一的，用人单位不得依照本法第四十条、第四十一条的规定解除劳动合同：……（四）女职工在孕期、产期、哺乳期的……"该条只是规定，用人单位不得以女职工怀孕、产假、哺乳等为由解除劳动合同，即解除劳动合同的理由为"怀孕、产假、哺乳"。此外，用人单位也不得在女职工孕期、产期、哺乳期内以女职工不能胜任工作、医疗期满不能从事原工作、客观情况发生重大变化或经济性裁员等为由而解除劳动合同。但是，如果女职工有下列情形之一，比如，"在试用期间被证明不符合录用条件""严重违反用人单位的规章制度""严重失职，营私舞弊，给用人单位造成重大损害""劳动者同时与其他用人单位建立劳动关系，对完成本单位的工作任务造成严重影响，或者经用人单位提出，拒不改正""有欺诈、胁迫或乘人之危之行为致使劳动合同无效""被依法追究刑事责任"，虽在孕期、产期、哺乳期内，用人单位也可依法解除劳动合同。

【法条链接】

《劳动法》第六十二条

女职工生育享受不少于九十天的产假。

《劳动合同法》第四十二条

劳动者有下列情形之一的，用人单位不得依照本法第四十条、第四十一条的规定解除

---

① 南京市中级人民法院（2014）宁民终字第 5305 号民事判决。

劳动合同：

（一）从事接触职业病危害作业的劳动者未进行离岗前职业健康检查，或者疑似职业病病人在诊断或者医学观察期间的；

（二）在本单位患职业病或者因工负伤并被确认丧失或者部分丧失劳动能力的；

（三）患病或者非因工负伤，在规定的医疗期内的；

（四）女职工在孕期、产期、哺乳期的；

（五）在本单位连续工作满十五年，且距法定退休年龄不足五年的；

（六）法律、行政法规规定的其他情形。

《劳动合同法》第四十五条

劳动合同期满，有本法第四十二条规定情形之一的，劳动合同应当续延至相应的情形消失时终止。但是，本法第四十二条第二项规定丧失或者部分丧失劳动能力劳动者的劳动合同的终止，按照国家有关工伤保险的规定执行。

《劳动合同法》第四十六条

有下列情形之一的，用人单位应当向劳动者支付经济补偿：

（一）劳动者依照本法第三十八条规定解除劳动合同的；

（二）用人单位依照本法第三十六条规定向劳动者提出解除劳动合同并与劳动者协商一致解除劳动合同的；

（三）用人单位依照本法第四十条规定解除劳动合同的；

（四）用人单位依照本法第四十一条第一款规定解除劳动合同的；

（五）除用人单位维持或者提高劳动合同约定条件续订劳动合同，劳动者不同意续订的情形外，依照本法第四十四条第一项规定终止固定期限劳动合同的；

（六）依照本法第四十四条第四项、第五项规定终止劳动合同的；

（七）法律、行政法规规定的其他情形。

二十、解雇学历不实员工的法律风险

用人单位在招聘员工时一般都会对学历有一定的要求，学历作为获得工作的敲门砖，劳动者可能会因为想获得某份工作而隐瞒自己的真实学历，编造一个符合岗位要求的学历。当用人单位发现招聘进来的员工学历并不真实的时候是否可以此解除劳动合同？在实践中要视具体情况确定。

《劳动合同法》第三条规定，订立劳动合同，应当遵循合法、公平、平等自愿、协商一致、诚实信用的原则。如果劳动者在入职的时候隐瞒了真实学历，编造了虚假学历，其行为就违反了诚实信用原则。用人单位和劳动者约定在违反诚实信用的情况下可以解除劳动合同，一旦发现劳动者学历造假后就可以此为由解除与劳动者的劳动合同。但是用人单位在招聘的时候不知道劳动者的学历不真实而招录，在后续工作中知道了却没有表示异议则代表了默示接受该行为，以后用人单位再以此为由解除与劳动者的劳动关系，不一定会得到法官的支持。

以案说法

78. 用人单位解雇明知学历不实员工，法院判决继续履行合同

基本案情

2010 年 11 月 16 日，××汽车集团有限公司招聘顾某至 MM 公司从事客服工作，合同期限自 2010 年 11 月 16 日至 2013 年 12 月 31 日。当时顾某向 MM 公司提供了虚假的南通广播电视大学市场营销专业专科学历证明。2012 年 1 月 31 日，顾某取得中央广播电视大学工商管理（市场营销方向）专科学历，并且取得客服关系部经理证书。

2013 年 3 月 19 日，MM 公司向顾某送达了《关于辞退客服部顾某的通知》，以顾某“扰乱公司正常工作秩序，严重影响公司业务的正常开展”为由，对顾某作出辞退决定，并解除双方的劳动合同。2013 年 5 月 20 日，仲裁庭裁决劳动合同继续履行。2013 年 7 月 27 日，MM 公司以顾某“提供虚假的学历证明，该行为严重违反《劳动合同法》的相关规定以及公司的规章制度的规定”为由，作出解除与顾某劳动合同的书面通知。随后将通知以邮政特快专递的形式两次送达给顾某，但均被顾某拒收。

法院判决

法院认为，订立劳动合同，应当遵循合法、公平、平等自愿、协商一致、诚实信用的原则。本案中，顾某在订立案涉合同时未能如实提供自己的真实学历情况，MM 公司在录用顾某时也应尽一定的审查义务，但按合同约定 MM 公司有权对顾某予以辞退。从查明的事实看 MM 公司第一次辞退顾某的

仲裁案件中公司所提供的证据材料反映其对顾某的学历造假已经知晓，按双方的合同约定，如其以此为由辞退顾某，应为最简单便捷的方式，但 MM 公司却舍近求远，以顾某并不存在的散布谣言、串岗等为由辞退顾某，在其主张未依法获得支持后，旋即又以顾某学历造假的理由继续辞退顾某，MM 公司的做法显然悖于常理。鉴于此，结合本案的事实及证据，中院有理由相信，顾某应聘时提供的虚假学历为 MM 公司默认之抗辩主张能够成立。如上所述，MM 公司在 2010 年 11 月顾某入职时默认其学历造假，当知其所提交学历的真伪，而 MM 公司 2013 年在以其他理由未能辞退顾某的情况下，又以顾某提供虚假学历为由解除劳动关系的请求显然已过仲裁时效，且有违诚信原则。而且原审查明顾某于 2012 年 1 月实际取得的文凭符合 MM 公司的条件，也未有证据表明其工作不能胜任其所在的工作岗位，而顾某于 2013 年 2 月开始怀孕，原审对 MM 公司要求解除其与顾某之间的劳动关系的主张不予支持符合劳动法保护弱者的原则及《女职工劳动保护特别规定》等法律规定。遂判决：驳回 MM 公司的诉讼请求。[①]

【法律风险防范】

《劳动合同法》第八条规定："……用人单位有权了解劳动者与劳动合同直接相关的基本情况，劳动者应当如实说明。"这是诚实信用原则被引入《劳动合同法》的体现，要求劳动合同双方不欺诈、恪守信用。双方当事人在订立劳动合同前应尽如实告知义务，所谓如实告知义务是指在用人单位招用劳动者时用人单位与劳动者应将自身的基本情况如实向对方说明的义务。告知应当以一种合理并且适当的方式进行，要求能够让对方及时知道和了解。劳动者当然有义务向用人单位告知其真实学历情况，但这并不意味着劳动者隐瞒真实学历入职，用人单位就可以此为由要求确认劳动合同无效或者解除劳动合同。

用人单位可以在规章制度中规定员工弄虚作假的行为将导致解除劳动合同，一旦发现劳动者提供虚假学历的行为可以严重违反规章制度为由解除劳

① 南通市中级人民法（2014）通中民终字第 0758 号民事判决。

动合同。用人单位也可以在与劳动者的劳动合同中约定此种情形下用人单位可以单方解除劳动合同。但是，在实际操作中一定要及时处理，不要明知劳动者伪造学历而招录，事后却以此为由解除与劳动者的劳动合同。

【法条链接】

《劳动法》第十七条

订立和变更劳动合同，应当遵循平等自愿、协商一致的原则，不得违反法律、行政法规的规定。

劳动合同依法订立即具有法律约束力，当事人必须履行劳动合同规定的义务。

《劳动合同法》第三条

订立劳动合同，应当遵循合法、公平、平等自愿、协商一致、诚实信用的原则。

依法订立的劳动合同具有约束力，用人单位与劳动者应当履行劳动合同约定的义务。

《劳动合同法》第八条

……用人单位有权了解劳动者与劳动合同直接相关的基本情况，劳动者应当如实说明。

二十一、解雇被拘留员工的法律风险

《劳动合同法》第三十九条中规定了用人单位可以与“被依法追究刑事责任”的劳动者解除劳动合同，在这种情形下，用人单位无须支付经济补偿金，但是如果劳动者只是被行政拘留，用人单位可否以此为由与劳动者解除劳动合同呢？这种情况要看用人单位的规章制度中有没有相关的规定或者和劳动者签订的劳动合同中有没有约定劳动者被行政拘留时用人单位可以据此解除劳动合同。如果只是从法律规定上来看，用人单位以劳动者被行政拘留就解除劳动合同是得不到法律的支持的。如果用人单位这样做了，将面临支付赔偿金的法律风险。此外，有些用人单位会以另外一种理由来开除员工，比如员工在行政拘留期间旷工，但是这种理由也是不太站得住脚的。“旷工”在主观上应该是劳动者故意的，而被行政拘留是客观上的不能，不是主观上的不愿意上班，所以这种情况下以旷工为由解除劳动合同也会被认定为违法解除劳动合同，用人单位须向劳动者支付赔偿金。

以案说法

79. 依《员工手册》解雇被拘留员工，法院以程序不当为由判决支付经济补偿金

基本案情

2010年6月1日，刘某某与×××公司签订劳动合同，约定劳动期限自2010年6月1日起至2012年5月31日止，后刘某某被×××公司派遣到广东省×××物流有限公司广州市分公司（以下简称×××物流广州公司）处工作。2011年7月27日，刘某某因赌博被行政拘留10日。×××公司认为刘某某的行为不仅违反了行政法规，同时违反公序良俗，其行为已损害社会公共利益，属于严重违反劳动纪律，违反了《员工手册》的规定。2011年9月21日，×××公司与刘某某解除劳动合同。

法院判决

法院认为，**首先，×××公司提交《用人单位劳动规章制度审查备案送审表》显示的时间早于该公司《员工手册》所署的时间，现有证据不足以认定×××公司2008年5月版的《员工手册》与其2006年4月备案的《员工手册》的内容一致。其次，×××公司称其规章制度在员工入职时在签合同的场所和公司内部网站上有公示，但刘某某否认看到×××公司的《员工手册》，因此，法院认为×××公司所提交的证据不足以认定刘某某知悉该公司《员工手册》的相关规定。故在刘某某因赌博被公安机关处以拘留处罚后，×××公司依据其《员工手册》的规定单方解除与刘某某的劳动合同关系理据不足，刘某某以×××公司违法解除劳动合同关系为由主张给付经济补偿的理由成立，法院予以支持。**有鉴于×××物流广州公司以违反公司规章制度为由通过公司决议的形式解除与刘某某的劳动关系同样理据不足，刘某某主张作为用工单位的×××物流广州公司对×××公司应付补偿承担连带责任符合《劳动合同法》第九十二条第二款“用工单位给被派遣劳动者造成损害的，劳务派遣单位与用工单位承担连带赔偿责任”的规定。遂判决：一、×××公司于本判

决发生法律效力之日起 5 日内向刘某某支付解除劳动合同的经济补偿 21000 元；二、××× 物流广州公司对 ××× 公司的前项赔偿义务承担连带责任。[①]

【法律风险防范】

用人单位如果对劳动者的遵纪守法情况比较在意，对于行政违法的劳动者，也希望与其解除劳动合同。按照法律规定来看，必须是劳动者构成刑事犯罪，用人单位才可以与其解除劳动合同关系，因此，若希望达到此目的，须依据劳动合同的约定或者规章制度的规定：

其一，从劳动合同约定的层面来看，用人单位在与劳动者签订劳动合同的时候，在合同中应约定若劳动者因行政违法行为而被行政拘留，用人单位可以解除劳动合同，并且不支付经济补偿金。

其二，从规章制度规定的层面来看，用人单位在规章制度中应明确规定对于因违反行政法规而被拘留的员工，单位可以此为由解除劳动合同。应特别注意的是，涉及劳动者直接利益的规章制度的制定要经过民主程序。

【法条链接】

《劳动法》第二十五条

劳动者有下列情形之一的，用人单位可以解除劳动合同：

（一）在试用期间被证明不符合录用条件的；

（二）严重违反劳动纪律或者用人单位规章制度的；

（三）严重失职，营私舞弊，对用人单位利益造成重大损害的；

（四）被依法追究刑事责任的。

《关于贯彻执行〈中华人民共和国劳动法〉若干问题的意见》

28. 劳动者涉嫌违法犯罪被有关机关收容审查、拘留或逮捕的，用人单位在劳动者被限制人身自由期间，可与其暂时停止劳动合同的履行。

暂时停止履行劳动合同期间，用人单位不承担劳动合同规定的相应义务。劳动者经证明被错误限制人身自由的，暂时停止履行劳动合同期间劳动者的损失，可由其依据《国家赔偿法》要求有关部门赔偿。

《关于贯彻执行〈中华人民共和国劳动法〉若干问题的意见》

29. 劳动者被依法追究刑事责任的，用人单位可依据劳动法第二十五条解除劳动合同。

---

① 广州市中级人民法院（2014）穗中法民一终字第 772 号民事判决。

“被依法追究刑事责任”是指：被人民检察院免予起诉的、被人民法院判处刑罚的、被人民法院依据刑法第三十二条免予刑事处分的。

劳动者被人民法院判处拘役、三年以下有期徒刑缓刑的，用人单位可以解除劳动合同。

二十二、解雇泄露薪资信息员工的法律风险

有些用人单位在规章制度中规定了“公司可以开除泄露或打听个人薪资待遇的员工”等类似条款，一旦劳动者出现类似情形用人单位就开除该员工，且不支付经济补偿金。他们认为，规章制度上已经写明此种情形可以解雇，员工必须遵守，只要违反就可以按规章解除劳动合同。不过，解除劳动合同是用人单位能够对员工作出的最严厉的处罚，因此，对劳动者的行为是否构成严重违反公司规章制度，用人单位有义务进行全面、严谨的审查，仅以打听薪资待遇为由解除劳动合同，一般会被认为达不到严重违反公司规章制度的程度，用人单位以此为由解除劳动合同会面临较大的法律风险。

以案说法

80. 解雇泄露薪资员工未能提供充足证据，法院判决用人单位支付赔偿金

基本案情

朱某某于2008年4月30日进入×××公司工作，工种为操作工。双方最近一份劳动合同期限为2014年1月1日至2017年12月31日。2015年1月23日，×××公司以快递形式向朱某某寄发《解聘通知书》，以朱某某私下谈论员工薪资，导致其他员工情绪波动，严重违纪为由解除了双方的劳动关系，朱某某签收了该通知书。朱某某在×××公司实际工作至2015年1月22日。×××公司已支付朱某某2015年1月工资。

法院判决

法院认为，劳动者的合法权益受法律保护。本案中，关于解除劳动合同，

用人单位应就其合法解除承担相应的举证责任。本案中，××× 公司提供了孟某某的一份陈述资料，以及黄某某书写的《事情经过》，以证明朱某某与黄某某、赵某私下谈论员工薪资，导致其他员工情绪波动，几至罢工。但从这两份证据的形成时间来看，孟某某的陈述资料形成于解除劳动合同之前，但无所谓公司员工罢工的证据，也无公司向朱某某、黄某某等人进行调查、给予员工申辩机会的证据；黄某某书写的《事情经过》形成于 2015 年 1 月 26 日，但其并未认可本人参与谈论工资。法院向黄某某进行调查时，其亦否认其与朱某某、赵某谈论过有关 ××× 公司员工薪资情况，结合该《事情经过》内容证明其书写目的在于能够回到 ××× 公司处工作等因素，法院对该证据不予采信。综上，××× 公司仅凭孟某某的陈述即对朱某某作出解除劳动合同的决定，事实依据不足。××× 公司违法解除劳动合同，应向朱某某支付赔偿金 61530.84 元。遂判决：一、××× 公司作出的与朱某某解除劳动合同决定违法。二、××× 公司支付朱某某赔偿金 61530.84 元、年终奖 3958 元，合计 65488.84 元，限于判决生效后 10 日内履行。[①]

【法律风险防范】

用人单位规定的“泄露或打听个人薪资待遇，处罚措施为解聘”，该制度虽然经过合法程序制定，但是如何认定“泄露”或者“打听”不存在明确的标准，评判的标准太过主观，这往往会成为任意解除劳动关系的工具。公司仅凭他人的一面之词就认定劳动者违反规章制度，并以此解除劳动合同，这是不合法的。

再说到规章制度里规定“不准泄露或打听个人薪资”这种条款是否构成有效条款。笔者认为这属于无效条款。该种条款限制了公民的言论自由，而且讨论薪资乃人之常情，过分要求不准讨论薪资属于变相限制言论，对于劳动者不公平。因此，用人单位在制定规章制度的时候，要充分考虑内容的合法合理。

【法条链接】

《劳动合同法》第三十九条

劳动者有下列情形之一的，用人单位可以解除劳动合同：

---

① 苏州市中级人民法院（2015）苏中民终字第 05061 号民事判决。

（一）在试用期间被证明不符合录用条件的；

（二）严重违反用人单位的规章制度的；

（三）严重失职，营私舞弊，给用人单位造成重大损害的；

（四）劳动者同时与其他用人单位建立劳动关系，对完成本单位的工作任务造成严重影响，或者经用人单位提出，拒不改正的；

（五）因本法第二十六条第一款第一项规定的情形致使劳动合同无效的；

（六）被依法追究刑事责任的。

二十三、用人单位经济性裁员的法律风险

《劳动合同法》第四十一条规定，用人单位在生产经营发生严重困难时可以裁减员工，这往往成为用人单位在不得已之时与劳动者解除劳动关系的“法宝”之一。只不过，经济性裁员也有适用的条件，也要遵循严格的法律程序，否则，用人单位的解雇行为很可能被认定为违法解除劳动合同，会面临向劳动者支付赔偿金的法律风险。

以案说法

81. 未履行经济性裁员法定程序，法院判决用人单位支付赔偿金

基本案情

程某于1988年10月20日到××公司工作，2007年6月1日双方签订了无固定期限劳动合同，程某在××公司的物流部工作。2013年4月28日，××公司以企业严重亏损，程某所在的物流部卸验岗位需要减员，此岗位外包给MM搬运有限公司为由，依据《劳动合同法》第四十一条单方解除与程某之间的劳动合同，并于2013年6月26日，按照程某离职前12个月平均工资2432.87元标准向程某支付了经济补偿金和1个月代通知金共计63300.19元。此后，××公司为程某发放了双阳区劳动局签章、备案的解除劳动合同证明书。

法院判决

法院认为，根据《劳动合同法》第四十一条的规定，“有下列情形之一，需要裁减人员二十人以上或者裁减不足二十人但占企业职工总数百分之十以上的，用人单位提前三十日向工会或者全体职工说明情况，听取工会或者职工的意见后，裁减人员方案经向劳动行政部门报告，可以裁减人员：（一）依照企业破产法规定进行重整的；（二）生产经营发生严重困难的；（三）企业转产、重大技术革新或者经营方式调整，经变更劳动合同后，仍需裁减人员的；（四）其他因劳动合同订立时所依据的客观经济情况发生重大变化，致使劳动合同无法履行的”。××公司虽主张解除与程某的劳动关系系经济性裁员，但其裁员前未履行向劳动部门的备案手续，其裁员也不符合法律规定的经济性裁员的条件，其与程某解除劳动合同亦不符合《劳动合同法》第三十九条、第四十条规定的单位可以解除与劳动者之间的劳动合同的法定条件，故中院认为××公司无正当理由解除与程某之间的劳动合同，属于违法解除，对××公司称其是合法解除劳动合同的上诉主张不予支持。因××公司违法解除其与程某的劳动合同，根据《劳动合同法》第四十七条、第八十七条的规定，××公司应向程某支付经济赔偿金。遂判决：××公司应向程某支付赔偿金126371.37元［（2432.87元/月均工资+45.00元高寒费）×25.5年工龄×2倍］，扣除已付的63300.19元（含先行支付的经济补偿金及一个月代通知金）外，还应支付63071.18元，于判决生效后10日内给付。[①]

【法律风险防范】

用人单位实施经济性裁员一般存在这些问题：不符合经济性裁员的条件而强行裁员，不遵守法定程序而进行经济性裁员，不向当地劳动行政部门报告，不向劳动者支付经济补偿金等。为了防范经济性裁员中的法律风险，用人单位需要注意以下问题：

第一，应符合经济性裁员的条件。用人单位至少应提供充分的证据以证明经济状况较为糟糕，比如用工成本提升，原材料价格猛涨等。经济性裁员

---

① 吉林省长春市中级人民法院（2014）长民五终字第542号民事判决。

的条件我国目前尚无统一标准，这给经济性裁员制度造成了认识不统一。这就要求企业必须从自身实际出发，综合企业财务、生产、销售、利润等方面的状况，据此来判断自身是否符合经济性裁员的条件。由于各个地方经济发展水平的不平衡，各地政府制定的裁员标准就会彼此不同，这样会在一定程度上造成操作困难，但同时也给用人单位灵活操作提供了一些条件。

第二，符合法定程序。我国《劳动法》规定用人单位裁减人员必须提前30日向工会和全体职工说明情况，听取工会或职工的意见，但并非必须得到工会或职工的事前“同意”。从现行法律规定看，即使工会和职工反对，对用人单位的裁员活动亦不具有影响力或阻却力。一般而言，用人单位只要能提供向工会、职工提前说明情况的证据（如书面通知、通知回执等），即可视为完成了该项程序。

第三，寻求劳动部门支持。虽然《劳动合同法》规定向当地劳动部门仅履行报告备案义务，但是否符合经济性裁员的实体条件却直接关系着企业裁员的合法性。为防范实体条件不足的法律风险，用人单位应准备好财务资料，以书面方式向当地劳动和社会保障部门征询意见，取得同意后应要求劳动部门出具书面回执，确保操作合法不留任何“后遗症”。

第四，依法向劳动者支付经济补偿。用人单位必须按《劳动合同法》的规定给予劳动者经济补偿。征得职工同意后，企业可以多元化规定劳动贡献补偿的方式，给被裁减人员以选择机会，如既可以货币的形式支付补偿金，也可以结合企业改组、改制给予被裁人员部分资产所有权或企业的股权等。

第五，要注意禁止经济性裁员的情形。用人单位要注意《劳动合同法》第四十二条的规定，根据该条规定，劳动者有以下情形的，用人单位不得对其进行经济性裁员：（1）从事接触职业病危害作业的劳动者未进行离岗前职业健康检查，或者疑似职业病病人在诊断或者医学观察期间的；（2）在本单位患职业病或者因工负伤并被确认丧失或者部分丧失劳动能力的；（3）患病或者非因工负伤，在规定的医疗期内的；（4）女职工在孕期、产期、哺乳期的；（5）在本单位连续工作满15年，且距法定退休年龄不足5年的；（6）法律、行政法规规定的其他情形。

【法条链接】

《劳动合同法》第四十条

有下列情形之一的，用人单位提前三十日以书面形式通知劳动者本人或者额外支付劳动者一个月工资后，可以解除劳动合同：

……

（三）劳动合同订立时所依据的客观情况发生重大变化，致使劳动合同无法履行，经用人单位与劳动者协商，未能就变更劳动合同内容达成协议的。

《劳动合同法》第四十一条

有下列情形之一，需要裁减人员二十人以上或者裁减不足二十人但占企业职工总数百分之十以上的，用人单位提前三十日向工会或者全体职工说明情况，听取工会或者职工的意见后，裁减人员方案经向劳动行政部门报告，可以裁减人员：

……

（二）生产经营发生严重困难的；

……

第四节　劳动合同终止

一、与连续工作 15 年距退休不到 5 年劳动者终止劳动合同的法律风险

用人单位可以终止劳动合同的情形中有一种例外情况，用人单位容易忽略。即使双方签订的劳动合同期限已经届满，如果劳动者在用人单位连续工作满十五年且距法定退休年龄不足五年，用人单位是不能以劳动合同期满而终止劳动合同的，劳动合同应当延续至劳动者达到法定退休年龄时终止。用人单位如果违法解除或者终止劳动合同，会被认定为违法解除行为，需支付经济赔偿金。劳动者要求继续履行劳动合同的，用人单位应当继续履行。

以案说法

82. 解雇连续工作15年距退休不到5年员工，法院判决继续履行合同

基本案情

2005年6月12日，赵某某与南京×××有限责任公司签订期限自2005年6月12日至2010年9月12日的劳动合同。2010年8月11日，南京×××有限责任公司作出《通知》，载明：赵某某与公司在2005年6月12日签订的劳动合同于2010年9月12日到期，公司不再与赵某某续签劳动合同。如赵某某有续签劳动合同意愿，收到通知后2日内到公司人力资源部协商有关事宜。

2010年9月8日，赵某某向南京×××有限责任公司递交《急需解决的问题》。2010年9月10日，南京×××有限责任公司就赵某某2010年9月8日提出的书面问题和要求作出《通知》一份。2010年9月14日，南京×××有限责任公司作出《关于与赵某某同志终止劳动合同的决定》，决定自2010年9月13日起与赵某某终止劳动合同。

法院判决

法院认为，**根据《劳动合同法》第四十二条第五项规定：在本单位连续工作满十五年，且距法定退休年龄不足五年的，用人单位不得依照本法第四十条、第四十一条的规定解除劳动合同。《最高人民法院关于审理劳动争议案件适用法律若干问题的解释》第二十条第一款规定：用人单位对劳动者作出的开除、除名、辞退等处理，或者因其他原因解除劳动合同确有错误的，人民法院可以依法判决予以撤销。本案中，赵某某的工作年限自1986年4月起至2010年9月止已超过十五年，且赵某某在2010年9月距法定退休年龄不足5年，故南京×××有限责任公司不得解除与赵某某的劳动合同，南京×××有限责任公司于2010年9月14日作出的《关于与赵某某同志终止劳动合同的决定》违反法律规定，应予撤销。**遂判决：撤销南京×××有限责任公司于2010年9月14日作出的《关于与赵某某同志终止劳动合同的决定》，赵某某

与南京 ××× 有限责任公司继续履行2005年6月12日订立的劳动合同。[①]

【法律风险防范】

对于在用人单位工作已满十五年且距法定退休年龄不足五年的劳动者，即使劳动合同到期，用人单位也不可终止劳动合同关系，须将劳动合同期限延续至劳动者退休之时。如果用人单位不希望延续与该劳动者的劳动合同关系，可以根据《劳动合同法》第三十六条的规定，与劳动者协商一致，可以解除劳动合同。当然，如果劳动者存在《劳动合同法》第三十九条规定的情形，比如严重违反用人单位的规章制度，严重失职给用人单位造成重大损害，同时与其他用人单位建立劳动关系并对完成本单位的工作任务造成严重影响拒不改正，劳动合同无效，或被依法追究刑事责任的，用人单位也可以依照《劳动合同法》第三十九条解除劳动合同。

【法条链接】

《劳动合同法》第四十二条

劳动者有下列情形之一的，用人单位不得依照本法第四十条、第四十一条的规定解除劳动合同：

（一）从事接触职业病危害作业的劳动者未进行离岗前职业健康检查，或者疑似职业病病人在诊断或者医学观察期间的；

（二）在本单位患职业病或者因工负伤并被确认丧失或者部分丧失劳动能力的；

（三）患病或者非因工负伤，在规定的医疗期内的；

（四）女职工在孕期、产期、哺乳期的；

（五）在本单位连续工作满十五年，且距法定退休年龄不足五年的；

（六）法律、行政法规规定的其他情形。

《劳动合同法》第四十五条

劳动合同期满，有本法第四十二条规定情形之一的，劳动合同应当续延至相应的情形消失时终止。但是，本法第四十二条第二项规定丧失或者部分丧失劳动能力劳动者的劳动合同的终止，按照国家有关工伤保险的规定执行。

《劳动合同法》第四十八条

用人单位违反本法规定解除或者终止劳动合同，劳动者要求继续履行劳动合同的，

---

① 南京市中级人民法院（2013）宁民终字第986号民事判决。

用人单位应当继续履行；劳动者不要求继续履行劳动合同或者劳动合同已经不能继续履行的，用人单位应当依照本法第八十七条规定支付赔偿金。

二、劳动合同终止未提前通知的法律风险

《劳动合同法》并没有规定用人单位提前通知终止的义务，但某些地方性立法作出了明确的规定，如《北京市劳动合同规定》第四十条和第四十七条有规定，劳动合同期限届满前，用人单位应当提前30日将终止或者续订劳动合同意向以书面形式通知劳动者，经协商办理终止或者续订劳动合同手续。用人单位违反该规定第四十条规定，终止劳动合同未提前30日通知劳动者的，以劳动者上月日平均工资为标准，每迟延1日支付劳动者1日工资的赔偿金。广东的法院也支持支付未提前通知的“代通知金”，因此，用人单位若不提前告知劳动者终止劳动合同，应承担支付一个月工资的代通知金的法律风险。

以案说法

83. 用人单位终止劳动合同但未按规定提前通知，法院判决支付补偿金和代通知金

基本案情

吴某某于2013年6月5日入职北京×××汽车服务有限公司，双方签订了起止期限为2013年6月5日至2016年6月30日的劳动合同（试用期的起止期限为2013年6月5日至2013年12月4日），约定吴某某的工作岗位为人事行政经理（高管类）。2016年7月1日，北京×××汽车服务有限公司通知不与吴某某续签劳动合同，双方之间的劳动合同期满终止。

法院判决

法院认为，劳动合同期限届满前，用人单位应当提前30日将终止或者续订劳动合同意向以书面形式通知劳动者，经协商办理终止或者续订劳动合同手续，用人单位终止劳动合同未提前30日通知劳动者的，以劳动者上月

日平均工资为标准，每迟延 1 日支付劳动者 1 日工资的赔偿金。根据已查明和认定的事实，北京 ××× 汽车服务有限公司未提前 30 日通知吴某某终止劳动合同，吴某某离职前 12 个月的平均工资为 17949.82 元，北京 ××× 汽车服务有限公司主张吴某某的终止劳动合同的代通知金应以其终止劳动合同前 12 个月的平均工资为依据计算。由此可以认定，吴某某关于要求北京 ××× 汽车服务有限公司支付未提前 30 日通知终止劳动合同的代通知金（赔偿金）17000 元的诉讼请求，并无不当，予以支持。遂判决：一、北京 ××× 汽车服务有限公司于判决生效之日起 10 日内支付吴某某终止劳动合同经济补偿金 59500 元；二、北京 ××× 汽车服务有限公司于判决生效之日起 10 日内支付吴某某未提前 30 日通知终止劳动合同的代通知金（赔偿金）17000 元……[①]

【法律风险防范】

虽然没有提前通知，劳动合同在期满终止前仍然有效。但 HR 应注意地方性规定是否对用人单位在合同到期前多长时间作出终止或续签的决定并通知劳动者给予明确规定，并参照当地规定执行，避免在期限届满前一两天才通知劳动者，造成劳动者缺乏准备，引起不必要的争议和纠纷。

【法条链接】

《北京市劳动合同规定》第四十条

劳动合同期限届满前，用人单位应当提前 30 日将终止或者续订劳动合同意向以书面形式通知劳动者，经协商办理终止或者续订劳动合同手续。

《北京市劳动合同规定》第四十七条

用人单位违反本规定第四十条规定，终止劳动合同未提前 30 日通知劳动者的，以劳动者上月日平均工资为标准，每延迟 1 日支付劳动者 1 日工资的赔偿金。

三、用人单位依劳动合同的约定任意终止劳动合同的法律风险

有些用人单位希望通过劳动合同条款来规避劳动法的相关规定，比如在劳动合同中约定劳动合同解除的条件，如果合同解除的条件成就，便与劳动

① 北京市第二中级人民法院（2017）京 02 民终 9272 号民事判决。

者解除劳动合同。这种劳动合同解除的条件可能是业绩不达标，或者不同意缴纳社会保险，甚至是拒绝提供相应的资质证明等，用人单位可能会认为劳动合同是劳资双方自由的意思表示，劳动者应受劳动合同条款的约束。事实上，根据我国劳动法的规定，劳动合同的终止只有法定终止，没有约定终止，用人单位与劳动者不能自由约定劳动合同的终止条件。即便双方对终止条件的约定系各自真实的意思表示，也因违反了法律的强制性规定而归于无效，且用人单位可能因此而承受较大的法律风险。

以案说法

84. 用人单位按约定解除员工，法院判决认定约定无效，双方继续履行合同

基本案情

冀某某退伍转业至河南省襄城县 ××× 有限公司工作，2013 年 7 月 1 日，冀某某与河南省襄城县 ××× 有限公司签订停薪留职合同，约定冀某某停薪留职期限从 2013 年 7 月 1 日起到 2016 年 6 月 30 日止。合同第六条约定停薪留职期间，冀某某按河南省襄城县 ××× 有限公司核算的养老统筹、医疗保险、住房公积金于当年 1 月 15 日缴纳，逾期一个月不缴纳，河南省襄城县 ××× 有限公司可以按冀某某自动离职处理。2015 年 3 月 2 日，冀某某未在合同规定的期间内缴纳 2015 年三项保险金。2015 年 3 月 5 日，河南省襄城县 ××× 有限公司召开职工大会解除与冀某某的劳动合同关系，并将决定予以通报。2015 年 3 月 11 日，河南省襄城县 ××× 有限公司向冀某某送达解除劳动合同书。

法院判决

法院认为，劳动合同的终止，是指劳动合同的权利义务关系消灭，双方不再履行。《劳动合同法》第四十四条规定：“有下列情形之一的，劳动合同终止：（一）劳动合同期满的；（二）劳动者开始依法享受基本养老保险待遇的；（三）劳动者死亡，或者被人民法院宣告死亡或者宣告失踪的；（四）用人单位

被依法宣告破产的；（五）用人单位被吊销营业执照、责令关闭、撤销或者用人单位决定提前解散的；（六）法律、行政法规规定的其他情形。”《劳动合同法实施条例》第十三条规定：“用人单位与劳动者不得在劳动合同法第四十四条规定的劳动合同终止情形之外约定其他的劳动合同终止条件。”可见，**《劳动合同法》施行以后，劳动合同的终止只有法定终止，没有约定终止，用人单位与劳动者不能再自由约定劳动合同的终止条件。即使双方对终止条件的约定系各自真实的意思表示，也因违反了法律的强制性规定而归于无效。本案约定原告逾期一个月不交纳养老统筹、医疗保险、住房公积金按自动离职处理违背《劳动合同法》和《劳动合同法实施条例》中用人单位与劳动者不得约定法外的终止条件的规定，应属无效。**遂依法判决撤销被告河南省襄城县 ××× 有限公司作出的解除劳动合同书。[①]

【法律风险防范】

劳动法规定了用人单位与劳动者在一些情形下均可以自由协商，确定双方的权利义务关系及劳动合同的内容，但这种自由协商并非没有边界。在普通的劳动关系中，除法律规定的几种情形外，用人单位不得随意约定劳动合同终止的条件，这是与劳动法律法规保护弱势劳动者的立法精神相一致的。用人单位在和劳动者签订劳动合同的时候，不能再任意约定法定情形外的解除劳动合同的理由，用人单位单方解除劳动合同均应当依从法定原由与依据。在某些情况下，用人单位仍然享有单方解除劳动合同的权利，但是这项权利并不是任意解除权，用人单位应该在法定范围内行使该项权利才不会为自己带来法律风险。

【法条链接】

《劳动合同法》第四十四条

有下列情形之一的，劳动合同终止：

（一）劳动合同期满的；

（二）劳动者开始依法享受基本养老保险待遇的；

（三）劳动者死亡，或者被人民法院宣告死亡或者宣告失踪的；

（四）用人单位被依法宣告破产的；

① 许昌市中级人民法院（2016）豫 10 民终 109 号民事判决。

（五）用人单位被吊销营业执照、责令关闭、撤销或者用人单位决定提前解散的；

（六）法律、行政法规规定的其他情形。

《劳动合同法》第四十八条

用人单位违反本法规定解除或者终止劳动合同，劳动者要求继续履行劳动合同的，用人单位应当继续履行；劳动者不要求继续履行劳动合同或者劳动合同已经不能继续履行的，用人单位应当依照本法第八十七条规定支付赔偿金。

《劳动合同法实施条例》第十三条

用人单位与劳动者不得在劳动合同法第四十四条规定的劳动合同终止情形之外约定其他的劳动合同终止条件。

第五节　其他离职管理法律风险

一、末位淘汰规定的法律风险

2012年6月，《最高人民法院关于审理劳动争议案件适用法律若干问题的解释（四）（征求意见稿）》向社会征求意见。该司法解释规定，劳动合同存续期间，用人单位通过“末位淘汰”等形式单方解除劳动合同，劳动者以用人单位违法解除劳动合同为由请求用人单位支付赔偿金的，法院应予支持。最高人民法院于2016年11月公布的《第八次全国法院民事商事审判工作会议（民事部分）纪要》明确，用人单位以“末位淘汰”单方解除劳动合同属于违法。劳动者在用人单位等级考核中居于末位等次，不等同于“不能胜任工作”，不符合单方解除劳动合同的法定条件，用人单位不能据此单方解除劳动合同。

以案说法

85. 以考核不合格为由解除劳动合同，法院判决支付赔偿金

基本案情

2005年7月，王某进入×××（杭州）有限责任公司从事销售工作。

该公司的《员工绩效管理办法》规定：员工半年、年度绩效考核分别为S、A、C1、C2四个等级，分别代表优秀、良好、价值观不符、业绩待改进；S、A、C（C1、C2）等级的比例分别为20%、70%、10%；不胜任工作原则上考核为C2。2008年下半年、2009年上半年及2010年下半年，王某的考核结果均为C2。×××（杭州）有限责任公司认为，王某不能胜任工作，经转岗后，仍不能胜任工作，故在支付了部分经济补偿金的情况下解除了劳动合同。

法院判决

法院认为，为了保护劳动者的合法权益，构建和发展和谐稳定的劳动关系，《劳动法》《劳动合同法》对用人单位单方解除劳动合同的条件进行了明确限定。原告×××（杭州）有限责任公司以被告王某不胜任工作，经转岗后仍不胜任工作为由，解除劳动合同，对此应负举证责任。根据《员工绩效管理办法》的规定，"C（C1、C2）考核等级的比例为10%"，虽然王某曾经考核结果为C2，但是C2等级并不完全等同于"不能胜任工作"，×××（杭州）有限责任公司仅凭该限定考核等级比例的考核结果，不能证明劳动者不能胜任工作，不符合据此单方解除劳动合同的法定条件。虽然2009年1月王某从分销科转岗，但是转岗前后均从事销售工作，并存在分销科解散导致王某转岗这一根本原因，故不能证明王某系因不能胜任工作而转岗。因此，×××（杭州）有限责任公司主张王某不胜任工作，经转岗后仍然不胜任工作的依据不足，存在违法解除劳动合同的情形，应当依法向王某支付经济补偿标准二倍的赔偿金。遂判决：原告×××（杭州）有限责任公司于本判决生效之日起十五日内一次性支付被告王某违法解除劳动合同的赔偿金余额36596.28元。[①]

【法律风险防范】

"末位淘汰制"本质是优胜劣汰，有利于激励员工，避免人浮于事，但是用人单位如果以此作为单方解除劳动合同的依据是不符合法律规定的。用人单位在内部实行该套制度的时候要注意在法律框架内合理设置：

① 杭州市滨江区人民法院（2011）杭滨民初字第885号民事判决。

第一，用人单位应该有一套明确的工作职责规定，让劳动者知道自己的工作内容要做到哪种标准才能达到要求。

第二，用人单位的考核标准应该公开，并适用于每一位劳动者，让劳动者清楚考核的方法以及考核不合格的后果，也可以让劳动者依据考核内容随时调整自己的工作态度和提升自己的工作能力。

第三，对于考核结果不佳的劳动者，用人单位不能直接以此解除劳动合同。用人单位可以对劳动者调整工作岗位或者进行培训，经调整工作岗位或培训，仍不能胜任工作的，用人单位才能解除劳动合同。

【法条链接】

《劳动合同法》第三十九条

劳动者有下列情形之一的，用人单位可以解除劳动合同：

（一）在试用期间被证明不符合录用条件的；

（二）严重违反用人单位的规章制度的；

（三）严重失职，营私舞弊，给用人单位造成重大损害的；

（四）劳动者同时与其他用人单位建立劳动关系，对完成本单位的工作任务造成严重影响，或者经用人单位提出，拒不改正的；

（五）因本法第二十六条第一款第一项规定的情形致使劳动合同无效的；

（六）被依法追究刑事责任的。

《劳动合同法》第四十条

有下列情形之一的，用人单位提前三十日以书面形式通知劳动者本人或者额外支付劳动者一个月工资后，可以解除劳动合同：

（一）劳动者患病或者非因工负伤，在规定的医疗期满后不能从事原工作，也不能从事由用人单位另行安排的工作的；

（二）劳动者不能胜任工作，经过培训或者调整工作岗位，仍不能胜任工作的；

（三）劳动合同订立时所依据的客观情况发生重大变化，致使劳动合同无法履行，经用人单位与劳动者协商，未能就变更劳动合同内容达成协议的。

二、拒不出具解除或终止劳动合同证明的法律风险

有些用人单位在解除或终止与劳动者的劳动关系后，故意刁难劳动者，或者担心被劳动者起诉，拒不向劳动者出具解除或终止劳动合同关系的证明，

导致劳动者无法领取失业保险待遇，甚至还给劳动者再就业造成了阻碍，对劳动者造成了较大的损害，这种做法是违法的。出具离职证明是用人单位的法定义务，劳动法规定，用人单位违反劳动合同法规定未向劳动者出具解除或者终止劳动合同的书面证明的，由劳动行政部门责令改正；给劳动者造成损害的，应当承担赔偿责任。

用人单位的赔偿义务主要包括两个方面：一是导致劳动者无法领取失业保险待遇所造成的损失。这一点不但有《劳动合同法》五十条的规定，人社部《实施〈中华人民共和国社会保险法〉若干规定》第十九条有更具体的要求，该条规定，用人单位在终止或者解除劳动合同时拒不向职工出具终止或者解除劳动关系证明，导致职工无法享受社会保险待遇的，用人单位应当依法承担赔偿责任。二是导致劳动者无法再就业所带来的工资损失。盖因《劳动合同法》第九十一条的规定，用人单位招用与其他用人单位尚未解除或者终止劳动合同的劳动者，给其他用人单位造成损失的，应当承担连带赔偿责任。用人单位担心承担连带责任，往往会要求劳动者在求职时提供原用人单位出具的解除或终止劳动合同的证明，如果劳动者不能提供，则无法入职，这无疑会给劳动者带来工资损失，这种损失可以要求未依法出具解除或终止劳动合同关系证明的用人单位承担。

以案说法

86. 拒不出具解除或终止劳动合同证明，法院判决用人单位承担赔偿责任

基本案情

滕某某原系 ××× 公司职工，双方劳动关系存续期间，××× 公司为滕某某办理和缴纳了社会保险。2012 年 8 月 21 日，××× 公司宣布解除与滕某某的劳动关系，将滕某某的社会保险关系转为个体。2012 年 9 月 7 日，滕某某从 ××× 公司签字领取“养老保险本”。因 ××× 公司未在失业保险部门为滕某某办理退工手续，造成社保中心档案记载滕某某与 ××× 公司的劳动关系显示为“在职状态”，滕某某以个人名义续缴社会保险受到了限制，其实现再

就业因社会保险关系不能有效转移亦受到了限制。

法院判决

法院认为，根据劳动法的有关规定，用人单位应当在解除或终止劳动合同时出具解除或终止劳动合同证明，并在15日内为劳动者办理档案和社会保险关系转移手续。用人单位违反本法规定未向劳动者出具解除或者终止劳动合同的书面证明，由劳动行政部门责令改正；给劳动者造成损害的，应当承担赔偿责任。本案中，×××公司于2012年8月21日强行解除了与滕某某的劳动关系，应于2012年9月5日前为滕某某办理退工手续以便滕某某实现再就业。×××公司于2014年7月28日才在徐州市劳动监察部门的督促下为滕某某办理退工手续，致使滕某某在前后约23个月内难以实现再就业，其间的损失应由×××公司按照法律的规定予以赔偿。遂判决：×××公司于判决生效后十日内赔偿滕某某不能实现再就业而形成的损失29440元。[①]

【法律风险防范】

依据劳动合同法规定，用人单位应当在解除或者终止劳动合同时出具解除或者终止劳动合同的证明，并在十五日内为劳动者办理档案和社会保险关系转移手续。用人单位未向劳动者出具解除或者终止劳动合同的书面证明的，由劳动行政部门责令改正；给劳动者造成损害的，应当承担赔偿责任。社会保险法对此也进行了相应的规定，用人单位在终止或者解除劳动合同时拒不向职工出具终止或者解除劳动关系证明，导致职工无法享受社会保险待遇的，用人单位应当依法承担赔偿责任。

其实，用人单位拒不出具终止或者解除劳动关系证明属于极不明智的做法。首先，用人单位应当让劳动者有一种归属感，要使劳动者有尽心为单位服务的动力。其次，用人单位要使劳动者对职业远景规划充满期待，不仅包括物质层次，还包括精神层次。最后，用人单位要贯彻"以人为本"的原则，设计一套科学合理的激励机制。总之，在市场经济大环境下，只有通过"待遇用人、事业引人、情感留人"，才能进一步稳定职工队伍，才能促进劳动关系和谐。

---

① 徐州市中级人民法院（2015）徐民终字第0979号民事判决。

【法条链接】

《劳动合同法》第五十条

用人单位应当在解除或者终止劳动合同时出具解除或者终止劳动合同的证明，并在十五日内为劳动者办理档案和社会保险关系转移手续。

劳动者应当按照双方约定，办理工作交接。用人单位依照本法有关规定应当向劳动者支付经济补偿的，在办结工作交接时支付。

用人单位对已经解除或者终止的劳动合同的文本，至少保存二年备查。

《劳动合同法》第八十九条

用人单位违反本法规定未向劳动者出具解除或者终止劳动合同的书面证明，由劳动行政部门责令改正；给劳动者造成损害的，应当承担赔偿责任。

三、拒发离职员工年终奖的法律风险

劳动者离职的时候，用人单位对于年终奖的发放有不同的做法。有的用人单位在与劳动者的合同中约定了年终奖的发放情形，有的用人单位在规章制度中对如何发放年终奖进行规定。那么，如果用人单位在规章制度或者劳动合同中约定对离职人员不发年终奖，是否有效？

笔者认为约定对离职人员不发年终奖是无效条款。年终奖作为对劳动者整个年度的工作肯定，只要劳动者确实为用人单位尽心尽力地劳动了，那么他的付出就是值得肯定的，用人单位不可以因为他要离职就否认他劳动的价值和意义。实践中，有很多用人单位拒发离职员工的年终奖，被员工告上法庭，用人单位往往会面临败诉的法律风险。

以案说法

87. 用人单位拒发员工年终奖，法院判决用人单位限期发放

基本案情

孔某原系 ××× 有限公司员工，双方于 2011 年 3 月 28 日签订了一份无固定期限书面劳动合同。双方确认的《聘用通知》记载了下列内容：“……2. ×××

有限公司于每年年终向孔某发放相当于一个月工资额的奖金……”2013 年 2 月 25 日，孔某办理了离职手续。2013 年 2 月 28 日，××× 有限公司向员工发放了 2012 年年终奖，但未向孔某发放此款。

法院判决

法院认为，年终奖是用人单位对员工在过去的一年辛勤工作的肯定和奖励。既然 ××× 有限公司在 2013 年 1 月晋升了孔某的职位，说明 ××× 有限公司对孔某在 2012 年度的工作表现是认可的，而且并未因孔某及其所在的团队“擅自将为客户提供服务的外来钱款据为己有”（注：引用原文）受到阻碍，那么 ××× 有限公司以此为由拒发孔某 2012 年年终奖即缺乏依据。何况，××× 有限公司作出不发孔某 2012 年年终奖之决定后，并未以妥当的方式向孔某释明理由，上述理由只是 ××× 有限公司在案件审理中陈述的，而且 ××× 有限公司已认可向其他受警告人员发放了年终奖。至于 2012 年年终奖的金额，由于 ××× 有限公司未提供相关财务凭证，致使无法对年终奖发放情况进行审查，由此产生的不利后果只能由 ××× 有限公司承担。据此，法院采纳孔某的主张，即以孔某 2011 年度获取的年终奖为支付标准。遂判决：××× 公司于判决生效之日起七日内支付孔某 2012 年年终奖 27737 元。[①]

【法律风险防范】

劳动者离职时，虽然并未到年终奖的发放时间，用人单位同样应与劳动者协商结清年终奖，或者在发放年终奖的时候，向离职劳动者支付他应得的部分。此外，根据法律规定，当劳动者证明用人单位向其他员工发放年终奖的，用人单位应就该劳动者是否有资格获得年终奖及获得的金额承担举证责任。因此，用人单位需要制定明确的年终奖发放规定或者考评细则，明确年终奖的发放人员范围、条件以及标准，而且要保留发放年终奖的相关证据。

① 上海市第一中级人民法院（2013）沪一中民三（民）终字第 1916 号民事判决。

【法条链接】

《国家统计局关于工资总额组成的规定》第四条

工资总额由下列六个部分组成：

（一）计时工资；

（二）计件工资；

（三）奖金；

（四）津贴和补贴；

（五）加班加点工资；

（六）特殊情况下支付的工资。

《国家统计局关于工资总额组成的规定》第七条

奖金是指支付给职工的超额劳动报酬和增收节支的劳动报酬。包括：

（一）生产奖；

（二）节约奖；

（三）劳动竞赛奖；

（四）机关、事业单位的奖励工资；

（五）其他奖金。

《国家统计局〈关于工资总额组成的规定〉若干具体范围的解释》第二条第一项

二、关于奖金的范围

（一）生产（业务）奖包括超产奖、质量奖、安全（无事故）奖、考核各项经济指标的综合奖、提前竣工奖、外轮速遣奖、年终奖（劳动分红）等。

《劳动法》第五十条

工资应当以货币形式按月支付给劳动者本人。不得克扣或者无故拖欠劳动者的工资。

附　录

企业用工法律风险监控

【概述】

从企业用工法律风险控制的角度来看，如果你的身份是律师，你会比较希望有一个系统的检验方案，对企业用工的全部流程进行审慎的疏理，并对症下药，把解决方案告诉自己的企业客户。如果你的身份是企业的人事管理人员，你同样想要一套行之有效的法律风险监控方案，不但检测企业存在的用工风险，也检视自身对于相关知识的掌握程度。本章便提供了两套这样的用工法律风险检测方案，分别供律师及企业人事管理人员使用。

本章的内容分为三个部分：

第一节为律师版的用工法律风险排查表单，可以系统地排查企业的用工法律风险，包括企业基本信息、招工程序调查、劳动合同调查、工资及考勤调查、在职管理风险调查、管理层风险调查、特殊工种和特殊劳动关系调查、服务期及竞业限制调查、离职程序和规章制度调查、保险及工伤处理调查等多个模块。

第二节为律师版的用工法律风险排查报告，是这些年我们为企业客户所做的用工法律风险排查报告，根据我们的调查，针对客户存在的问题，提出了一些法律风险控制的建议，笔者挑选了三份比较典型的用工法律风险排查报告，隐去了客户的主体信息，基本上原样呈现。

第三节为企业人事管理人员自查使用的用工法律风险排查表单，与本书的结构对应，也分为三个部分，分别是员工入职法律风险控制、在职管理的法律风险控制和离职管理的法律风险控制，罗列了 200 多个风险点以及简明的风险提示信息。

本章为全书的实用部分，是将之前的内容转变为实际操作层面的知识，也是本律师从事企业用工法律风险控制十余年经验的总结，对从事这方面工作的律师或者企业的人事管理人员来说，都有较大的价值。

第一节 用工法律风险排查表单【律师版】

企业基本信息调查

提示：为了我们能够给您提供更优质的法律服务，请尽量准确提供关于贵公司的相关信息。如果是企业集团，每个子公司都应分别填写此单。

公司名称		员工人数	
公司类型	□有限公司 □个体工商户 □三来一补 □外商独资 □合资企业 □其他		
员工构成	管理层：________人，约占【 】% 业务人员：________人，约占【 】% 普工：________人，约占【 】% 劳务派遣：________人，约占【 】% 驾驶员（或车队）：________人，约占【 】% 国（境）外员工：________人，约占【 】% 其他人员：________________________________		
主要业务	□代工 □生产外销 □生产内销 □服务业 □加工承揽 □其他：________________________		
自有品牌	□无自有品牌 □有自有品牌：________________________		
客户情况	□国外 □国内 □省内 □市内		
分公司	□无分公司 □有分公司：________________________		
子公司	□无子公司 □有子公司：________________________		
关联企业	□无关联企业 □有关联企业：________________关联原因：______________		
其他说明			
联络人	姓名：________ 职务：________ 主管事项：________ 联系方式：________________________________		
	姓名：________ 职务：________ 主管事项：________ 联系方式：________________________________		

续表

招工程序调查	
招工途径	□人才市场 □他人推荐 □自主招工 □挖人 □职业学校派送 □暑期工 □实习生
招聘广告	□招聘广告内容真实 □是否存在歧视性条件
招聘流程	□面试 □笔试 □是否规定曾因严重违纪等原因被公司辞退或离职后与公司发生仲裁、诉讼等纠纷的员工不得再次录用
录用条件	□制定合理的录用条件 □向劳动者说明录用条件 □经员工签名确认（提供复印件） □未经员工签名确认
告知义务	□向劳动者告知劳动报酬 □向劳动者告知工作岗位 □向劳动者告知职业病危害等信息
文凭及证件	应审查原件，保留复印件，并经员工本人在复印件上签名确认 □是这样做的（提供复印件） □没有这样做
入职表	□无 □有（请提供复印件给律所） □要求劳动者信息变化时书面通知用人单位
竞业限制及兼职	□要求劳动者签字明确与原用人单位不存在竞业限制约定 □要求劳动者签字确认未在其他单位兼职
押金或保证金	□无 □有（收取＿＿＿＿元）
实习工	□无 □有（向律师作简要情况说明，律师记录）
暑假工	□无 □有（向律师作简要情况说明，律师记录）
健康检查	□无 □有（□指定医院 □未指定医院）
童工	□无 □有（向律师作简要情况说明，律师记录）
未成年工	□无 □有（向律师作简要情况说明，律师记录）
劳务派遣	□无 □有（向律师作简要情况说明，律师记录）
外籍人士	□无 □有（向律师作简要情况说明，律师记录）
临时工	□无 □有（向律师作简要情况说明，律师记录）
孕妇	□无 □有（向律师作简要情况说明，律师记录）
离退休人士	□无 □有（向律师作简要情况说明，律师记录）

续表

劳动合同调查	
劳动合同签订	□无 □有（提供典型劳动合同的复印件给律所） □自用工之日起一个月内签订书面劳动合同
劳动合同文本	□标准劳动合同 □自制劳动合同
劳动合同文本	□约定了通信方式、送达、紧急情况联系人 □约定了合同期限与到岗期限 □将到岗期限作为录用条件之一 □约定了工作内容、工作地点及发生变更时的处理方式 □约定了工作时间与加班、休息休假 □约定了劳动报酬的构成 □保密与竞业限制条款
休息休假权	□劳动合同限制劳动者的休息休假权等法定权益
试用期规定	□无试用期 □有试用期：一般__________月 □试用期满前是否要求劳动者提交工作总结及转正申请 □是否在合同中约定劳动者在试用期“不能胜任工作”的具体情形 □试用期间购买社会保险
工作岗位填写	□范围很窄 □较为宽松
调换岗位约定	□无 □有约定用人单位可以调岗
工作时间约定	□ 5 天 8 小时 □ 6 天 8 小时 □其他：__________
工资类型	□计时 □计件 □其他
劳动合同附件	□规章制定 □其他：______________________________
特别约定	□无 □有______________________________________
劳动合同鉴证	□无 □有（□全部鉴证 □部分鉴证）
工资填写	□当地最低工资 □其他：__________________________
劳动合同保管	向律师作简要情况说明，律师记录
工作近 10 年员工	□无 □有（向律师作简要情况说明，律师记录）
工作超 10 年员工	□无 □有（向律师作简要情况说明，律师记录）
2008 年以来已签两次合同员工	□无 □有（向律师作简要情况说明，律师记录）
劳动合同如何签订	□员工当面签 □员工拿回去签再收上来 □其他

续表

合同快到期员工	□无　□有（向律师作简要情况说明，律师记录）
员工有没有合同原件	□无　□有
集体劳动合同	□无　□有
劳动合同履行	□劳动合同实际履行与劳动合同约定不一致时是否签订变更协议
工资及考勤调查	
基本工资栏	低于当地最低工资标准：□无　□有 有无填写过高情况：　□无　□有
加班工资	□明确加班工资计算基数
加班费栏	工资表显示的加班时间是否与考勤表对应：□是　□否
发放方式	□现金发放（□有员工签名确认 □无员工签名确认） □银行转账（□有员工签名确认 □无员工签名确认）
津贴、福利、伙食费等如何发放	向律师作简要情况说明，律师记录
年薪	□工资支付的考核标准 □奖金支付的考核标准
工资调整	□保留相关材料
工资发放	□当月　□上月　发放时间：每月＿＿＿＿号
工资支付主体	□本公司 □其他公司 □老板个人 □老板亲属
发放方式	□一次性发放 □多次发放
月奖	□无　□有（如何计算：＿＿＿＿＿＿＿＿）
季度奖	□无　□有（如何计算：＿＿＿＿＿＿＿＿）
年奖	□无　□有（如何计算：＿＿＿＿＿＿＿＿）
工资表	□一本　□两本（情况说明：＿＿＿＿＿＿＿＿）
工伤员工医疗期及停工留薪期工资支付	□未支付　□按原工资待遇支付 □按最低工资标准支付　□其他＿＿＿＿
产假工资	□无　□有（发放标准：＿＿＿＿＿＿＿＿）
婚丧假工资	□无　□有（发放标准：＿＿＿＿＿＿＿＿）
病假工资	□无　□有（发放标准：＿＿＿＿＿＿＿＿）

续表

高管分红	□无 □有（分红情况：________________________）
高管工资	□月薪　□年薪（向律师作简要情况说明，律师记录）
社保费用	□有扣减个人承担部分　□未扣减个人承担部分
考勤方式	□打卡　□签到　□其他方式______________
考勤表确认	□经员工签名确认　□未经员工签名确认
考勤表张数	□无　□一张　□两张
考勤表保存	□未保存　□保存一年　□保存两年　□保存两年以上
在职管理法律风险调查	
岗位调整	□进行岗位调整和薪酬调整时是否与员工协商 □岗位调整后是否签订变更协议
不胜任工作	□有明确的考核依据 □不胜任工作后再次培训 □不胜任工作后调整新的岗位
综合工时制	□劳动行政部门审批
补休问题	□无　□平时加班补休 □周末加班补休　□法定节假日加班补休
带薪年休假	□未休 □无薪年假 □有薪年假
管理层法律风险调查	
高管人数及构成	律师先释明情况，顾问单位作简要情况说明，律师记录 ____
劳动合同	□已签　□未签
高管权限划分	律师先释明情况，顾问单位作简要情况说明，律师记录 ____
竞业限制	□不需要　□需要（□已签协议　□未签协议）
有无提供与原单位解除合同的声明和保证	□有　□没有

续表

<table>
<tr><td>持有专利技术</td><td colspan="2">□没有　　□有（□专利入股 ）</td></tr>
<tr><td>其他协议</td><td colspan="2">□没有　　□有（提供复印件）</td></tr>
<tr><td colspan="3">特殊工种调查</td></tr>
<tr><td rowspan="6">门卫</td><td>工作时间</td><td>每天________小时，用餐时间（□待岗□不待岗）</td></tr>
<tr><td>工资情况</td><td>月薪____________</td></tr>
<tr><td>防范制度</td><td>□无　　　　□有</td></tr>
<tr><td>换班情况</td><td>□两班倒　　　□三班倒</td></tr>
<tr><td>社保</td><td>□已购买社保　□未购买社保</td></tr>
<tr><td>考勤</td><td>□打卡　　　　□签到　　　　□其他</td></tr>
<tr><td rowspan="3">清洁</td><td>人数</td><td></td></tr>
<tr><td>工作时间</td><td>每天______小时</td></tr>
<tr><td>劳动合同</td><td>□无　　　□有</td></tr>
<tr><td rowspan="4">司机</td><td>性质</td><td>□承包　　　□非承包</td></tr>
<tr><td>车辆</td><td>□公司购买　□司机自带</td></tr>
<tr><td>违单费用</td><td>□公司承担　□司机承担</td></tr>
<tr><td>加油费、路桥费、修车制度</td><td>□已制定　　□未制定</td></tr>
</table>

续表

<table>
<tr><td rowspan="5">业务员</td><td>人数</td><td></td></tr>
<tr><td>劳动合同</td><td>□未签　　□已签</td></tr>
<tr><td>底薪</td><td>□无底薪　□有底薪（______元）</td></tr>
<tr><td>考勤</td><td>□不需考勤　□需要考勤</td></tr>
<tr><td>工资发放</td><td></td></tr>
<tr><td>退休人员</td><td colspan="2">□购买医疗保险
□购买工伤保险</td></tr>
<tr><td colspan="3">特殊劳动关系法律风险调查</td></tr>
<tr><td>分支机构</td><td colspan="2">□分支机构作为用工主体签订劳动合同</td></tr>
<tr><td>借调关系</td><td colspan="2">□在借调借用关系中完善对办理借出人员的手续
□保留相关材料</td></tr>
<tr><td>涉外劳动关系</td><td colspan="2">□合法的用工手续</td></tr>
<tr><td colspan="3">服务期及竞业限制调查</td></tr>
<tr><td>合同</td><td colspan="2">□服务期合同　□竞业限制合同</td></tr>
<tr><td>培训</td><td colspan="2">□本公司培训　□外公司培训</td></tr>
<tr><td>培训费用发票</td><td colspan="2">□有　　　　□无</td></tr>
<tr><td>服务期限</td><td colspan="2"></td></tr>
<tr><td>保密协议</td><td colspan="2">□有　　　　□无</td></tr>
<tr><td>相关津贴</td><td colspan="2">保密津贴
□按月发放　□解除劳动合同后支付（□一次性　□按月）
竞业限制津贴
□按月发放　□解除劳动合同后支付（□一次性　□按月）</td></tr>
<tr><td>竞业限制执行情况</td><td colspan="2">向律师作简要情况说明，律师记录</td></tr>
<tr><td colspan="3">离职程序调查</td></tr>
<tr><td>解雇流程</td><td colspan="2">向律师作简要情况说明，律师记录，提供相关资料的复印件</td></tr>
<tr><td>过失解除</td><td colspan="2">向律师作简要情况说明，律师记录</td></tr>
</table>

续表

不能胜任解除	向律师作简要情况说明，律师记录
经济性裁员	□符合法定情形 □提前 30 天向工会或全体员工说明情况，听取意见 □裁减人员方案向劳动行政部门报告 □优先留用人员
提前通知	□有　　　□无
协商补偿	□有　　　□无
解雇依据	□无　　　□规章制度（＿＿＿＿＿＿＿＿＿＿）
员工申诉渠道	□无　　　□有（□员工已申诉　□员工未申诉）
解除合同协议	□无　　　□有
解除劳动合同证明书	□无　　　□有
交接手续	□无　　　□有
处分保存	□无　　　□有
处分签名	□有员工签名确认 □无员工签名确认（□见证人或主管签名证明）
离职人员快递文书	□没有收到　□有收到（签收人：＿＿＿＿＿＿＿＿）
相关资料收回	□厂牌　　　□工资单　　　□劳动合同
正在进行的仲裁或诉讼	□无 □诉讼（请作简要说明，并提供相关资料复印件） □仲裁（请作简要说明，并提供相关资料复印件）
规章制度调查	
制度程序	向律师作简要情况说明，律师记录，提供相关资料的复印件
规章制度内容	□结合劳动合同条款进行制定
规章制度公示	□无　　　□有（公示方式：＿＿＿＿＿＿＿＿＿＿）
员工签名确认	□无　　　□有（确认方式：＿＿＿＿＿＿＿＿＿＿）
规章内容是否合理	向律师作简要情况说明，律师记录，提供相关资料的复印件

续表

<table>
<tr><td>罚款条款</td><td>□无　　　□有</td></tr>
<tr><td>视为严重违反规章制度条款</td><td>□无　　　□有（□需修改完善　□不需修改完善）</td></tr>
<tr><td>员工违章救济渠道</td><td>□无　　　□有（□需修改完善　□不需修改完善）</td></tr>
<tr><td>违反规章时的取证</td><td>□无　　　□有</td></tr>
<tr><td colspan="2">保险调查</td></tr>
<tr><td>购买社保比例</td><td></td></tr>
<tr><td>购买社保种类</td><td>□全部　□单买（□养老　□医疗　□失业　□生育　□工伤）</td></tr>
<tr><td>购买住房公积金</td><td>□无　　□有</td></tr>
<tr><td>商业保险</td><td>□无　　□有（________________________）</td></tr>
<tr><td colspan="2">工伤处理调查</td></tr>
<tr><td rowspan="7">已买保险员工</td><td>□发生工伤后 24 小时内报社保局</td></tr>
<tr><td>□帮员工申请工伤认定</td></tr>
<tr><td>□工伤医疗期工资支付（□原工资　□低于原工资）</td></tr>
<tr><td>□支付伙食补助　□支付护理费</td></tr>
<tr><td>□医疗终结后引导员工及时进行伤残评定</td></tr>
<tr><td>□伤残评定后与员工协商工伤赔偿</td></tr>
<tr><td>□低于 7 级伤残的员工处理（说明情况，律师记录）</td></tr>
<tr><td rowspan="5">未买保险员工</td><td>□签订赔偿协议</td></tr>
<tr><td>□对工伤认定书提出异议</td></tr>
<tr><td>□行政复议　□行政诉讼</td></tr>
<tr><td>□工伤医疗期工资支付（□原工资　□低于原工资）</td></tr>
<tr><td>□支付伙食补助　□支付护理费</td></tr>
</table>

第二节　用工法律风险排查报告【律师版】

用工法律风险排查报告一

××××有限公司：

2011年10月25日，本所周晓明律师及陈敏律师前往贵公司进行法律风险排查，收集了相关资料并认真研究了这些资料，现将排查结果告知贵公司，望贵公司能够重视这些潜在的法律风险，积极地排除这些法律风险。

一、招工方面存在的法律风险

1. 招聘员工，特别是管理层员工，应拟定相应岗位的录用条件，尽量招收符合录用条件的员工。员工入职后，应让其签名确认该岗位的录用条件。这样，可使贵公司在解雇员工时掌握主动权。因为，对于不符合录用条件的员工，在试用期内可以随时解雇。如果员工存在欺骗行为，任何时候都可以将其解雇，无须支付经济补偿金。（建议将录用条件写到入职申请表当中，这样操作起来更加简便。）

2. 对于一些较高级的职位，应保存入职者的学历证书、职业技能证书、身份证复印件，并让员工在这些复印件上签名确认。

3. 按Tom叙述，每当年底订单较多时，贵厂存在大量的临时工，且未与临时工签订劳动合同，未为其购买社保，存在很大的法律风险。按照劳动法的规定，只要这些临时工受贵公司管理，存在隶属关系，即使存在承包合同，贵公司与这些临时工的关系仍属劳动关系，受劳动法调整。因此，我们建议贵公司尽快与这些员工签订劳动合同（最好是签订空白的劳动合同，由包工头负责处理）。包工头如果在贵公司上班，亦属贵公司员工，也应签订劳动合同。

临时工和包工头只要受贵公司管理和支配，即属贵公司员工，如果发生工伤，贵公司仍然应承担责任。当然，购买社保会增加大量的开支，因此，是否为这些员工购买社保，贵公司宜斟酌损益再作决定。

4. 贵公司未要求员工入职时提供健康证明，这可能会导致一些有健康隐患的员工进入贵公司。但是近年来招工普遍较难，如果要求提供健康证明，会导致招工更难。因此，究竟是否要求提供健康证明由贵公司根据实际情况决定。

二、劳动合同方面存在的法律风险

1. 贵公司使用的是标准版的劳动合同，这种合同上已经写明调整岗位须用人单位和员工协商一致。建议贵公司将该条改成“用人单位可根据实际情况调整员工工作岗位，员工应无条件接受”。或者，将该条写到劳动合同最后的“特别约定”处。虽然法院可能将这种条款认定为无效条款，但其对员工的威慑作用不可小视。此外，劳动合同上“工作内容和工作地点”部分的填写最好是模糊处理，别写得太过具体，这样可使贵公司在调动员工岗位时更具灵活性。

2. 劳动合同上“劳动报酬”一栏“初始工资”及“试用期工资”的填写一定要与本市最低工资标准保持一致，太低违反劳动法，太高会使员工的小时工资提高，加班费就会随之提高。贵公司填写时普遍存在稍高的情形，更好的是与本市最低工资标准保持一致。

3. 应将公司规章制度列为劳动合同附件，以便公司利用规章制度来约束员工。

4. 在某些时候，贵公司签订劳动合同的方式是员工拿回去签，然后公司再收上来存档，这样做的法律风险很大，容易发生员工签假名，或者相互代签的情况，出现这种情况，法院都会认定没有劳动合同，贵公司需要向这些人支付双倍工资，可见法律风险之大，应避免这种情况发生。

5. 贵公司有一定数量的 2008 年以来已经签订两次固定期限劳动合同的员工，对于这些员工要重视。如果不愿意他们继续留在公司工作，应在合同到期前要其自动离职，或者解除劳动合同关系。否则，第三次签订劳动合同时，如果员工要求订立无固定期限劳动合同，贵公司必须与其签订。

6. 贵公司存在合同快到期员工，对这些员工需要注意两个方面的问题：第一，对于希望继续在公司工作的员工，应及时与他们续签合同。如果不续签而员工继续留在公司工作，贵公司要向他们支付双倍工资，这与未签订劳动合同的性质是一样的。贵公司肖某某案当为前车之鉴。此外，对于希望继续聘用的员工，工作期限建议约定长一些，因为他们至少已经是第二次签订固定期限劳动合同了，签第三次就可能变成无固定期限劳动合同。第二，对于不希望续签的员工，应及早想办法让其自动离职，否则，在合同到期之时，贵公司须向其支付经济补偿金。

三、工资发放方面存在的问题

1. 工资条上“基本工资”一栏一定要与本市最低工资标准保持一致，理由前面已经讲过了。

2. 贵公司对工伤员工医疗期及停工留薪期的工资发放是按本市最低工资标准执行，这是不符合法律规定的，应按其原工资待遇发放该期间的工资。此外，贵公司病假工资发放标准稍低，最好是按照规定提高，支付标准请查看《中华人民共和国劳动保险条例实施细则修正草案》。

四、规章制度方面存在的问题

1.《员工手册》第 32 页的“申诉的处理”太过简单，也不具有可操作性。宜完善员工申诉渠道，特别是员工对于公司处分不服的申诉渠道。特别应注意的是，在每张处罚单上应印上申诉渠道，告知员工如何寻求救济。如其放弃救济，法院一般会认为其已经接受处罚。

2. 对员工开具处罚单时应明确员工违反的是员工手册哪一条哪一款，千万别写错条款，或者自相矛盾。

3. 一般情况下，不能出书面文件开除员工，也不能以《终止劳动合同通知》的形式不与员工续签劳动合同。即使书面开除，也千万不能让员工拿到这种文件的原件、复印件或者电子照片。

4. 如果确有不受欢迎的员工，最好的办法是让其自动离职，或者让其单方解除劳动合同，以免落入“违法解除和终止劳动合同”的条款之内。

五、其他方面存在的问题

1. 贵公司如果需要对管理人员进行竞业限制，宜与其签订竞业限制协议。竞业限制期间不能超过 2 年，在此期间应向劳动者支付一部分工资。

2. 贵公司招聘高级管理人员时，应要求其提供与原单位解除劳动合同的声明和保证。因为，如其并未与原单位解除劳动合同，贵公司可能被其原单位告上法庭。

3. 贵公司在解雇员工时，如果没有产生劳动争议，宜与员工签订《解除劳动合同协议》，协议上明确双方没有争议，员工放弃申请劳动仲裁和民事诉讼的权利。

以上建议，望贵公司认真对待，如有任何不明之处，或者需要我们协助，请与周律师联系，联系电话：137××××2418。

顺祝商祺。

广东 ×× 律师事务所

周晓明律师

二零一一年九月二十九日

用工法律风险排查报告二

广东 ×× 集团各公司：

就本律师最近两个月接触贵集团各公司的总体情况来看，贵集团个别公司存在较大的法律风险隐患，贵集团应重视这些法律风险，积极改进以防范法律风险，现以公司分类细列如下：

一、×× 纸品有限公司（以下简称纸品公司）

纸品公司的法律风险主要集中于人事管理和交易两个方面。

（一）人事管理中的法律风险

纸品公司目前迫切需要解决的问题有两个：其一，劳动合同的签订；其二，规章制度的制定。

1. 劳动合同

纸品公司使用的劳动合同有两个版本，一个版本是通用的广东省标准劳动合同，另一个版本是自制的合同。员工签订的一般是自制的合同。本律师的建议是尽量使用标准的劳动合同，逐渐淘汰自制的合同。因为使用自制的合同存在较多问题，且纸品公司在填写劳动合同时也存在一些问题，现一并叙述如下：

第一，容易被员工认为合同是自制的，肯定有利于用人单位，从而拒签劳动合同。

第二，自制的合同看起来很不规范，容易影响员工对公司的观感。

第三，员工手头也持有一份劳动合同，而且多处空白，万一员工在空白处添上一些内容，到时候容易产生纠纷。

第四，劳动合同第二条关于“试用期”规定选第 2 项，但却没有约定具体试用期限，这会被认定为无试用期，给用工带来被动。

第五，劳动合同第三条关于工作地点的约定太过于具体，这将给调动员工工作岗位带来不便。

第六，劳动合同第二十五条的规定已经更改，60 天内申请劳动仲裁是不对的，现在的时间是 1 年。

第七，劳动合同第二十七条的合同附件漏掉了“×× 纸品有限公司员工须知”（小册子）。

第八，劳动合同第二十八条、第二十九条的规定违反劳动法，是无效的。

因此，本律师建议纸品公司能使用标准的劳动合同，我将随函附上一份标准劳动合同（见“劳动合同填写样板”文件夹），请参照填写，如有不明白之处，我可以随时指导填写。

2. 规章制度

规章制度对于一个公司来说十分重要，外国客户在审核供应商时一般都会要求提供规章制度，因此，如果规章制度合理，能够获得一些优质的客户。此外，劳动法规定：劳动者严重违反用人单位规章制度，用人单位可以解除劳动合同，并且不需要支付经济补偿金。如果规章制度制定不合理，或者制定程序不合法，依规章制度开除员工将得不到支持。此前有三位员工罢工（黄小某、黄某等）被开除，公司未获法院支持的原因就在于此。

纸品公司规章制度的内容非常少，制定的程序也不符合法律规定，因此法律风险极大。本律师建议严格按照劳动法的要求重新制定规章制度，这可能需要花费一些时间，但是对于公司来说意义重大。本律师随函附上一些公司的规章制度（见“规章制度样板”文件夹），以及本人另一顾问单位的规章制定程序（见“规章制定程序”文件夹），供参考。此外，规章制度的制定和执行应特别注意如下问题：

（1）应完善员工申诉渠道，特别是员工对于公司处分不服的申诉渠道。特别应注意的是，在每张处罚单上应印上申诉渠道，告知员工如何寻求救济。如员工放弃救济，法院一般会认为其已经接受处罚。

（2）对员工开具处罚单时应明确员工违反的是员工手册哪一条哪一款，千万别写错条款，或者自相矛盾。

（3）一般情况下，不能出书面文件开除员工，也不能以《终止劳动合同通知》的形式不与员工续签劳动合同。即使书面开除，也千万不能让员工拿到这种文件的原件、复印件或者电子照片。

（4）如果确有不受欢迎的员工，最好的办法是协商解除劳动合同，或者让其自动离职，或者让其单方解除劳动合同，以免落入“违法解除和终止劳动合同”的条款之内。

3. 其他问题

（1）招聘员工，特别是管理层员工，应拟定相应岗位的录用条件，尽量招收符合录用条件的员工。员工入职后，应让其签名确认该岗位的录用条件。这样，可使贵公司在解雇员工时掌握主动权。因为，对于不符合录用条件的员工，在试用期内可以随时解雇。如果员工存在欺骗行为，任何时候都可以将其解雇，无须支付经济补偿金。（建议将录用条件写到入职申请表当中，这样操作起来更加简便。）

（2）对于一些较高级的职位，应保存入职者的学历证书、职业技能证书、身份证复印件，并让员工在这些复印件上签名确认。

（3）招聘高级管理人员时，应要求其提供与原单位解除劳动合同的声明和保证。因为，如其并未与原单位解除劳动合同，贵公司可能被其原单位告上法庭。

（4）对于需要进行竞业限制的高管，应与其签订竞业限制协议，约定竞业限制的相关情形，并在其离职后向其适当支付竞业限制费用。

（5）纸品公司存在2008年以来已经签订两次固定期限劳动合同的员工，对于这些员工要重视。如果不愿意他们继续留在公司工作，应在合同到期前要其自动离职，或者解除劳动合同关系。否则，第三次签订劳动合同时，如果员工要求订立无固定期限劳动合同，贵公司必须与其签订。

（6）纸品公司存在合同快到期员工，对这些员工需要注意两个方面的问题：第一，对于希望继续在公司工作的员工，应及时与他们续签合同。如果不续签，而员工继续留在公司工作，贵公司要向他们支付双倍工资，这与未签订劳动合同的性质是一样的。此外，对于希望继续聘用的员工，工作期限建议约定长一些，因为他们至少已经是第二次签订固定期限劳动合同了，签第三次就可能变成无固定期限劳动合同。第二，对于不希望续签的员工，应及早想办法让其自动离职，否则，在合同到期之时，贵公司要向其支付经济补偿金。

（7）纸品公司工资结算表上的工资结构存在较大问题：第一，工资表上“底薪”一栏一定要与本市最低工资标准保持一致。而纸品公司工资结算条上“底薪”一栏有填写 7280 元（蔡 ××）的情况，宜改为 1100 元。第二，“加班费”一栏的工资一定要够。一定要按照员工加班的时间折算出加班费，“加班费”一栏的数额一定不能少于员工应得的加班费。第三，“加班时数”一栏应分成两栏或者三栏，因为加班分为三种情况：一是延长工作时间的加班（1.5 倍工资），二是周末加班（2 倍工资），三是法定节假日加班（3 倍工资）。这三种情况下的加班工资都不相同，所以应该分列。

（二）交易中的法律风险

纸品公司交易中存在的问题主要有以下三个方面：

1. 收到支票后直接给客户出具收款凭证。这样做法律风险极大，因为收到的支票并不一定能够兑现，如果不能兑现，实际上就没有收到钱，而出具收款凭证就代表收到钱了。万一客户以此为由抵赖，公司要想打赢官司难度较大。因此本律师建议贵公司在收到支票后如果一定要出具收条的话，一定要注明是“支票”，并写明支票号。

2. 送货单上没有客户盖章，收货人每次都不一样。本律师曾经看到纸品公司给某公司的送货单上没有客户公章，一个月内的送货单，签名收货的就是 4 个不同的人。这样做法律风险很大，万一客户否认收到货了，我方的证明难度相当大。建议在签合同时一定要附上一个签收人员列表，让可能签收货物的人留下签名，收货时一定要名单上的人签名才可以。如果收货人不在名单上，也可以临时在签名表上加上一个名字，这样就会比较安全。我随函附了一个纸品公司的交易流程资料（见“交易流程资料”文件夹），供参考，请特别注意“合同附件”。

3. 法律风险控制。纸品公司被客户拖欠的货款较多，应注意法律风险控制。对于一些实力较小的客户，最好是少批额度，加强监控。尽量让客户提供一些担保，如要朋友提供保证，或者拿房产抵押、权利凭证质押等都可以减少法律风险。

二、××× 建筑工程有限公司（以下简称 ××× 公司）

××× 公司对于拖欠工程款的客户，一定要及时催收，并保留好催收的证据。因为这些工程款产生的年代都比较久了，一定要注意时效问题。一般诉讼时效为 2 年[①]，在 2 年内一定要有催收证据或者对账单，才可以消灭时效问题，一旦过了时效，工程款就收不回来了。如果一次性收款比较困难，可以要求对方出具还款计划书，分期还款。特别应当注意拖欠时间将近两年的客户，对这些客户应及时起诉，以免超过诉讼期限。比如 ××× 第一经济合作社拖欠的 1000 多万的工程款，2010 年 9 月对过账，诉讼时效即将届满，一定要尽快再跟对方对一次账，或者让对方出具还款计划书，或者起诉，否则该笔工程款法律风险很大。

三、×× 实业投资有限公司（以下简称 ×× 公司）

×× 公司的法律风险防范算是比较到位的，但因其行业法律风险很大，故仍须注意以下几点：

第一，要加强对客户的调查。应通过多种可能的方式对客户进行资信调查，如其资产情况和信用状况等，应尽可能地谨慎，宁可少做一单，也不能做错一单。

第二，能够做抵押登记的应做抵押登记。

第三，保证人的财产调查也要重视。×× 公司在前期的业务中，客户的保证人一般都是亲戚和子女，一般都是没有什么财产的人，这些保证人其实意义不大，即使判决他们承担责任，他们也没有偿债能力，所以一定要注意对保证人名下财产的调查。

第四，应收债款质押的手续还要完善。应收债款质押是一种新型的担保方式，因为出现的时间短，相关的规定和司法实践很缺乏，但是至少应做到：（1）签订书面的质押合同；（2）向中国人民银行征信中心进行质押登记；（3）书面通知应收账款债务人。这其中还有不少的细节问题，×× 公司的做法还不完善，宜进一步改进。

四、×× 运输有限公司（以下简称 ×× 公司）

×× 公司目前的运营模式法律风险很大，梁某某案就是例子，如果运营模式无法改变，则应从以下几个方面去减少法律风险：

1. 要车老板出钱，给车队的所有员工购买工伤保险。因为这些车辆挂靠

---

① 《民法总则》实施后一般诉讼时效改为 3 年。

在 ×× 公司名下，登记车主为 ×× 公司，如果这些驾驶员或者其他工作人员在运输途中发生事故，会被认定为工伤，这就意味着 ×× 公司要承担工伤赔偿责任。购买工伤保险可以减少这方面的损失。

2. 要车老板出钱，由 ×× 公司出面购买保险，提高保额。目前 ×× 公司的保险是车老板自己购买的，×× 公司只负责盖章，车老板在购买保险时存在两个问题：其一是保额过低，如梁某某的车商业险中的三责险才买了 20 万元，发生事故后还不够赔偿；其二是将被保险人写成车老板本人，这样在理赔时就需要车老板配合。如果发生像梁某某这样的极端情况，×× 公司就会非常被动。

3. 与车老板签订挂靠合同。合同应约定如果在运输途中发生事故，所有责任应由车老板负责，×× 公司因此而支出的一切赔偿款都应转嫁给车老板。因有些车老板是外地人，除了车之外别无财产，要他们提供一定的担保也是必要的。

除了现有模式之外，还可以考虑承包模式和承运模式。承包模式指的是 ×× 公司如果自己有车，可以承包给司机去运输，承运模式是指车老板自己带车，承包公司的运输业务。这两种模式本人都曾给沙田 ×× 公司设计过合同，现也随函发来，供 ×× 公司参考（见“×× 公司资料”文件夹）。

望贵集团各公司重视工作联系中提到的法律风险，积极防范，如果有任何不明白之处，或者需要本人协助，请致电 13××××2418。

顺祝商祺。

广东 ×× 律师事务所

周晓明律师

二零一二年六月六日

用工法律风险排查报告三

广州 ××× 有限公司：

2018 年 8 月 8 日，本所周晓明、任雅煊、李宣三位律师前往贵公司进行法律风险排查，并收集了相关资料。因同时接受调查的尚有贵公司的两家关联公司，分别是广州 ××××× 有限公司和广州 ×××× 有限公司，故本次工作联系函将该三家公司视同一体，不作区分。现将排查结果告知贵公司，望贵公司能够重视这些潜在的法律风险，积极地排除这些法律风险。若不清楚工作联系函所指的是哪一家公司的问题，可以向我们征询。

一、招工方面存在的法律风险

1. 贵公司未制定录用条件，这将使试用期内解雇员工变得困难。

解决方案：招聘员工，特别是管理层员工，应拟定相应岗位的录用条件，尽量招收符合录用条件的员工。员工入职后，应让其签名确认该岗位的录用条件。这样，可使贵公司在解雇员工时掌握主动权。因为，对于不符合录用条件的员工，在试用期内可以随时解雇。如果员工存在欺骗行为，任何时候都可以将其解雇，无须支付经济补偿金。（建议将录用条件写到入职申请表当中，这样操作起来更加简便。）

2. 贵公司需要进行竞业限制的人员都尚未签订竞业限制协议。

解决方案：若需要对劳动者约定竞业限制义务，宜尽快签订协议，约定竞业限制的情形，并在高管离职后按月支付一定费用，竞业限制的期限最长不超过 2 年。这样可以避免竞业限制方面的法律风险。

二、工资发放方面存在的问题

1. 贵公司没有劳动者签名确认的工资表，这将导致对于工资结构的举证变得困难。

解决方案：建议制作工资表，每月由劳动者签名确认。工资结构方面注意：第一，“基本工资”应与劳动合同上的数据一致，最好是统一为广州市最低工资数据（目前为 2100 元 / 月）。该数据不能过低，过低是违法的；也不能过高，过高就意味着员工的小时工资会相应提高，那么加班费也会相应提高。第二，最好是将出勤情况同步到工资表中，分为正常工作时间、延长工作时间、休息日加班时间、法定节假日加班四个部分，这样可以省去再要求劳动者确认考勤表的麻烦。第三，如果存在加班现象，一定要有加班费一栏，而且要保证加班费一栏的数据符合法律规定。第四，如果要求劳动者签订保密协议，最好是在工资结构中增加“保密津贴”一栏，每月支付几十元即可。

三、规章制度方面存在的问题

1. 规章制度的制定过程不符合民主程序。

解决方案：规章制度的制定过程一定要合法，应当经职工代表大会或者全体职工讨论，提出方案和意见，与工会或者职工代表平等协商确定，之后，还需要公示，让员工知悉。如果贵公司不具备上述条件，至少也应将规章制度装订成册，并让员工签名确认已经知悉规章制度的内容。

2. 贵公司未建立员工申诉渠道。

解决方案：贵公司应完善员工申诉渠道，特别是员工对于公司处分不服的申诉渠道。特别应注意的是，在每张处罚单上应印上申诉渠道，告知员工如何寻求救济。如其放弃救济，法院一般会认为其已经接受处罚。

3. 贵公司存在罚款制度（如《办公室6S管理制度》《会议管理制度》中的“乐捐条款”）。

解决方案：贵公司在规章制度中规定了不少的罚款规则，这是违反劳动法的，因为罚款乃行政权，公司无权行使。但是罚款情况在企业中普遍存在，并无严重的法律后果，所以贵公司如果认为罚款是管理上所必需的，可以保留。当然，也可以考虑对员工进行绩效考核的方式来变通执行罚款制度。

4. “视为严重违反公司规章制度”条款极不完善，解雇员工将变得极为被动。

解决方案：贵公司的规章制度中虽然规定了一些可以开除的情形，但是规定得比较随意，“视为严重违反公司规章制度”条款只有一处，建议重新修订。应增加“视为严重违反公司规章制度的情形”的条款，然后加一个列表，列举哪些情形是严重违反公司规章制度的，应尽量详尽。因为劳动法已经明确规定，在员工严重违反规章制度的情形下，用人单位可以开除员工，并且不需要支付经济补偿金。

四、交易方面的法律风险提示

……

以上建议，望贵公司认真对待，如有任何不明白之处，或者需要我们协助，请及时与我们沟通。

顺祝商祺。

北京大成（广州）律师事务所
周晓明律师
任雅煊律师
李宣律师
二零一八年八月十二日

第三节　用工法律风险排查表单【HR 自查版】

第一部分　员工入职法律风险控制		
1	是否清楚招聘广告隐藏的法律风险	广告是否真实，是否包含歧视性条件。
2	是否在招录劳动者时进行严格的面试和笔试	可以增加劳动者入职程序的严肃性，也有利于筛选应聘者，以便招录到合适的劳动者。
3	是否要求劳动者填写入职表	便于了解劳动者的个人学历、工作经历、婚育状况等信息。
4	是否清楚入职申请表存在的法律风险	入职申请表是用人单位提供的重要的法律文本，它的目的在于让用人单位了解求职者的信息，入职表如果设计得当，可以帮助用人单位防止不少用工法律风险。
5	是否要求劳动者信息变化时书面通知用人单位	便于及时掌握劳动者的信息变化，提高管理的效率。
6	是否清楚聘用未解除劳动合同的劳动者存在的法律风险	聘用尚未解除劳动合同的劳动者会给用人单位带来较大的用工法律风险，如果用工行为给其他单位造成了损失，用人单位将与劳动者一道承担连带赔偿责任，这些损失可能包括对其他单位生产、经济和工作造成的直接经济损失，以及因获取商业秘密给原用人单位造成的经济损失。
7	是否要求劳动者签字明确与原用人单位不存在竞业限制约定或未在其他单位兼职	避免因招录与其他单位存在劳动关系的或竞业限制约定的劳动者而承担连带赔偿责任。
8	是否规定曾因严重违纪等原因被公司辞退或离职后与公司发生仲裁、诉讼等纠纷的劳动者不得再次录用	便于招录到遵纪守法的劳动者，减少劳动争议的发生率。

续表

9	是否清楚要求劳动者提供担保或向其收取费用存在的法律风险	根据《劳动合同法》第八十四条的规定，用人单位的此类行为会招致行政机关的罚款，如果扣押了身份证等证件，会被责令退还劳动者；如果给劳动者造成了损害，用人单位还应该承担赔偿责任。
10	是否保留劳动者文凭及其他证件的复印件	用人单位管理规范的需要，也是证据保存的一种方式。
11	是否清楚招聘时要求应聘者孕检的法律风险	这种做法构成就业歧视，劳动者可以向法院提起诉讼。造成损害的，用人单位应承担民事责任；构成犯罪的，依法追究刑事责任。
12	是否清楚招录临时工的法律风险	法律上已无“临时工”概念，若用人单位再以“临时工”名义用人违反法律规定，应承担相应法律责任。
13	是否清楚入职体检的作用和法律风险	应避免劳动者欺骗用人单位，比如找他人代替体检，或者出具虚假体检报告。
14	是否清楚招聘在读大学生的法律风险	若与以就业为目的的大学生签订劳动合同，劳动合同有效。要是未签订劳动合同，可能赔偿双倍工资。因其在校生身份，还存在无法购买社保的法律风险。
15	是否清楚招聘实习生的法律风险	在校实习生从事用人单位授权事宜内活动，为用人单位提供劳动，应当属于雇佣关系。用人单位作为雇主，对于实习生也应当承担相应的法律义务，故也存在相当的法律风险。
16	是否清楚招聘退休人员（或已到退休年龄的人员）的法律风险	一是存在无法购买工伤保险的法律风险；二是有可能会被认定为劳动关系。
17	是否清楚招录外籍人士的法律风险	我国对来华就业人士实行就业许可证制度，应申领就业许可证，办理职业签证，并领取就业证和居留证。
18	是否清楚招录童工的法律风险	用人单位只要招录了童工，就将面临刑事、民事或行政处罚的法律风险。
19	是否清楚招聘时未设定录用条件的法律风险	因为用人单位在试用期内解除与劳动者的劳动关系必须满足一个条件，即证明劳动者不符合录用条件。如果用人单位无法证明劳动者不符合录用条件，试用期内随意解除劳动合同将面临败诉的法律风险。
20	是否向劳动者说明录用条件	有利于试用期的用工管理。

续表

21	录用条件是否经劳动者签名确认	有利于试用期的用工管理，避免劳资双方对录用条件的设定问题发生争议。
22	是否将到岗期限作为录用条件之一	避免劳动者签订劳动合同后不到岗。
23	是否清楚劳动者冒用他人身份入职给用人单位带来的法律风险	一旦发生工伤等事故，社保基金中心往往会以身份资料不符而拒绝赔付，用人单位应承担相应的赔偿责任。
24	是否清楚招聘考核时人身安全的法律风险	用人单位在招聘考核时要采取积极的防范措施，保障应聘人员的人身安全，若应聘人员在招聘考核时发生人身伤害，用人单位仍要承担赔偿责任。
25	是否清楚用人单位在招聘时未履行告知义务的法律风险	应在劳动合同中明确或以其他书面形式向劳动者告知劳动报酬，工作岗位、职业病危害等信息。
26	是否制定公司招聘管理制度	一套运行良好的招聘管理制度是防范招工法律风险的重要保障。
27	是否清楚录用通知书设计的法律风险点	录用通知书是招聘员工过程中的重要文件，在内容设计方面需要注意的方面较多，稍有不慎，就可能会给用人单位带来法律风险。
第二部分　在职管理的法律风险控制		
一、劳动合同约定及内容变更		
28	约定试用期是否符合法律规定	试用期的约定有诸多法律规定，应熟练掌握。
29	试用期满前是否要求劳动者提交工作总结及转正申请	有利于试用期用工管理。
30	是否清楚在试用期以“不能胜任工作”解雇劳动者的法律风险	试用期内以“不能胜任工作”解雇劳动者属于违法解除劳动合同，应向劳动者支付赔偿金。
31	试用期是否为劳动者购买社会保险	试用期属于劳动合同期限的一部分，用人单位应为其购买社会保险。

续表

32	是否在用工之日起一个月内与劳动者签订书面劳动合同	避免已实际用工却未签订劳动合同的法律风险。
33	是否清楚在劳动合同中约定违约金的法律风险	劳动法对于何种情况下可以同劳动者约定违约金的支付问题有明确的规定，在这些规定以外的违约金约定，基本上都是无效的。
34	劳动合同是否限制劳动者的休息休假权等法定权益	若有相关限制劳动者休息休假等法定权益的条款，应归于无效。
35	是否清楚劳动合同中工作地点约定存在的法律风险	用人单位若约定工作地点为一个较大的区域范围，若按这种约定来改变劳动者的工作地点，存在较大法律风险。
36	是否清楚劳动合同中工作任务约定不明确的法律风险	因为如果没有明确的工作任务，就无从界定劳动者是否胜任工作岗位，用人单位如果引用《劳动合同法》第四十条的规定，调整劳动者的岗位，或者单方解除劳动合同，就会变得非常困难。
37	是否清楚不及时续签劳动合同的法律风险	若未续签劳动合同的时间在一年以内，用人单位需支付双倍工资；若超过一年，则视为双方已经订立无固定期限劳动合同。
38	是否清楚无固定期限劳动合同的相关规定	掌握重要劳动法知识，避免劳动争议的发生。
39	是否要求劳动者须当面签订劳动合同	避免劳动者故意找人签合同，防范未签订劳动合同支付双倍工资的法律风险。
40	劳动合同是否因岗位及劳动者个人情况而异，进行个性化设计	因人而异，制定个性化合同，便于人事管理。
41	有无重视劳动合同条款的设计	重视细节，防范法律风险。
42	是否约定了通信方式、送达、紧急情况联系人	便于今后送达相关决定、通知。
43	是否约定了合同期限与到岗期限	避免劳动者签订劳动合同后不到岗。

续表

44	是否约定了工作内容、工作地点及发生变更时的处理方式	明确工作条件，减少纠纷。
45	是否约定了劳动报酬的构成	明确工资构成，减少劳动争议的发生率。
46	支付劳动报酬是否不低于当地最低工资标准	若低于当地最低工资标准，属于违法，用工法律风险较大。
47	是否约定了保密条款并支付保密津贴	约定保密责任，一般应向劳动者支付保密津贴。
48	是否约定了竞业限制条款	对于一部分高级管理人员，在必要的时候，应约定竞业限制条款，更好地保护用人单位的经营秘密及竞争优势。
49	对涉外劳动关系是否办理了合法的用工手续	中国企业直接聘用境外人士属于非法用工，双方之间只能形成雇佣关系。企业应当办理合法手续，防范法律风险。
50	是否知道聘请外国人需要办理《外国人就业证》《外国人就业许可证书》	我国对来华就业人士实行就业许可证制度，应为外国人士申领就业许可证。
51	是否知道强行调动劳动者岗位的法律风险	用人单位对劳动者调岗的行为，一方面是用人单位用工自主权的体现，另一方面也有可能影响劳动者的合法权益，所以用人单位在对劳动者调岗时，需特别注意法律风险的防范。
52	是否知道跨行政区域调动员工的法律风险	如果劳动者在某一城市的办事处工作多年，用人单位强行将其调动至另一城市，劳动者是可以单方解除劳动合同的，与此同时，他也可以要求用人单位支付经济补偿金。
53	是否清楚集团公司调动子公司员工的法律风险	集团公司将子公司的劳动者调至其他关联公司，对劳动者来说，这种调动法律本质是旧的劳动关系的解除、新的劳动关系的建立，如果劳动者拒绝调动，集团公司或者子公司不能强行调动。

续表

54	劳动合同实际履行与劳动合同约定不一致时是否签订变更协议	区分不同情况对劳动合同履行的影响，防范法律风险。
55	是否清楚企业名称、法定代表人、投资人、企业合并或分立等因素变化时对劳动合同履行的影响	掌握相关法律知识，防范劳动争议的发生。
56	认定员工不能胜任工作是否有明确的考核依据	避免因调岗调薪产生的法律风险。
57	劳动者不胜任工作时是否进行再次培训或调整新的岗位	避免直接辞退劳动者，产生违法解除的法律风险。
58	是否清楚工作十年以上劳动者的权利	劳动者在同一用人单位连续工作满十年以上，当事人双方同意续延劳动合同的，如果劳动者提出订立无固定期限的劳动合同，应当订立无固定期限的劳动合同。
59	是否清楚签订两次固定期限劳动合同的后果	连续订立二次固定期限劳动合同，且劳动者没有《劳动合同法》第三十九条和第四十条第一项、第二项规定的情形，续订劳动合同时应订立无固定期限的劳动合同。
二、服务期协议、竞业限制、商业秘密保护		
60	对劳动者约定服务期时是否合理约定违约金条款	劳动者违反服务期约定的，应当按照约定向用人单位支付违约金。违约金的数额不得超过用人单位提供的培训费用。用人单位要求劳动者支付的违约金不得超过服务期尚未履行部分应分摊的培训费用。
61	有无制定培训管理规章	规范员工培训，提高企业管理水平，防范争议发生。
62	是否保存支付培训费用的依据	保存相关证据，以免用人单位在发生争议时处于被动地位。
63	是否清楚只有需要支付费用的培训才可以在约定服务期时约定违约金	一般认为，用人单位为劳动者提供专项培训，并支付培训费用，方可约定服务期的违约金。

续表

64	是否清楚竞业限制中约定过高违约金的法律风险	这种约定虽然是劳动者与用人单位双方自由的意思表示，但是却不一定能够得到法院的支持。
65	是否清楚用人单位滥用竞业限制规定的法律风险	有些用人单位对所有劳动者都签订竞业限制协议，以为这样就可以使公司的商业秘密得到更好的保护，殊不知，对于并不负有保密义务的劳动者来说，这种约定是无效的。
66	是否清楚不对劳动者进行竞业限制补偿的法律风险	如果用人单位未支付经济补偿金，劳动者可以不受竞业限制协议的约束，遵守了竞业限制约定的劳动者也可以请求用人单位向其支付竞业限制的经济补偿金。
67	是否清楚要求劳动者保守商业秘密和竞业限制的区别	保守商业秘密是法定义务，无期限，无须额外支付费用；竞业限制属于约定义务，有期限规定，需要额外支付竞业限制补偿。
68	是否对企业的商业秘密采取了相应的保密措施，制定保密制度	若用人单位未采取相应保密措施并制定保密制度，劳动者无义务对相应的“商业秘密”承担保密义务。
69	是否清楚签订竞业限制条款的对象	竞业限制并非适用于用人单位的每一位劳动者，要注意签订竞业限制协议的对象。
70	是否清楚竞业限制的期限不得超过两年	竞业限制有期限规定，不能超过法定期限。
71	约定竞业限制是否支付了补偿	竞业限制需支付相应的补偿，否则对劳动者无约束力。
三、薪酬管理、工时和加班法律风险控制		
72	是否清楚工资的定义与构成	正确计算加班工资基数，避免将非劳动报酬计入在内增加成本。
73	是否清楚工资与福利的区别	准确把握关键概念，减少劳动争议的发生。
74	劳动报酬约定是否明确	避免不约定或者约定不明带来的用工成本法律风险。
75	是否清楚劳动合同和规章制度关于奖金的约定存在冲突的法律风险	如果寄希望于公司规章制度来规制劳资双方的权利义务关系，当劳动合同有不同的约定之时，规章制度的规定可能会无法适用。

续表

76	是否清楚年薪制的法律风险	与劳动者约定年薪制时难以明确工资、奖金支付的考核标准，从而可能导致用人单位在诉讼中处于被动局面。
77	是否清楚用人单位强行降薪存在的法律风险	单方降低工资水平属于违反劳动法规定的行为，劳动者可以要求恢复原工资，也可以单方解除劳动合同，并要求支付经济补偿金。
78	约定工资时是否明确了加班工资计算基数	明确加班工资计算基数，防范法律风险。
79	是否清楚劳动合同不约定薪酬的法律风险	《劳动合同法》第十八条规定，劳动合同对劳动报酬和劳动条件等标准约定不明确，引发争议的，用人单位与劳动者可以重新协商；协商不成的，适用集体合同规定；没有集体合同或者集体合同未规定劳动报酬的，实行同工同酬；没有集体合同或者集体合同未规定劳动条件等标准的，适用国家有关规定。
80	工资的支付形式、支付对象、支付时间、代扣工资等是否符合法律规定	遵守工资支付法律规定，防范法律风险。
81	是否清楚用人单位拖欠或未足额支付劳动报酬的法律风险	第一，劳动者向当地人民法院申请支付令。第二，劳动行政部门可责令用人单位限期支付劳动报酬、加班费或者经济补偿。第三，劳动者可以单方解除劳动合同，用人单位应当向劳动者支付经济补偿。第四，最为严重的情形，用人单位恶意拖欠工资，还有可能构成拒不支付劳动报酬罪。
82	是否清楚工资支付令的作用、效力、异议提起方式	在接到支付令时应当及时提出书面异议，保护用人单位自身的利益。
83	是否清楚依规章制度降薪的法律风险	如果用人单位对降薪立足的规章制度无法证明其合理性，即无法证明规章制度的制定是通过民主程序制定的，且不违反国家法律、行政法规及政策规定，并已向劳动者公示的，在诉讼过程中可能会面临败诉的法律风险。
84	规章制度是否结合劳动合同条款进行制定	正确对待二者的效力，约定权利义务应在劳动合同和规章制度之间合理分配。

续表

85	是否清楚考勤管理隐藏的法律风险	用人单位对劳动者在本单位的出勤情况应负有举证责任，如果用人单位无法提供有效的考勤记录，则仲裁机构或法院将可能采信劳动者的主张。
86	法定休假日、带薪休假、探亲假、生育假、工伤停工留薪期、患病劳动者医疗期等特殊情况下的工资支付是否符合规定	企业应当及时足额发放工资，防范法律风险。
87	考勤表是否经劳动者签名确认	劳动者工作时间的证明责任在于用人单位，因此，要求劳动者确认考勤表是必要的工作。
88	考勤表是否得到妥善保存	劳动者工作时间的证明责任在于用人单位，应妥善保存考勤表。
89	是否清楚迟付工资的法律风险	如果用人单位无故迟延支付劳动者劳动报酬，劳动者可以单方解除劳动合同并要求用人单位支付经济补偿金。
90	是否清楚在工资支付、福利待遇提供问题上举证责任的分配	明晰举证责任，注意留存证据，防范法律风险。
91	是否清楚年终奖存在的法律风险	“年终前离职不予发放年终奖”的约定无效。
92	是否清楚标准工时制和综合计时制、不定时工时制之间的区别	特殊工时制应当经过劳动行政部门的审批，否则应当按照标准工时制执行。
93	是否清楚用人单位随意变更业务提成比例的法律风险	如果用人单位没有征得劳动者的同意就擅自降低提成比例并且以此发放提成工资，劳动者可以用人单位未及时足额支付劳动报酬为由解除劳动合同，用人单位需要支付赔偿金并补足提成款。
94	是否清楚一个月加班时间超过三十六小时的法律责任	超时加班可能会带来行政法律责任，企业应当防范法律风险。
95	工资调整是否保留相关资料	关于劳动者劳动报酬数额的举证责任在于用人单位，应保留好相关工资调整的证据。

续表

96	工资支付主体是否为用人单位	工资支付主体应为用人单位，若使用法定代表人账户，或其他人的账户支付工资将带来法律风险。
97	是否知道综合工时制的相关知识	掌握重点劳动法知识，防范用工法律风险。
四、休假管理法律风险控制		
98	是否知道劳动合同不能限制劳动者的休息休假权等法定权益	避免合同约定侵犯劳动者法定权益，导致无法实现预期目的。
99	是否清楚未安排年休假的法律风险	用人单位经职工同意不安排年休假或者安排职工年休假天数少于应休年休假天数，应当在本年度内对职工应休未休年休假天数，按照其日工资收入的300%支付未休年休假工资报酬，其中包含用人单位支付职工正常工作期间的工资收入。
100	是否清楚法定节假日加班的法律风险	用人单位若以事后准备安排劳动者补休为借口拒绝支付法定节假日加班工资，是不符合法律规定的。
101	是否清楚以未履行病假手续为由开除员工的法律风险	要是用人单位未提供足够的证据证明解雇的合法性和合理性，往往会被认为属于违法解除劳动合同，需向劳动者支付违法解除劳动合同的赔偿金。如果劳动者处于生病期间，这种法律风险将会更大。
102	是否清楚年休假天数的计算是根据劳动者的实际工作年限而非根据在本单位的工作年限	掌握带薪年休假相关知识，防范用工法律风险。
103	是否清楚医疗期内解雇劳动者的法律风险	如果用人单位在劳动者医疗期内单方解除劳动合同，将被认定为违法解除劳动合同，需向劳动者支付赔偿金。
104	是否清楚加班审批制度的法律风险	在存在加班申请制度的用人单位中，若劳动者确有加班，但没有递交加班申请，其要求加班费的诉求也可能会得到法庭的支持。
105	是否清楚外籍劳动者带薪年休假的法律风险	用人单位如果因工作需要没有给外籍劳动者安排带薪年休假，并且经过了外籍劳动者的同意，则应该按照法律规定在本年度内对职工应休未休年休假天数，按照其日工资收入的300%支付未休年休假工资报酬。

续表

五、社保及工伤法律风险控制		
106	是否清楚目前劳动仲裁委及法院对于未购买各类社会保险的受理范围	依法为劳动者缴纳社会保险，防范法律风险。
107	是否清楚不缴纳社会保险费的法律风险	第一，招致行政处罚；第二，劳动者单方解除劳动合同并要求支付经济补偿金的法律风险；第三，向劳动者赔偿相应费用的法律风险。
108	在试用期内是否为劳动者缴纳了社会保险费	试用期劳动者享有同等权利，依法缴纳，防范法律风险。
109	是否清楚工伤私了的法律风险	用人单位与劳动者经协商达成的工伤赔偿协议可能被认定为无效协议，也可能应劳动者的申请被撤销。
110	是否清楚工伤的构成范围以及在购买了工伤保险的情况下企业应当承担的补偿项目	明晰企业应当承担的责任，防范劳资纠纷产生。
111	是否清楚商业人身保险代替工伤保险的法律风险	商业保险相当于用人单位给予劳动者的福利，并不能以此来减轻或者免除用人单位的工伤赔偿义务。劳动者在获得商业保险理赔的情形下，仍然可以获得用人单位支付的工伤待遇。
112	是否清楚发生事故或被诊断为职业病后用人单位要在30天内提出工伤认定申请	及时申请工伤认定，减少用工法律风险。
113	是否清楚用人单位不提出工伤认定申请的，劳动者也可在发生事故或被诊断为职业病后一年内提出	掌握工伤相关法律知识，减少用工法律风险。
114	是否清楚未按标准缴纳工伤保险的法律风险	在用人单位未足额为劳动者缴纳社会保险费的情形下，如劳动者确实发生工伤造成伤残或死亡，用人单位可能面临一定的法律风险，需要承担工伤保险基金赔偿不足部分的补充赔偿责任。
115	是否清楚劳动者自愿放弃社保的法律风险	自愿放弃购买社保的说明对于用人单位是无效的，发生工伤的时候用人单位也要承担赔偿责任。

续表

116	是否提供了职业病防治的前期预防、劳动过程的防护和管理	因为职业病的法律赔偿额很高，职业病的法律风险应高度重视。
117	是否清楚约定“工伤责任自负”的法律风险	此类工伤责任自负的约定违反了国家的强制性规定，侵犯了劳动者的合法权益，因而是不具法律效力的，应当被认定为无效。
118	是否清楚在劳动者发生工伤后，工伤保险基金不予支付而应由用人单位支付的费用有哪些	掌握工伤相关法律知识，减少用工法律风险。
119	是否清楚不缴纳医疗保险，劳动者生病后用人单位负有承担相应医疗费的法律责任	掌握工伤相关法律知识，减少用工法律风险。
120	是否清楚男职工也需要缴纳生育保险	履行应尽义务，防范法律风险。
六、规章制度法律风险控制		
121	是否清楚规章制度在劳动纠纷中的重大作用	规章制度是用人单位的“宪法”，在用工管理中起着非常重要的作用。
122	是否清楚《劳动合同法》第四条的规定	熟悉重点法条，减少用工法律风险。
123	是否清楚依规章制度解雇劳动者的法律风险	规章制度未经过民主制定程序而被法院认定为无效，规章制度的条款违反法律的规定，引用了错误的规章制度条款来解除劳动合同，以及对劳动者处罚的客观证据缺乏或者不够充分。这些问题所引发的后果都是十分严重的，因为都会被认定为违法解除劳动合同，用人单位需要向劳动者支付赔偿金。
124	是否清楚规章制度未经民主程序制定的法律风险	如果不遵守民主制定程序，用人单位的规章制度有可能被认定为无效。无效就意味着用人单位依照规章制度对劳动者作出的处罚，比如解除劳动合同，没有规章依据，会被认定为违法解除，从而需要向劳动者支付赔偿金。

续表

125	是否清楚规章制度越权设定义务的法律风险	如果用人单位的规章制度超越合理权限对劳动者设定义务，并据此解除劳动合同，属于违法解除，损害劳动者的合法权益，用人单位应当依法支付赔偿金。
126	制定规章制度是否符合公示程序	规章制度的民主制定程序要求用人单位必须对规章制度进行公示。
127	是否清楚规章制度约定罚款条款的法律风险	公司和企业是以营利为目的的经济组织，无权在规章制度中设定罚款条款，除非有相关法律法规的明确授权。
128	规章制度的内容是否符合法律规定，是否合理	规章制度的条款不能违反法律的规定，也要具有合理性。
129	在规章制度的制定和履行中是否充分尊重工会的参与和意见	在规章制度的制定和履行过程中，要与工会进行充分沟通，听取工会的意见。
130	劳动者违反规章制度时是否能够有效地对其行为进行取证	若发生劳动争议，用人单位能否胜诉往往取决于证据的提供，因此，对于劳动者违反规章制度行为的取证就显得很重要。
七、其他法律风险		
131	是否清楚公司为劳动者出具虚假工资证明的法律风险	在发生劳动争议的时候，如果没有证据证明该份证明的虚假性，如果是为劳动者开具，劳动者可能会主张更高的工资基数，用人单位面临更高的赔偿法律风险；如果是为不存在劳动关系的人开具，则有可能被认定为存在劳动关系。
132	选择劳务派遣企业时是否注重考察对方的资质、资金、实力等因素	防范企业承担连带责任的法律风险。
133	是否分别与派遣公司、被派遣员工签订了相应的协议	明确与派遣公司、被派遣员工之间的法律关系，防范法律风险。
134	是否审查劳务派遣公司与被派遣员工签订的劳动合同	明确与派遣公司、被派遣员工之间的法律关系，防范法律风险。
135	安排劳务派遣的工作岗位是否符合临时性、辅助性或者替代性的要求	遵守劳务派遣相关规定，防范法律风险。

续表

136	被派遣员工的工资水平是否与其他职工同工同酬	遵守劳务派遣相关规定，防范法律风险。
137	是否每月审查劳务派遣公司为员工缴纳社会保险的相关材料	定期审查劳务派遣公司是否尽到用工单位的义务，减少自身的用工法律风险。
138	是否清楚业务外包与劳务派遣之间的区别	区别对待，加强管理，避免混淆。
139	是否知道《劳动合同法》规定的劳动派遣可以退回的情形	《劳动合同法》规定，被派遣劳动者有本法第三十九条和第四十条第一项、第二项规定情形的，用工单位可以将劳动者退回劳务派遣单位，劳务派遣单位依照本法有关规定，可以与劳动者解除劳动合同。
140	是否知道《劳务派遣暂行规定》中规定的劳动派遣可以退回的情形	掌握劳动派遣相关知识，减少用工法律风险。
141	是否知道哪些情形下不可以将劳动者退回劳务派遣单位	被派遣劳动者有《劳动合同法》第四十二条规定情形的（即老、弱、病、残、孕），在派遣期限届满前，用工单位不得将被派遣劳动者退回劳务派遣单位；派遣期限届满的，应当延续至相应情形消失时方可退回。
142	是否知道派遣公司缺乏资质的法律风险	如果“劳务派遣公司”没有法律规定的“劳务派遣”资质，很可能导致劳务派遣无效，仲裁庭或法院可能据此认定派遣员工和用工单位之间形成事实劳动关系。
143	是否知道用人单位自设劳务派遣单位的法律风险	用人单位自设劳务派遣单位，实现劳务派遣用工的，该种自派行为无效，可直接认定用人单位与劳动者之间的劳动关系。
144	是否知道用工关系转化为事实劳动关系的法律风险	劳动者和派遣单位没有书面续签劳动合同的，很可能会认定用工单位与劳动者之间形成劳动关系，造成用工单位的用工法律风险。
145	是否知道给被派遣劳动者造成损害的法律风险	劳务派遣单位违反法律规定给被派遣劳动者造成损害的，劳务派遣单位与用工单位承担连带赔偿责任。
146	对非全日制用工规定的工时数是否符合法律规定	避免非全日制用工性质被否定的法律风险。

续表

147	是否清楚非全日制用工劳动报酬结算支付周期最长不得超过十五日	了解非全日制用工规定，防范法律风险。
148	是否清楚企业的分支机构也可以作为用工主体签订劳动合同	明晰企业分支机构也能够作为用工主体签订劳动合同，诉讼中劳动者可以将企业一并作为被告。
149	在借调借用关系中是否已经完善对办理借出人员的手续并保留相关材料	明晰劳动关系，防止在借调关系中被认定为劳动关系的转移。
150	是否清楚门卫、清洁工、司机、业务员等特殊工种的法律风险	这些工种的情况比较特殊，有的工作时间长，比如门卫、清洁工，有的工作时间不固定，比如司机，有的则出勤不规则，比如业务员，各有各的法律风险，应清楚把握这些工种的用工法律风险。
第三部分　离职管理的法律风险控制		
151	是否清楚解除劳动合同的类型和适用条件	掌握劳动合同解除的相关知识，减少用工法律风险。
152	协商解除劳动合同中，是否知道提出解除意向的法律后果	提出解除意向的一方如果是用人单位，用人单位应向劳动者支付经济补偿金。
153	是否清楚解除劳动合同的主体不合法的法律风险	如果劳动者在签订离职协议时是不具有完全民事行为能力的，该离职协议会被认定为无效协议，劳动者的监护人去申请仲裁或者起诉要求继续履行劳动合同，维持劳动关系一般是会得到支持的，而且用人单位还需要对劳动者作出一定的补偿，比如病假期间的待遇等。
154	针对劳动者非因用人单位过错而解除劳动合同，是否知道劳动者有依照法定形式提前通知的义务	劳动者非因用人单位过错而解除劳动合同，须提前30天通知用人单位。
155	是否清楚解除劳动关系协议内容不合法的法律风险	“本人不得再以任何理由向公司追究法律责任和经济补偿”的约定将不受法律保护。
156	是否清楚少付经济补偿金的法律风险	可能会被认定为无效协议，并被要求补足经济补偿金。

续表

157	是否清楚未签订书面解除协议的法律风险	如果未签订书面解除协议，劳动者提起仲裁，用人单位连双方劳动合同是否解除、何时解除可能都无法提供证据以证明，更遑论究竟是由哪一方提出解除劳动合同了，用人单位将因此面临较大的法律风险。
158	是否知道劳动者违法解除劳动合同，给用人单位造成损失的，应当承担赔偿责任	《劳动合同法》第九十条规定："劳动者违反本法规定解除劳动合同，或者违反劳动合同中约定的保密义务或者竞业限制，给用人单位造成损失的，应当承担赔偿责任。"
159	是否清楚变相降低工资迫使劳动者离职的法律风险	劳动者可以据此单方解除劳动合同，并要求用人单位支付经济补偿金并补足工资。
160	是否清楚超过试用期解除劳动合同的法律风险	如果超过试用期再以试用期不合格的理由解除劳动合同，属于违法解除劳动合同，应向劳动者支付赔偿金。
161	是否清楚解除通知未写解聘原因的法律风险	用人单位若不能证明自己的解除劳动合同行为是合法的，则需要支付违法解除劳动合同的赔偿金或者经济补偿金，而这些赔偿原本是可以避免的。
162	是否清楚离职时劳动者放弃经济补偿的法律风险	如果这种决定是因为受用人单位欺诈或者胁迫而作出，即使签订了放弃相关经济补偿权利的协议，这种协议也可能会被法庭认定为无效协议。
163	是否清楚劳动者在离职时有办理工作交接的义务	《劳动合同法》第五十条第二款规定："劳动者应当按照双方约定，办理工作交接……"
164	用人单位因劳动者过失而解除劳动合同，是否符合法定的解除条件	《劳动合同法》第三十九条规定，劳动者严重失职、营私舞弊，给用人单位造成重大损害的，用人单位可以在无经济补偿的前提下解除劳动合同。仅以存在工作过失而解除合同，可能会被认定为违法解除行为。
165	是否清楚解雇不同意调岗劳动者的法律风险	调动岗位必须与劳动者协商一致，若强行调动岗位而员工又不服从调岗的话，非常容易产生劳动纠纷，如果用人单位以劳动者不服从管理为由解除劳动合同，可能面临支付赔偿金的法律风险。
166	是否清楚用人单位依劳动合同的约定任意终止劳动合同的法律风险	有被认定为违法解除劳动合同的法律风险。

续表

167	是否清楚试用期内无正当理由解除劳动合同的法律风险	用人单位在试用期内无正当理由解除劳动合同，劳动者要求继续履行劳动合同的，用人单位应当继续履行；劳动者不要求继续履行劳动合同或者劳动合同已经不能继续履行的，用人单位应当依法支付赔偿金。
168	是否清楚劳动者不能胜任工作应当由用人单位承担举证责任	劳动者“不能胜任工作”的事实应由用人单位举证以证明。
169	是否清楚用人单位引用“缺陷”规章制度解除劳动合同的法律风险	用人单位在引用这样的规章制度来解除与劳动者的劳动合同关系时，会带来很大的法律风险，极易被认定为违法解除劳动合同。
170	是否知道对不能胜任工作的劳动者只有经过培训或调整工作岗位，仍不能胜任工作的才能解除	熟悉相关法律的规定，减少用工法律风险。
171	是否清楚用人单位对劳动者无过错解除合同情形举证不能的法律风险	用人单位若无法提供证据证明解除劳动合同符合无过错解除合同的情形，需承担相应的法律风险。
172	是否清楚未送达解除劳动合同通知的法律风险	用人单位作出解除或者终止劳动合同关系的决定后，应将该决定送达劳动者后才能产生法律效力。
173	是否清楚解雇严重失职员工的法律风险	需要同时存在“严重失职、营私舞弊”以及“造成用人单位重大损害”两个情形，方可解雇劳动者。
174	是否清楚解雇不能胜任工作员工的法律风险	“不能胜任工作”的证明责任在用人单位，而用人单位的规章制定、证据保存以及实际操作中难免会存在各种问题，这使得依据该条解除劳动合同也存在较大的法律风险。
175	是否清楚劳动者孕期未请假缺勤被解雇的法律风险	女职工孕期，非本人具有《劳动合同法》第三十九条第二项至第六项规定的过错，用人单位不得解除劳动合同；劳动合同期满，顺延至哺乳期满或者流产假期满。
176	是否清楚解雇未婚先孕女工的法律风险	用人单位若以劳动者违反计划生育相关法律为由，解除与未婚先孕劳动者的劳动关系，仍然需要承担较大的法律风险。法院很可能会认定用人单位的行为属于违法解除劳动合同，从而需要向劳动者支付经济赔偿金。

续表

177	是否清楚解雇隐婚入职女职工的法律风险	如果用人单位在和劳动者确认劳动关系后知悉其真实婚姻状况，并因此与劳动者解除劳动关系，就隐藏着较大的法律风险。
178	是否清楚解雇违反计划生育政策女职工的法律风险	用人单位若以劳动者违反计划生育政策为由解除与劳动者的劳动合同，仍然存在被认定为违法解除的法律风险。
179	是否清楚解雇证据不足的法律风险	用人单位在以存在法定解除劳动合同情形为由解雇劳动者的时候必须有足够证据证明解除劳动合同的合法性。
180	是否清楚解除职业病病人劳动合同的法律风险	对于患职业病或者因工负伤被确认丧失或者部分丧失劳动能力的劳动者，或者从事接触职业病危害作业的劳动者未进行离岗前职业健康检查，或者是疑似职业病病人在诊断或者医学观察期间的劳动者，用人单位不得依照《劳动法》或者《劳动合同法》的相关规定与其解除劳动合同。
181	是否清楚未做离职体检解除职业病病人劳动合同的法律风险	用人单位基于各种原因没有给从事接触职业病危害作业的劳动者做离职体检是不合法的，所以若因此发生劳动争议，用人单位往往要承担较大的法律风险。
182	是否清楚解除孕妇、产妇和哺乳期女工的劳动合同的法律风险	开除孕妇、产妇和哺乳期女职工的做法是违法的，用人单位极有可能会被认定为违法解除劳动合同，劳动者可以要求继续履行合同，或者要求用人单位支付赔偿金。
183	是否清楚解雇员工未通知工会的法律风险	用人单位凡是要单方解除劳动合同的，都必须将解除理由通知工会，工会对用人单位解除劳动合同享有知情权。
184	是否清楚用人单位经济性裁员的法律风险防范	经济性裁员也有适用的条件，也要遵循严格的法律程序，否则，用人单位的解雇行为很可能被认定为违法解除劳动合同，因此面临向劳动者支付赔偿金的法律风险。
185	是否符合经济性裁员的法定情形	掌握经济性裁员的相关知识，减少用工法律风险。
186	是否提前30天向工会或全体职工说明情况，并听取他们的意见	掌握经济性裁员的相关知识，减少用工法律风险。

续表

187	裁减人员方案是否向劳动行政部门报告	掌握经济性裁员的相关知识，减少用工法律风险。
188	是否清楚应当优先留用的人员种类	掌握经济性裁员的相关知识，减少用工法律风险。
189	是否知道用人单位不得进行“无过失性辞退”或者“经济性裁员”的情形	掌握经济性裁员的相关知识，减少用工法律风险。
190	是否清楚解雇学历不实劳动者的法律风险	用人单位在招聘的时候不知道劳动者的学历不真实而招录，在后续工作中知道了却没有表示异议则代表默示接受了该行为。一旦用人单位再以此为由解除与劳动者的劳动关系，不一定会得到法律的支持。
191	是否清楚解雇被拘留劳动者的法律风险	如果只是从法律规定上来看，用人单位以劳动者被行政拘留就解除劳动合同是不得到法律的支持的。如果用人单位这样做了，将面临支付赔偿金的法律风险。
192	是否清楚解雇泄露薪资信息劳动者的法律风险	打听薪资待遇一般会被认为达不到严重违反公司规章制度的程度，因此，用人单位以此为由解除劳动合同将面临较大的法律风险。
193	是否清楚歧视性解除劳动合同的法律风险	用人单位对于已经建立劳动关系的劳动者，如果采取歧视措施，任意解除劳动合同，会面临较大的法律风险，不但需要支付经济赔偿金，还可能支付精神损害抚慰金。
194	是否知道支付了违法解除劳动合同的赔偿金就无需再支付经济补偿金	掌握劳动法的基础知识，减少用工法律风险。
195	是否知道劳动合同期满终止的经济补偿金应当从2008年1月1日开始计算	掌握劳动法的基础知识，减少用工法律风险。
196	是否清楚与连续工作15年距退休不到5年的劳动者终止劳动合同的法律风险	用人单位如果违法解除或者终止劳动合同，会被认定为违法解除，需支付经济赔偿金。劳动者要求继续履行劳动合同的，用人单位应当继续履行。
197	是否清楚劳动合同终止未提前通知的法律风险	用人单位若不提前告知劳动者终止劳动合同，应承担支付一个月工资的代通知金的法律风险。

续表

198	是否清楚末位淘汰规定的法律风险	劳动者在用人单位等级考核中居于末位等次，不等同于“不能胜任工作”，不符合单方解除劳动合同的法定条件，用人单位不能据此单方解除劳动合同。
199	是否清楚拒不出具解除或终止劳动合同证明的法律风险	用人单位违反劳动合同法规定未向劳动者出具解除或者终止劳动合同的书面证明，由劳动行政部门责令改正；给劳动者造成损害的，应当承担赔偿责任。
200	是否清楚拒发离职员工年终奖的法律风险	约定离职人员不发年终奖是无效条款。
201	是否清楚不提供劳动条件迫使劳动者离职的法律风险	用人单位未按照劳动合同约定提供劳动保护或者劳动条件的，劳动者可以解除劳动合同，用人单位应当向劳动者支付经济补偿金。
202	是否清楚用人单位强制调岗迫使劳动者离职的法律风险	用人单位应向劳动者支付经济补偿金。

后 记

本书的写作始于两年前，但是动笔的念头其实早已有之。我执业十余年来，服务了众多的企业，在为企业提供常年法律顾问服务时，都会为这些企业进行一次系统性的法律风险排查。我们以问卷的形式制作了风险排查表单，将可能涉及的风险点一一列明，现场访谈以后，再以工作联系函的形式告知客户公司存在哪些方面的风险，以及如何防范这些风险。除了买卖合同和知识产权等方面的风险之外，劳动人事管理事实上是风险排查中最主要的部分。与此同时，我们在帮助客户处理劳动争议案件时，常常会发现，这些风险的产生经常是因为管理层面的问题导致的。比较普遍的问题有规章制度的制定及民主程序、劳动合同管理制度以及员工处罚问题等，如果用人单位的管理人员对相关法律多一些了解，做得更加规范一些，许多法律风险其实是可以避免的。除此之外，我们每年也要为顾问单位作一些法律知识方面的讲座，讲得最多的还是劳动人事风险防范问题。长此以往，我便萌生了将我们的这些心得写成一本书的想法，毕竟书中写到的许多风险点，我们都曾经处理过，比如书中提到的案例有不少就是我们曾经代理过的案子，这样可以避免言之无物、单纯为了业务推广而写作。

这本书的写作比我最初想象的要困难许多。首先，法律风险点的查找和归类并不容易。我必须把企业用工整个流程的知识点都全部熟悉，再从其中找出这些知识点可能包含的风险点，这样才不至于有太多的疏漏。对于这些风险的归类存在多种方法，我采取了最为易懂的一种方式，分为招工、用工和辞工（包括解雇）三个部分，每个部分再根据风险的类型分为一个个小节，这其实颇费思量。其次，案例的查找比较困难。这本书中的案例有一些是我们自己代理的案子，对于这些案子，归类和写作都相对容易，但根据已经拟定的风险点查找合适的案例，并没有想象的那样简单，而我又希望使用的案例都是真实的案例，难度就会更高。因此，我们在案例的查找上花费了大量的时间。最后，写作时间不能得到保证。我们团队服务了二十余家企业，每年还要代理数量不少的案件，能够用于写作的时间的确十分有限，去年年底我又开始从事博士后的科研，相当于同时做两份工作，写作的时间变得更少，这也是这本书“难产”的主要原因。

当然，我们不能因为克服了这么多的困难，从而说这本书的写作相应会有一个较高的水准。我只是希望通过本书的写作，为各位读者提供一个新的思路，从法律风险的角度来考虑企业劳动人事管理的问题。抛砖引玉，正是我写作本书的初衷，因此，也许它并不好，但是它总算完成并得以面世了，于我而言，在感到愧疚的同时也觉得欣慰。

这本书的完成要感谢不少人的帮助。我曾经的助理李冰律师、黄建辉律师、徐文君律师，以及现助理陈洁律师都为本书做了一些资料搜集、案例改写等方面的工作，李冰律师甚至为我完成了第三章小部分章节初稿的写作工作。我的搭档任雅煊律师，在为本书联系出版的过程中，也出力不少。在此一并表示感谢，没有你们的工作，本书的最终完成和出版是无法想象的。在此还要感谢中国法制出版社的程思编辑，她为本书的出版付出许多努力，给了不少有益的建议，使本书比它最初的样子要好很多。谢谢你们。

周晓明

2020 年 3 月于广州

图书在版编目 (CIP) 数据

HR 自己的法律顾问：企业人力资源管理法律风险及防范 / 周晓明著 . —北京：中国法制出版社，2020.5

ISBN 978-7-5216-0952-3

Ⅰ. ① H… Ⅱ. ①周… Ⅲ. ①企业管理—人力资源管理—劳动法—基本知识—中国 Ⅳ. ① D922.504

中国版本图书馆 CIP 数据核字（2020）第 039837 号

责任编辑：程思、熊林林　　封面设计：周黎明

HR自己的法律顾问：企业人力资源管理法律风险及防范

HR ZIJI DE FALÜ GUWEN: QIYE RENLI ZIYUAN GUANLI FALÜ FENGXIAN JI FANGFAN

著者 / 周晓明

经销 / 新华书店

印刷 / 三河市国英印务有限公司

开本 / 710 毫米 ×1000 毫米　16 开　　印张 / 22.75　字数 / 360 千

版次 / 2020 年 5 月第 1 版　　2020 年 5 月第 1 次印刷

中国法制出版社出版

书号 ISBN 978-7-5216-0952-3　　定价：78.00 元

北京西单横二条 2 号　邮政编码 100031　　传真：010-66031119

网址：http://www.zgfzs.com　　**编辑部电话：010-66066620**

市场营销部电话：010-66033393　　**邮购部电话：010-66033288**

（如有印装质量问题，请与本社印务部联系调换。电话：010-66032926）